소통을 위한 인문적 상상

* 이 학술총서는 정부(교육과학기술부)의 재원으로 한국연구재단의 인문한국지원사업 지원을 받아 발행되었음(NRF-2007-361-AL0015).

탈경계
인문학
학술총서 7

소통을 위한 인문적 상상

| 이화인문과학원 편 |

이화여자대학교출판부

소통을 위한 인문적 상상

펴낸날 1판 1쇄 2011년 6월 20일
엮은이 이화인문과학원
펴낸이 최민숙 | **펴낸곳** 이화여자대학교출판부
주소 서울특별시 서대문구 이화여대길 52(우 120-750)
등록 1954년 7월 6일 제9-61호
전화 02) 3277-2965, 362-2966(편집)
02) 3277-3164, 362-6076(영업)
팩스 02) 312-4312 | **전자우편** press@ewha.ac.kr
인터넷서점 www.ewhapress.com
디자인 정혜진
찍은곳 한영문화사

ISBN 978-89-7300-919-0 94300
ISBN 978-89-7300-834-6(세트)

값 16,000원

| 발간사 |

〈탈경계인문학 학술총서〉는 이화인문과학원이 수행하고 있는 한국학술진흥재단 인문한국(HK) 지원사업인 '탈경계인문학의 구축과 확산'을 위해 기획된 출판 사업이다. 이화인문과학원은 기존의 인문학이 오늘날의 사회문화적 변화를 해석하고 새로운 비전을 제시하는 데 한계가 있음을 비판적으로 성찰하면서, 새로운 인문학의 방향으로 '탈경계인문학'이라는 개념을 제안했고, 한국학술진흥재단 2007년 선정 인문한국연구소로서 '탈경계인문학'을 구축하고 확산시키는 프로젝트를 수행하고 있다.

오늘날 우리는 그 어느 때보다 문화적 경계들이 빠르게 해체되고 재편되는 변화의 시대를 살고 있다. 국가를 넘나드는 사람들의 언어와 문화 간에는 다양한 교차와 혼종이 이루어지고 있으며, 디지털 기술에 기반을 둔 매체의 발전은 시간과 공간의 제약을 뛰어넘어 새로운 언어와 상상력의 공유를 가능하게 하고 있다. 이런 변화의 주체 역시 '중심'에서 '주변'의 다중성으로 확대됨으로써, 이제 기존의 경계를 넘어서는 탈경계적 문화 변동은 우리 삶의 중요한 근간이 되었다.

탈경계인문학은 이러한 시대적 문화 변동 과정에서 탈경계 문화 현상 속의 인간과 인간의 관계를 탐구하는 학문으로서, 구체적으로는 세계, 인간, 언어의 측면에서 지구지역성glocality, 젠더gender, 다매체multimedia에 대한 연구를 촉진하며 소통·공존·융합을 추구하는 인문 지식을 생산하고 있다. 방법론적으로는 대립과 갈등을 야기하는 '경계짓기'를 반성적으로 성찰하고, 인문학과 타학문, 학문과 일상을 잇는 모델을 개발하는 것을 목표로 한다.

이를 위해 탈경계인문학은 인문학 내 여러 학문 분과들의 유기성을 강화할 뿐만 아니라 인접 학문들, 즉 사회과학 분야, 예술 분야, 나아가 자연과학 분야의 학문들과도 유기성을 강화해 나가고 있으며, 기존의 인문학 연구 대상을 확장시켜 문화 전반을 연구 대상으로 삼고, 주변자와 소수자의 다양한 시각을 확보하여 탈경계의 지점들을 연구하고 있다. 또한 빠르게 변화하는 매체 환경에 대응하고 인간과 기술의 조화로운 발전 방안을 모색하고 미래 인간학 모형을 개발하고 있으며, 나아가 인문 지식의 현실성과 실용성을 강화하고 대중화와 현장화를 추구함으로써 학문과 삶을 연결해 나가고자 한다.

이러한 목표를 가지고 진행되는 탈경계인문학 연구의 성과를 학술총서로 출간하되, 이 학술총서는 매년 세 권의 책을 10년 동안 출판할 계획이다. 해마다 출판되는 세 권의 책은 각각 탈경계인문학의 핵심 주제인 '지구지역성', '젠더', '다매체'를 주제로 다루며, 각 주제는 10년 동안 연구를 발전시켜 나가면서 10권의 책으로 완성될 것이다.

〈탈경계인문학 학술총서〉가 새로운 인문학의 방향을 제시할 뿐 아니라 창조적이며 미래 지향적인 인문학을 선도하고 학문적 완성도를 발전시켜 나갈 수 있기를 기대하며, 〈탈경계인문학 학술총서〉 출판에 참여해 주신 모든 연구자의 노고에 감사드린다.

2009년 7월

이화인문과학원장 오정화

| 차례 |

제2부 소통의 환상: 경계의 안과 밖

제3부 탈경계 시대의 문화 소통: 자연 · 인간 · 매체

| 서문 |

소통을 위한 인문적 상상

영국의 시인 존 던John Donne(1572~1631)은 그의 『기도문*Devotions upon Emergent Occasions*』 가운데 〈누구를 위하여 종은 울리나For Whom The Bell Tolls〉라는 제목의 글에서 다음과 같이 말한다. "누구든 그 자체로서 온전한 섬은 아니다. 모든 인간은 대륙의 한 조각이며, 대양의 일부이니라. 만일 흙덩이가 바닷물에 씻겨 내려가면, 유럽은 그만큼 작아지며, 만일 모래톱이 그리 되어도 마찬가지, 그대의 친구들이나 그대 자신의 영지領地가 그리 되어도 마찬가지다. 어느 사람의 죽음도 나를 감소시킨다. 왜냐하면 나는 인류 속에 포함되어 있기 때문이다. 그러니 누구를 위해 종이 울리는지를 알고자 사람을 보내지 마라. 종은 그대를 위해 울리느니라."[1]

한 인간은 비록 하나의 개체일지라도 섬으로서 살아갈 순 없다. 인간은

1 John Donne, 『사랑하는 사람이여』, 심명호 옮김, 민음사, 1996, 12쪽.

누구나 대륙과 대양의 일부로서 살 수밖에 없다. 인간은 원자화된 개인이 아니라 타인과 더불어 살아야 하는 존재다. 이는 사회적 존재인 인간에게 지워진 숙명이다. 더불어 사는 삶은 기본적으로 서로 소통하는 삶이다.

구로사와 기요시黒澤清 감독의 영화 〈도쿄 소나타〉(2009)는 소통 없는 가정이 어떤 것인지를 잘 보여 준다. 여기서 한 중년 가장은 기업체의 과장으로 근무하다 실직된다. 그는 실직 사실을 가족에게 알리지 않고서 매일 양복을 입고 공원으로 출근해 노숙자들과 함께 무료 급식을 먹으며 하루하루를 버틴다. 전단지 돌리는 아르바이트를 하던 큰아들은 부모와 상의 한 마디 없이 미군에 입대하기로 결심하고 지원서에 서명해 줄 것을 부모에게 요구한다. 막내아들은 학교에 내야 할 돈으로 부모 승낙 없이 피아노를 배우는데, 이 사실을 안 권위적인 아버지는 아이를 폭행한다. 이 가정의 어머니는 소통이 단절된 가족을 이어 보려 소극적으로 애를 쓰긴 하지만 너무나 무력하다. 그녀는 남편의 실직 사실을 눈치채고 있었지만 이 문제로 남편과 대화 한 마디 나누지 못한다. 모두가 소통 없이 서로서로를 속이며 각각 섬으로 살아간다. 소통 없는 가정은 한계에 봉착할 수밖에 없다. 이 가정에 소통이 없다는 것은 서로 간에 사랑과 신뢰가 없다는 말이고, 진실이 상대에게 알려질 경우 그 결과에 대해 두려움을 느끼고 있다는 말이며, 서로서로가 솔직할 수 있는 용기가 없다는 말이다.

한 공동체가 건강하게 유지되기 위해서는 소통이 반드시 필요하다. 그런데 현실에서 소통은 쉽지 않다. 가령 우월한 집단이나 개인은 진정한 소통을 바라지 않는다. 소통 없이 자신의 의지를 관철할 수 있다면 굳이 소통이라는 불편한 장치를 거칠 필요가 없다. 소통한다는 것은 상대방에 대한 존중을 전제로 한다. 권세자와 독재자는 소통을 원하지 않는다. 자신에게 힘이 있다고 판단하는 한 그는 쌍방적인 소통이 아닌 일방적인 전달을 추구한다. 그에게 소통이란 거추장스러운 것이다. 그리고 독선적인 사람도 소통을 원하지 않는다. 그는 소통을 한다고 생각할지 모르나 사실은 상대방의 기를 꺾어 자신이 옳다는 것을 재확인하고자 할 뿐이다. 한편, 소통을 추구하는 경우에도 진정한 소통에 도달하지 못할 때가 많다. 우리는 의사소통에서 우리의 의사가 상대방에게 온전히 전달되기를 기대하지만 상대방은 나의 의도와 메시지를 완전하게는 헤아리지 못한다. 나의 세계와 타인의 세계가 다르며, 나의 이해 지평과 타인의 이해 지평이 서로 다르기에 소통의 기대는 환상으로 기울 수도 있다. 그러나 아무리 진정한 소통이 어려울지라도 우리는 소통을 포기할 수 없다. 소통 이외에 더 나은 방도가 없기 때문이다. 권위주의를 청산하고 민주적인 공동체를 지향하는 우리 시대에 진정한 소통은 모두가 함께 추구해야 할 시대적 과업이다.

이 책은 3부로 이루어져 있다. 제1부 '소통 : "경계 위에 서라"'에서는 '경계를 넘어 더불어 살기'라는 공동체적인 이상에 대해 그 가능성을 타진하고 소통의 인문학을 정립하기 위한 전제들을 점검해 본다.

진은영의 "소통, 그 불가능성의 가능성"은 사사로운 이해 관계나 편견 등 방해 요소들만 제거하면 왜곡 없는 투명한 소통이 가능하다는 일반적인 관점에 대해 문제를 제기한다. 이 글에서 필자는 아렌트, 하버마스 등 대표적인 소통이론가들의 논의를 검토하면서 새로운 소통 모델을 모색한다. 이를 위해 저자는 소통 이론에 내재하는 '한 몸' 이미지의 문제점을 재검토한다. 신학적, 철학적 혹은 사회학적 담론 속에 빈번히 등장하면서 공동체의 위계화와 폐쇄성을 강화하는 '한 몸' 이미지에 대한 그의 비판은 타자와의 소통을 고정된 정체성들 사이에 정립된 단순한 절차로 규정하는 이론적 입장들에 대해 재고하도록 해 준다. 이 글은 소통의 당사자들이 고정된 정체성을 벗어나려는 실천적 불화의 과정 속에서, 불가능하다고 간주되던 새로운 소통의 활동을 형성해 가는 소통의 시학이 필요하다는 점을 강조한다.

한편 송태현은 "클로드 레비스트로스의 문화관과 문화 소통"에서 문화 소통을 위한 전제인 인종차별주의와 자민족중심주의에 대한 레비스트로스의 비판에서 출발해, 이 인류학자의 문화상대주의에 대해 고찰한 후, 문화 간 협력과 문화다양성에 대한 그의 입장을 살펴보고, 그의 사상이 오늘날 문화세계화의 현실에서 함의하는 바를 고찰하고 있다. 우리 사회는 외국인 노동자와 결혼 이민자의 급격한 증가로 다인종, 다민족 사회가 되어 가고 있지만 우리는 개발도상국 출신의 이민자들에게 폐쇄적이며 진정한 소통을 추구하지 않고 여전히 의심의 눈길을 보내고 있다. 이 글은 다인종 사회, 다문화 사회에 걸맞은 타문화에 대한 관용 및 문화다양성에 열린 태도, 그리고 문화 간 협력의 필요성이 절실히 요구되고 있음을 지적한다.

제2부에서는 '소통의 환상: 경계의 안과 밖'이란 제목 아래 소통이라는 것이 매우 중요한 것인 동시에 기실 매우 어려운 것이며, 그리고 소통에는 통상 오해가 동반됨을 보여 준다. 소통의 어려움은 익숙하지 않은 타문화권과의 접촉에서 드러날 뿐 아니라 동일 문화권 내에서도 드러난다.

김수자는 "대한민국 초기 배제와 통합의 장치로서 지배와 저항 담론"에서 1950년대 한국의 담론 지형을 이승만 정권의 '반공' 지배 담론과 민주당을 비롯한 저항 세력들의 '자유민주주의', '통일' 등 저항 담론의 대립 구조로 설명하면서 양자가 긴장과 대립의 관계에 있음을 드러낸다. 이 시절에 지배 담론은 지배를 합리화 · 정당화하기 위해 한편으로는 '통합'을 강조하며, 다른 한편으로는 우열, 불평등 관계를 만들어 내는 '차별과 배제'의 논리로 작동했으며, 반면에 저항 담론은 지배 담론에 대한 '역담론 또는 대응 담론'으로 지배 세력의 지배 논리, 권위와 명령을 거부하는 담론으로 활용되었다. 지배 담론의 '강성'과 '배제'의 전략이 일방적일수록, 그리고 소통 부재 상황이 오랫동안 지속될수록 저항의 강도도 커지며, 어떠한 방식으로든 소통을 요구하는 저항 세력 역시 극단적인 소통의 방식을 선택해 결국 4월혁명으로 연결되었음을 지적한다.

"헤벨의 「칸니트페어스탄」에서 읽는 상호문화적 소통과 오해"에서 김연수는 요한 페터 헤벨의 「칸니트페어스탄Kannitverstan」이라는 작품을 통해 독일의 한 시골 청년이 당시 메트로폴리스인 암스테르담을 여행하면서 보여 주는 소통과 불통의 양상을 문화적 맥락에서 살펴본다. 주인공인 이 독일 청년은 자신의 질문에 대한 암스테르담 사람들의 짧은 반응인 '칸니트페어스탄'이라는 답변의 언어적 정보를 자신의 코드 안에서 자신의 방식대로 해석하고서는 타문화 경험을 통해 진리 인식에 이르렀다고 착각한다. 그런데 사실상 그는 암스테르담 사람들의 반응을 오해한 것이다. 이러한 오해를 극복하고 문화와 문화, 국가와 국가의 경계를 넘어서는 상호문화적 소통을 추구하기 위해서는 상호 문화에 대한 이해가 필수적임을 역설한다.

이어지는 이주에 관한 두 편의 글에서, 저자들은 이주민들과 얼굴과 얼굴을 맞대고 소통하면서 그들의 삶과 애환 그리고 희망을 들으며 성찰한 결과를 담아내었다.

백소영의 "솔즈베리, 디아스포라 공간에서 다시 고향 만들기"는 세계화 시대에 '디아스포라 공간'인 미국의 솔즈베리에 새롭게 '고향'을 만들고자 하는 이방인들의 비전에 대한 성찰을 담은 글이다. 이 공간은 재미 한인들에게는 정착해 살 땅이라기보다는 영주권 취득을 위해 잠시 머무르는 땅이었다. 그러나 이후 그들은 그곳을 자신들이 더 이상 주변인이 아니라 주인으로 참여하는 '고향'으로 만들 꿈을 꾸기 시작한다. 흑인들과도 백인들과도 진정한 소통을 하지 못하고 이방인으로 살아가는 한인들이 솔즈베리를 주체적 참여와 익숙함의 공간인 '고향'으로 만들어 정착하고자 시도한 것이다. 저자는 이 글에서 '새로운 고향 만들기'를 위해서는 적극적이고 주체적인 태도와 함께 다양한 이주자들과의 상호 소통을 추구하는 지혜와 겸손이 필요함을 역설한다.

한편 이선주는 "구술생애사 방법을 통한 이주자의 사회경제 계층 이동의 제한 연구"에서 한인 이주민 가운데 가장 많은 비중을 차지하는 조선족과 미국 한인을 대상으로 한 연구를 통해 이주국에서 어떤 직업을 갖고 어떤 사회적 신분에 위치하게 되느냐는 바로 출신국의 정치경제적 위상에 의해 크게 달라진다고 주장한다. 본국을 떠난 이주민들의 사회경제적 위상 확립에서 막강한 영향력으로 작용하는 것은 개인의 능력보다는 세계 구도 속에서 본국의 경제력과 정치력과 위상이다. 다른 한편으로 중국과 미국으로 이주해 간 한국인들의 후손이 한국 사회로 돌아왔을 때도(순환 이주), 그들이 이주해 간 나라의 경제적 · 문화적 입지에 따라 많은 부분이 결정된 채 한국에서의 생활을 시작하게 된다. 저자는 언어적 · 문화적으로 소통이 어려운 불통의 상황에서도 자신이 처한 사회경제적인 조건의 틀을 벗어나려는 행위의 기록을 구술생애사의 핵심이라고 주장한다.

제3부 '탈경계 시대의 문화 소통: 자연 · 인간 · 매체'의 저자들은 자연과 인간의 소통 가능성을 타진하고 있다.

먼저 차옥숭은 "샐리 맥페이그와 해월 사상에서 살펴본 자연과 인간의 소통 불가능성의 가능성"에서 무모한 개발로 인한 생태계의 파괴로 많은 종류의 동식물이 멸종되는 현실의 배후에는 모든 가치의 중심에 인간을 두고 자연과 인간의 불연속성을 전제로 한 세계관이 있음을 지적한다. 그리고 그는 오늘날 지구 변화의 위기 속에서 사라져 가는 숲, 세계 빈곤의 증가, 지구 온난화의 위협, 생물다양성의 감소 등과 같은 암울한 현실에서 하나의 통합적 공동체로서 지구를 소생시키기 위해서는 인간과 다른 생명 사이의 연속성에 토대를 두고 이해해야 함을 역설한다. 저자는 자연과 인간의 경계를 허물고 소통하려는 새로운 패러다임 전환의 요청에 대해 현대 기독교 신학자 샐리 맥페이그와 동학 운동 지도자인 해월 최시형의 사상을 통해 고찰하고 있다. 두 사람은 100년이 넘는 시대 차이에도 불구하고 생명 해방과 전 우주를 포함하는 구원에 대한 통전적 지평을 모색하고 있다. 자연이 하느님 안에 있고 하느님에 속한 것이며, 하느님을 만물의 모체로 상상함으로써 자연과 하느님 사이의 분명한 경계가 사라지며 인간과 자연의 소통이 이루어짐을 지적한 맥페이그와, 인간만이 아니라 모든 생명체와 무기물까지도 하나의 살아 있는 생명체이며 그 각각의 내면에는 생명의 근원인 신령, 즉 내유신령內有神靈의 생명 원리를 지니고 있다고 본 해월을 통해 인간과 자연의 진정한 소통이 작은 생명의 고통에 귀 기울이고 그 상처를 함께 아파하면서 치유하는 것임을 지적한다.

"“강물아 흘러 바다로 가거라”: 인간과 자연 사이의 지속가능성 경계"의 저자인 장윤재는 우리 시대의 가장 고통스러운 문제를 정면으로 바라보고자 하는 신학자의 입장에서 '단군 이래 최대의 공사'인 '4대강 사업'을 신학적 입장에서 성찰하고 있다. 저자는 20세기에 들어와 자연의 지배자로 군림하면서 지구 생태계의 암적 존재가 되어 버린 인간에 의해 이 하나님의 '몸'인 자연이 고통받고 있음을 지적하고, 이러한 상황 속에서 21세기 기독교 신학이 깊이 천착하고 고민해야 할 문제가 자연을 창조한 것도 아니고 또 자연을 완벽히 이해하지도 못하면서도 자연에 대한 지배권을 손에 넣은 '인간의 지배권'이라고 주장한다. "민주적 절차를 무시하고 일방적으로 밀어붙인" 4대강 토건 공사에서 가장 문제가 되는 것은 인간의 욕심과 이익을 위해서라면 자연을 마음대로 개조하고 변형하고 착취해도 아무 상관없다는 놀라울 정도의 무감각 혹은 무지라고 저자는 지적한다. 그는 우리의 탐욕에 제한을 가하고 우리의 성장과 팽창에 상한선을 두어야 하며, 자연을 하나님 안에서 상호 의존하는 존재로 인식해야 하고, 인간이 자연과 공존해야 함을 역설한다.

오늘날 문화세계화 및 교통 수단과 매체 기술 발달로 인해 문명들 간의 접촉과 상호 작용이 전 지구적으로 일어남으로써 정치, 경제, 문화의 영역뿐만 아니라 일상에서도 큰 변화가 일어나고 있다. 얼핏 '경계를 넘어 더불어 살기'라는 공동체적인 이상이 실현될 가능성이 높은 듯 보이지만, 아이러니하게도 경계의 재강화 혹은 새로운 불평등과 장벽이 생겨남도 부인할 수 없다. 이에 문화 경계의 안과 밖에서 이루어지는 소통의 불가능성과 가능성을 다각도에서 조명해 보면서, 새로운 문화 소통의 담론을 모색하는 시도는 계속되어야 한다.

2011년 5월
저자들을 대표하여
송태현 씀

제1부

소통: "경계 위에 서라"

소통, 그 불가능성의 가능성*

진은영

> 중년을 넘긴 독신남의 생활 방식에 대한 가장 강력한 이의 제기는 이렇다. 그는 혼자 식사한다는 것이 그것이다. 혼자 식사하게 되면 조잡하고 엉성해지기 쉽다. 혼자 식사하는 데 익숙해져 버린 사람은 초라해지지 않으려면 스파르타식으로 살아야 한다. 단순히 이러한 이유에서였는지는 몰라도 은둔자들은 검약한 생활을 했다. 먹는다는 것은 공동 생활 속에서만 정당한 의미를 갖기 때문이다. 음식은 나누고 함께 할 때만이 비로소 음식다워진다. 음식을 함께 나누는 사람이 누구라도 상관이 없다. 옛날에는 식사할 때마다 걸인이 허니 합류해 식탁을 화기애애하게 만들었다. 서로 나누어 주는 것이 무엇보다 중요하며, 한 자리에 둘러앉아 나누는 사교상의 대화 같은 것은 중요하지 않다. 그에 반해 놀랍게도 음식이 없으면 화기애애함이 사라지게 된다. 대접은 사람들을 비슷하게 만들어 주고 결속시켜 준다.
>
> — 발터 벤야민, 「셀프서비스 레스토랑 '아우게이아스'」

1. 소통과 공동 식사

의사소통에 대해 가장 잘 알려진 정의는 발신자와 수신자 사이의 방해 없는 메시지 전달이라는 것이다. 이런 정의에 따르면 방해 없는 전달, 즉 성공적 소통이 가능하려면 그 방해 요소를 찾아내어 제거하는 것이 중요하다. 이때 주로 방해 요소로 언급되는 것은 소통 활동 이전에 수신자와

* 이 글은 『탈경계인문학』 3권 2호(2010년 6월)에 게재된 논문을 수정 · 보완한 것이다.

발신자를 이미 정향시키고 있는 사적인 이해利害나 편견들이다. 이 소통의 주체들 사이에서 벌어지는 이해 관계와 편견의 충돌은 소통의 장을 무산시켜 버리는 가장 큰 원인으로 간주되어 왔다. 따라서 소통하려는 이들은 무엇보다 자신의 편견이나 사적 이해로부터 거리를 두고 소통에 임해야 한다는 원리가 강조되기도 하고, 나아가 이런 원리가 공적인 장에서 규제력을 갖기 위해서는 소통의 주제를 한정해야 한다는 주장이 제기되기도 한다. 즉 자기 이해로부터 벗어나기 힘든 경제적 사안들이나 민족, 성性 등과 관련된 문제들은 정치적인 소통의 주제로 다루는 것이 부적합하다는 것이다.[1] 그러나 정작 공동체 내에서 소통의 문제가 중요하게 떠오르는 순간들은 이런 주제들과 관련되어 있는 경우가 대부분이다.

함께 식사함에 대한 발터 벤야민Walter Benjamin의 아포리즘은 공동체의 소통에 대한 다양한 논의와 사유들을 검토하는 데 의미 있는 착안점을 제공한다. '먹는다는 것은 공동 생활 속에서만 정당한 의미를 갖는다'는 말은 먹는 일과 공동 생활의 밀접한 관련성을 암시한다. 이것은 단순히 인간이 다른 동물들과 달리 생활에 필요한 재화를 획득하기 위해 공동의 협업을 필요로 한다는 의미가 아니다. '함께 먹는다'는 것에는 '먹는다'는 행위에는 존재하지 않던 어떤 새로운 의미가 있다. 함께 먹는다는 것은 생물학적 인간이 종種적인 삶을 유지하기 위해 수행해야 하는 불가피한 물질적 활동이 아니라, 인간적 가치를 드러내고 확인하는 활동이라고 할 수 있다. 이런 관점에서 보자면 경제적 사안과 관련된 문제야말로 공적 소통의 핵심적인 주제로 도입되어야만 한다. 그러나 이것을 공적 소통

1 "존 롤스John Rawls는 인종이나 민족, 성 등의 문제가 서로 다른 정의의 원칙들을 요하는, 다시 말해서 포괄적인 원리를 찾을 수 없는 문제들임을 인정한다. 롤스는 정치철학의 핵심적 문제를 '사회의 안정'에 두었다. 그래서 그는 포괄적 원리를 찾을 수 없는 차이의 문제들 사이에 벌어질 수 있는 갈등을 정치적 영역에서 배제하고 서로의 중첩적 합의가 큰 영역에서 정치가 이루어져야 한다고 주장한다"(고병권, 2001: 291).

의 핵심적 주제로 재도입하기 위해서는 경제적 사안들을 소통의 주제에서 배제해야 한다고 보는 종래의 입장이 가진 문제 의식을 이해하고 그에 대해 비판적으로 고찰할 필요가 있다. 이 글에서는 소통과 관련된 철학적 사유들을 검토하는 데에서 출발해 우리가 소통의 인문학을 정립하려고 할 때 숙고하지 않으면 안 될 문제들을 확인하고자 한다.

2. 소통의 규범성과 환상: 아렌트와 하버마스의 소통 이론

한나 아렌트Hannah Arendt가 『인간의 조건』(1958)에서 고대 그리스적 사유에 기초해서 강조하고 있는 인간 행위에 대한 구분은 소통에 대한 벤야민의 논섬과 내비된다. 아렌트의 견해는 인간 공동체의 진정한 소통은 언제나 식탁과는 무관하게, 식탁 밖에서 이루어져야 한다는 주장으로 보이는 측면이 있다. 혼자 먹든 함께 먹든 먹는 것의 분배에 대한 모든 말과 활동은 인간의 좋은 삶이나 진정한 의미의 행위와는 무관하다. 경제적 활동은 생명을 지속하기 위한 생산과 소비 활동에 불과한 '노동'이며, 이러한 노동은 사적 영역에서만 존재하는 활동이다. 이러한 동물적 활동으로 이루어진 삶은 그리스어로 '조에zoe'라고 불린다. 이 삶의 영역에서는 타자가 중요하게 고려되지 않는다. 이와 달리 사적인 영역 밖에서 달성되는 '비오스bios'는 경제적 필연성에서 벗어나 공동의 문제를 다루는 공적이고 정치적인 삶이다. 이 삶은 개인의 차이와 다양성에서 비롯된 자유로운 언어 활동으로 이루어진 것으로서 근본적으로 타자를 전제하는 활동이다. 언어 활동은 근본적으로 청자로서의 타자를 요구하며 동시에 청자였던 타자가 다시 화자로 등장해 타자를 청자로 요구한다는 점에서 타자지향적이며 상호적인 활동이다. 아렌트는 이러한 인간 활동을 노동과 분리해 '행위'라고 부른다. 소통은 오직 행위하는 삶, 즉 비오스의 차원에서만 수행 가능한 인간 활동이다.

아렌트가 이처럼 소통을 경제적 필연성의 영역에서 분리시키려는 것은 기본적으로 근대 이후의 정치와 공적 공간에 대한 그녀의 비판적 관점에서 비롯되었다. 그녀는 사적인 문제가 공적 영역에 진입해 공공의 관심으로 자리잡은 것을 '사회적인' 것이라고 명명한다. 사회적인 것의 강화는 소통의 장인 공적 영역을 오염시켜 그녀가 '정치적인' 것이라고 부르는 타인과의 소통 활동을 불가능하게 만들어 버린다. 근본적인 복수성plurality을 지닌 개인들 사이의 공간in-between space에서 일어나는 소통 활동이었던 정치 행위는 사회적인 영향력 아래에서는 경제적 분배를 둘러싼 이권의 각축이나 타협의 활동으로 전락한다는 것이다. 아렌트의 이러한 주장은 공적 관심이 자본의 유지와 존속에 몰두하는 경향이 큰 현대 자본주의 정치체에 대해 강력하게 비판하고 불편부당성을 담지한 공공성의 관점을 획득하려는 규범적 의도를 지닌다는 점에서는 의미를 갖는다.

그러나 사적인 것과 공적인 것의 구분에 기초해 소통을 규범적으로 정초하려는 시도는 모종의 난점에 직면할 수밖에 없다. 사회적인 것과 정치적인 것, 또는 사적인 것과 공적인 것은 개념적으로는 구분 가능하지만 현실적 차원에서는 매우 복합적으로 연루되어 있거나 구분이 불가능한 지대가 항상 존재하기 때문이다.[2] 따라서 아렌트의 공/사 영역의 개념적 구분에 입각해 문자 그대로 모든 공적 심의 과정에서 경제적인 문제를 제거하려고 한다면, 이는 현실적으로 불가능한 일이 될 것이다. 경제적인 문제와 조금도 연루되지 않은 고유하게 정치적인 문제란 현대 사회에서

2 아렌트의 정치적인 것과 사회적인 것의 연관성을 해명한 논의로는 김선욱(2001b: 221-239)을 참고하라.

는 상상하기 힘들기 때문이다. 자본의 유지와 증식을 위한 맹렬한 운동이 정치와 문화 전반에 광범위하게 퍼져 있는 사회 현상에 대한 각성에서 출발해 물질적 생산성의 증대라는 유일한 척도를 거부하고 개인들의 복수성을 살려내기 위해서라도 경제적 문제에 대한 공적 담론화는 필수적이다. 그렇지 않을 경우 아렌트의 주장은 역설적으로 경제적 문제에 대한 어떤 공적 개입도 효율적이지 못하므로 경제는 시장의 논리에 맡기자는 신자유주의와 구별 불가능하게 되기 때문이다. 그러므로 참다운 소통으로서 정치에 대한 아렌트의 주장은 경제적 논의를 공적 영역에서 제외하자는 의도라기보다는 정치를 경제적 목적을 실현하기 위한 일종의 수단으로만 이해하는 입장에 대한 강력한 비판으로 해석하는 것이 더 타당할 것이다.

더욱이 아렌트가 『혁명론』에서 시민권자들이 절대적 빈곤에서 해방될 수 있도록 기본적 평등을 실현하는 일이 정치의 실현을 가능하게 한다고 한 것을 상기한다면 오히려 사적 영역의 보장을 공적 차원에서 확보하는 것은 그녀 자신에게도 중요한 문제다. 한 연구자가 주장하듯이 "공적인 삶에 대한 아렌트의 예찬이 공적인 영역과 사적인 영역의 상보적 관계를 전제하고 있다는 분석이 옳다면 공적인 참여의 삶을 뒷받침하는 헌법적 기본권은 사적인 삶의 영역을 보호해 주는 헌법적 기본권—법의 지배에 의해 보호되는—을 전제하지 않으면 매우 비현실적인 것이 된다"(김비환, 2007: 107). 그런데 이러한 경제적 · 물질적 기본권의 보장과 관련해 아렌트의 입장에는 다소 모호한 지점이 있다. 가령 복지권적 기본권을 헌법적으로 보장하는 것은 아렌트의 정치관과 부합한다고 확언할 수 없다. 왜냐하면 이런 기본권들을 헌법적으로 보장할 경우 그 기본권의 내용과 범위, 보호 방법에 관한 공적 심의의 여지는 줄어들고, 따라서 아렌트적인 의미에서 정치가 실현될 수 있는 범위는 축소될 것이기 때문이다(김비환,

2007: 109).

그러나 실제로 복지권적 기본권들에 대한 심의에서는 규범 형성적 참여가 진행되기보다는 이해 관계에 따라 현실적 영향력에 입각한 협상이 이루어지고 있는 것이 현실이다. 심의 과정에 참여해 결정적 영향력을 미칠 수 있는 능력이나 기회는 개인들에게 평등하게 주어지는 것이 아니라 개인들이 처한 경제적 · 정치적 불평등을 반영하는 경향이 크기 때문이다. 고대 그리스의 식탁에서처럼 식탁을 차리고서 조용히 물러나 남성 가부장들이 자유로운 정치적 소통에 몰두할 수 있도록 했던 여성들과 노동자들은 근대의 식탁에서는 전면에 나서서 자기 몫을 확인하고 분배받으려 하며 다양한 공동체적 문제들의 심의 과정에 참여하려고 한다. 그렇지만 심의 과정의 주도권은 여전히 식탁에 이미 앉아 있는 이들에게 있고 식탁 근처에서 서성거리는 여성들, 노동자들, 사회적 약자들이 식탁에 앉을 가능성, 즉 사적인 삶을 공적으로 보장받을 수 있는 가능성은 크지 않다. 아렌트는 '사적인'이라는 용어가 그리스어로 '박탈된'이라는 의미를 가지고 있으며, 이는 인간에게 최상의 것인 공적인 활동이 박탈되었음을 뜻한다고 주장하기도 하지만(아렌트, 1996: 90-91), 실제로 오늘날 사회적 약자들에게는 사적 삶private life(박탈당한 삶) 자체가 박탈당한 채로 남아 있다.

물론 아렌트가 현대의 정치적 토의나 심의 과정에서 불평등성이 제거되고 자유가 실현되었다고 믿는 것은 아니다. 또한 정치적 소통의 과정을 대의제의 절차적 과정과 단순하게 동일시하지도 않는다. 오히려 아렌트는 정치적 자유를 좀 더 적극적인 활동으로 규정하고자 하며, 이 때문에 인민들이 직접 공동의 관심사를 논의하고 처리하는 평의회 운동에 관심을 가졌던 것도 사실이다. 그럼에도 불구하고 아렌트의 입장은 그녀가 사적 삶의 보장을 이야기할 때 사용하는 시적인 수사들과[3] 경제적 불평등에 대한 그녀의 모호한 태도 때문에, 오이코스oikos(가정경제)의 영역에서 노동 문제를 해결하려 하고 그것을 공적 영역으로 가져오는 것을 배제하고 있다거나(이진경, 2000: 178-180), 사적 공간을 이데올로기적으로 중립적인 어떤 영역으로 이해하고 있다는 비판으로부터 자유롭기 힘든 것 역시 사실이다.

아렌트의 입장에 대한 비판적 논평들이 정치적 담론에서 공적 관점을 유지해야 한다는 규범적 요구의 중요성을 부정하는 것은 아니다. 다만 아렌트의 말대로 그러한 공적 관점이 어떤 절대적이고 선험적 기준에 의해 미리 결정되어 있는 것이 아니라 개인들의 심의와 토의에 열린 채로 있는 것이라는 입장을 견지하려 한다면, 그 심의와 토의 과정에 개입하는 불균등한 세력 관계의 영향력에 대한 더욱 적극적이고 비판적인 검토가 수반되어야 한다는 것이다. 그렇지 않을 경우 그녀의 주장은 이상주의적 요청과 현실을 혼돈한 것에 지나지 않기 때문이다. 현실 비판의 척도이자 이상적 규범으로서 그것이 갖는 중요성을 인정한다 하더라도, 결과적으로 이상주의를 통해 현실을 이데올로기적 환상으로 채색한다는 비판을 면하기는 어렵다. 이런 비판자들은 현실에서 이루어지는 소통의 과정을 사회과학적으로 탐구해 그 이데올로기를 폭로하는 소통의 과학이 필요하다고 역설한다.

아렌트가 비오스와 조에의 구분을 통해 정치적 소통의 삶을 확립하려고 한 것은 달리 말하자면 먹는 입과 말하는 입의 구별을 도입함으로써

3 아렌트는 "사적 소유의 네 울타리가 공적 세계로부터 숨을 수 있는 유일한 장소를 제공"하며 이러한 장소 없이 "타인들이 있는 곳에서만 보내는 삶은, 흔히 말하듯이, 천박해진다"고 말한다. 즉 "공공성의 빛으로부터 은폐할 필요가 있는 이 어두움을 보장할 수 있는 유일한 곳"으로서 사적 영역을 중시한다. 그런데 이런 식의 비유적 표현들은 경제적 영역에서의 불평등을 문제적 상황으로 고려하기보다는 각자의 사적 영역들을 아무런 갈등 없이 중립적인 차원으로 존재할 수 있는 어떤 상태인 것처럼 간주한다는 인상을 지우기 힘들다(아렌트, 1996: 124-125).

소통의 문제에 접근하려는 것이다.[4] 인간은 먹는 활동과 분리해 말하는 행위를 수행할 수 있으며, 다양성을 지닌 주체들의 공적 담론은 말하는 입의 차원에서 가능해진다. 고대 폴리스의 탄생에 대한 분석을 통해 두 입의 분리가 가능함을 보이려 했던 아렌트의 기획과 유사한 기획이 유르겐 하버마스Jürgen Habermas에게서도 발견된다.

하버마스에게 말하는 입은 언어 활동의 상호 이해적인 보편성에 기반해 작동하는 것이다. 그는 이것을 '의사소통적 합리성'으로 규정한다. 화자의 발화내적인(=발화수반적, illocutionary) 의미가 청자에게 전달된다는 것은 화자와 청자 사이에 형식화용론의 세 가지 타당성 요건, 즉 진실성과 진리 및 정당성이 모두 충족됨을 의미한다. 청자는 화자의 의도가 진실하고 그 발화의 의미가 객관적 진리이며 사회적으로도 정당하다는 것을 받아들이고 신뢰할 때에만 화자와 소통할 수 있다.[5] 하버마스에 따르면, 이러한 의사소통의 상호 이해적 합리성은 비전략적인 대화 상황에서만 존재하는 것이 아니라 모든 언어 생활과 사회 활동에 근본적인 것이다. 이해 관계에 입각한 전략적 언어 행위들조차도 의사소통적 합리성에 기초하지 않으면 성공할 수 없기 때문이다. 심지어 소통을 방해하는 전략적 언어 행위들도 의사소통적 활동에서 파생되었고 그것에 기생한다.[6]

4 서구 정치의 기원에 존재하는 먹는 입과 말하는 입의 분열에 대해서는 김항(2009: 25-42)을 보라. 김항에 따르면, 아렌트처럼 폴리스 바깥에 존재하는 삶을 사적 삶private life, 즉 박탈당한 삶으로 보는 것은 "밥에 대한 말의 우위, 지배(밥)에 대한 자유(말)의 우위라는 위계의 설정"이며(26), "위계화된 분할을 통해 정치 공간의 고유한 대상과 행위를 결정"하는 것이다. 그는 또한 이러한 위계 설정을 통해 먹는 입과의 연루를 끊어버리려는, 사실상 불가능한 시도가 서구 정치의 아포리아를 이루고 있다고 비판한다. 말하는 입의 공동체인 폴리스에는 먹는 입의 말소될 수 없는 흔적이 항상 남아 있다는 것이다(36).

5 이에 대한 구체적 설명으로는 김선욱(2001a: 89-90)을 보라.

6 김선욱은 기업체의 상품 광고를 전략적 언어행위의 대표적 사례로 들면서 다음과 같이 설명한다. 소비자는 회사가 소개하는 상품의 정보가 객관적이며 특별히 소비자를 속이려는 의도를 가지고 있지 않다는 것을 받아들인다. 실제로 그 광고가 허위 광고일 수는 있다. 그렇지만 소비자가 그것이 허위 과장 광고라는 것을 안 순간, 전략적 행위는 성공할 수 없다. 그 때문에 그 행위의 성공은 의

하버마스는 우리의 언어 생활과 사회 생활에 근본적인 것으로 가정한 이 의사소통적 상황을 이상적인 담화 상황으로 간주한다. 그러나 이 이상적 상황은 언어의 실질적인 맥락 의존성과 언어와 권력의 연관 관계를 회피함으로써 달성되는 것이다. 이 때문에 이상적 상황이 달성된다 하더라도 그 속에는 소통 이론의 출발점이 되었던 현실의 성차나 권력 관계의 불평등은 여전히 해결되지 않고 있다는 비판이 제기될 수 있다. 이러한 문제점은 언어의 발화수행적perlocutionary 차원에 대한 소극적 고려에서 비롯된 것이기도 하다. 언어는 발화내적 의미를 단지 이해시키려는 것이 아니라 항상 특정 행위를 수행하게 하려는 발화수행적 차원을 갖는다. 이처럼 화자와 청자 사이에 영향력 행사의 의향이 존재한다면 상호 이해적 행위의 요건을 충족시킨다고 해서 이익 관심이나 권력 관계와 무관한 상황이라고 볼 수는 없다. 상호 이해의 상황은 청자의 적극적이고 자발적인 수용이라는 공모 관계를 통해 지배의 메커니즘을 생산하고 구축하는 상황이 되기도 한다. 이런 의미에서 의사소통적 합리성은 "합의와 불일치, 이해와 오해, 해방과 지배에 각각 등근원적인 것이다. 이 중 하나의 담론 양상을 논리와 권리상 '원본적 양상'으로 정립하고 그것에 우선권을 줄 근거는 없다"(정호근, 1996: 135). 따라서 말하는 입에 내재한 상호 이해적 보편성을 통해 경제적 분배 문제를 비롯한 다양한 공적 문제들을 소통시키고 해결하려는 입장은 아렌트에게 제기된 비판으로부터 역시 자유롭지 않다.

사소통의 세 조건이 충족되었다는 것을 전제한다. 거짓말에 대해서도 동일한 설명이 가능하다. "거짓말은 평소의 신뢰를 바탕으로 이루어진다. 평소에 신뢰가 형성되지 않는 관계에서는 거짓말쟁이의 말을 신뢰할 수 없기 때문에 그의 말을 믿지 않게 되고, 따라서 거짓말을 통해 획득하려 했던 발화수반적 목적, 즉 거짓말의 내용을 이룰 수 없게 된다." 이 점에서 하버마스는 언어의 의사소통적 사용은 언어의 전략적 사용에 우선한다('우선성 테제')고 본다는 것이다(김선욱, 2005: 78).

3. 소통의 텅 빔과 메움: 한 몸 이미지의 의미와 한계들

말하는 입과 먹는 입의 구별, 먹는 입에 대한 말하는 입의 우위를 통해 소통 가능성을 확보하는 일이 성공적이지 않다면, 둘 사이의 구별보다는 소통의 방해 요소로 여겨진 것을 직접적으로 제거하면 될 일이다. 즉 먹는 입들 사이의 이해 관계에 직접적으로 관여해서 그 사이의 평등성을 확보하고, 이를 통해 말하는 입들이 서로 대등한 위치에서 자유롭게 소통할 수 있게 하면 된다.

직접적 관여의 원리를 소통에 도입하자는 입장에서 빈번히 나타나는 것은 가족 또는 한 몸 이미지에 대한 의존이다. 여기서 식탁은 가족이나 형제들의 식탁으로 간주된다. 이 식탁의 주인은 가장이나 맏형이다. 이러한 가족의 식탁은 서로 다른 이익 관심을 가지고 충돌하는 개인들이 둘러앉은 것이 아니라 평등하게 나누어 먹고 평등하게 말하는 이들이 모여 있다. 이처럼 가족이나 한 몸의 표상에 따라 공동체의 자유롭고 평등한 소통을 도모하려는 입장은 오랜 역사를 가지고 있다. 그 중 가장 유명하고 큰 영향력을 미쳐 왔던 것은 기독교의 공동 식사 전통이다. 예수의 사역에서 공동 식사를 통한 사귐과 음식의 나눔은 중요한 역할을 했다. 예수와 그의 사도들은 바리새인들이 금식 기간으로 정한 때에도 가난한 자들과 지체장애자들을 불러 함께 식사했다. 이러한 공동 식사의 중요성을 신학적으로 다시 부각시키고 가족 공동체의 표상으로 확고하게 자리잡도록 한 사람은 바로 사도 바울이다. 그는 고린도 교회에 보내는 서한들에서 한 몸 이미지를 통해 기독교 공동체가 하나의 가족이라는 점을 강조했다. 기독교 공동체 안에서 한 성령을 마시는 자들은 한 몸으로서 모든 것을 평등하게 나누고 믿음을 통해 소통하는 형제자매들이라는 것이다.

> 몸은 하나인데 많은 지체가 있고 몸의 지체는 많지만 한 몸임과 같이, 그리스도도 그러합니다. 우리는……세례를 받아서 한 몸이 되었고, 또 모두 한 성령을 마시게 되었습니다.……그래서 몸에 분열이 생기지 않게 하시고, 지체들이 서로 같이 걱정하게 하셨습니다. 한 지체가 고통을 당하면, 모든 지체가 같이 고통을 당합니다. 한 지체가 영광을 받으면, 모든 지체가 함께 기뻐합니다. 여러분은 그리스도의 몸이요, 한 사람 한 사람은 그 지체입니다(고린도전서 12장 12-17절).

이와 유사한 표상은 사회주의적 유토피아 이론들에서도 발견된다.[7] 공동체 내부에는 절대적 평등의 원리가 존재하며 물질적 재화들은 능력이나 기여도와 무관하게 필요에 따라 평등하게 분배되어야 한다. 소통의 과정은 개인적 필요를 밝히거나 도움을 요청하고 그것을 수락하는 과정에 다름없다. 자신이 더 많이 노동했으나 다른 자들이 더 많이 가져간다고 불평하는 사람은 나쁜 형제이거나 형제가 아니다. 그런 갈등이 있다면 가장이나 맏형이 나쁜 형제를 벌하거나 형제가 아닌 자를 공동체에서 추방하면 된다. 따라서 가족 표상에 의거해 소통 문제를 해결하려고 할 때 소통은 "교환과 갈등, 신호와 응답"으로 환원된다(아감벤, 2009: 106). 이렇게 환원할 경우, 조르조 아감벤Giorgio Agamben의 우려처럼 소통은 사라진다. 그가 벤야민의 통찰을 빌어 표현하고 있듯이 "모든 소통은 무엇보다 [이미 현실태로 있는] 공통된 것의 소통이 아니라 [잠재적인] 소통

7 사람들의 관계가 가족 모델에 의존해 형성되고 표상되는 경향은 종교적 영역을 비롯해 여러 영역에서 광범위하게 발견된다. 그것은 유토피아 이론뿐만 아니라 세속적 영역인 중세의 길드나 초기의 상업 회사에서도 나타났다. 회사company의 라틴어 어원은 '꼼빠니아compagnia'인데 이것은 '모두 함께'라는 의미의 접두사 'com'과 먹는 빵을 의미하는 'panis'가 결합된 단어다. 즉 원래 회사는 '하나의 빵을 먹는 사람들', '하나의 빵과 포도주를 함께 먹는 사람들'과 같은 결합 가족을 의미하는 것이었다(아렌트, 1996: 87).

가능성의 소통"이기 때문이다(아감벤, 2009: 21).[8]

가족적 공동체에서는 사랑에 기초한 평등이 유일한 소통 원리로서 제시되며, 이에 입각해 제도들이 수립되고 물질적 · 언어적 분배가 이루어진다. 소통의 원리를 선포하고 그것에 따라 구성원들의 평등한 자리를 분배하는 절차를 확립하는 자는 가족의 신뢰를 얻은 가장 혹은 대중에 의해 권위를 인정받은 지도자나 종교 엘리트, 정치 엘리트 등등 가장에 준하는 사람이다. 그 소통의 절차 속에서 언어와 물질의 교환이 이루어질 때 공동체의 소통은 원활하게 진행된다고 간주된다. 그러나 이 가족적 표상에 의거해 지속되는 소통 공동체는 너무 쉽게 소통 불가능한 공동체로 귀결되는 경향이 있다.[9]

가족과 한 몸의 표상 속에서 구성된 공동체가 소통 불가능한 공동체로 귀결될 여지는 첫째 그 표상이 평등의 원리가 아닌 불평등의 원리를 강화하기도 한다는 사실에 있다. 예컨대 플라톤은 한 몸의 지체라는 이미지에 기대어 위계의 원리가 도입될 수 있음을 잘 보여 준다. 『국가』에서 개인의 신체는 세 종류의 영혼을 담고 있다. 머릿속에는 지혜가 있고, 가슴에는 용기가 있으며, 배에는 욕망 및 그것에 대한 절제가 존재한다. 이와 유사하게 공동체는 통치자 · 전사 · 생산자라는 세 계급으로 구성되어 있으며, 그 계급들은 각기 성향에 따라 지혜 · 용기 · 절제라는 세 종류의 덕을 지닌다. 개인과의 유비를 통해 공동체는 하나의 신체로 보이게 된다. 공동체의 각 계급이 각자의 역할에 충실할 때 공동체는 하나의 신체와 같은 조화로움을 가질 수 있다(세이빈 · 솔슨, 1997: 120).

8 여기서 언급되는 벤야민의 통찰에 대해서는 벤야민(2008: 79)을 참조하라.

9 이런 가능성은 이미 가족 공동체에 대한 아렌트의 부정적 견해에서 확인된다. 그에게 가정은 "가장 엄격한 불평등의 장소"이며 그러한 불평등의 질서를 지칭할 수 있는 표상이기도 했다. 그는 지배, 피지배와 같은 개념들은 가장이 자신의 가족과 노예에게 행사하는 전前정치적인 힘을 표현하는 것이라고 보았다(아렌트, 1996: 84).

이러한 공동체에서 소통은 어떻게 이루어지는가? 통치자들은 통치와 지혜의 언어를, 전사들은 보호와 명령의 언어를, 그리고 생산자들은 그들의 생산과 관련된 기술적 언어를 사용하며, 그것들은 공동체 내부에 상호적으로 전달될 것이다. 그러나 이 언어들 사이에는 위계가 존재하며, 세 가지 언어가 대립할 경우 문제를 최종으로 해결하는 것은 결국 지혜의 언어다. 이 경우에 소통한다는 것은 다음을 의미한다. 이미 하나의 공동체 내에서 주체들은 점유하고 있는 위치가 있으며 점유의 영역에 따라 해당 언어의 의미를 지배적으로 확정할 권리를 지니고 있다. 그리고 한 영역의 주체들은 그 확정된 언어의 의미를 다른 영역의 주체들로부터 방해 없이 전달받는다. 여기서 방해가 없다는 것은 다른 영역의 이의 제기가 없다는 뜻이다. 이처럼 한 몸의 표상을 지닌 위계적 공동체에서 소통은 배당받은 주체 위치에 대한 수용이자 전달받은 의미에 대한 순종이다.

한 몸 공동체의 이러한 위계화를 방지하기 위해서는 특정한 방식의 역할 배분이 고착화되지 않아야 하며, 새로운 의미들을 새로운 방식으로 소통할 수 있는 가능성이 항상 열려 있어야 한다. 이런 점에서 아감벤의 표현대로 '소통적 텅 빔'으로서 소통 가능성이 소통되어야 한다. 소통의 텅 빈 공간이란 확증된 의미로 채워지지 않아 이질적 의미들이 발생하고 흘러다닐 수 있는 불확정적 공간이다. 그러나 "정치가들과 미디어 통치가들은 이 텅 빈 공간을 확실하게 통제하려고 애쓴다"(아감벤, 2009: 107). 그들은 소통되는 현행의 지배적 의미와는 다른 것들이 소통되려고 할 때 이를 왜곡된 표상으로 규정한다. 그들은 소통의 현행 방식이 공동체 전체를 위한 것이라고 설득하고, 소통의 빈 공간을 메운다. 이 메움의 작업들은 크게 두 가지 방향을 갖는다.

티투스 리비우스Titus Livius의 『로마사』에 수록된 아그리파Menenius Agrippa의 우화는 그 첫 번째 방향을 보여 주는 사례다. 사지四肢가 서로 모여 불평을 했다. 그들이 노동하며 위胃를 먹여 살리는데, 위는 아무것도 하지 않고 사지가 가져다 주는 쾌락을 즐길 뿐이라는 것이다. 화가 치민 이들은 위를 응징하기로 했다. 팔다리는 음식을 마련하지 않고, 손은 음식을 입에 가져가지 않으며, 입은 음식물을 먹지 않고, 이는 씹지 않기로 한다. 위를 굶기려 했던 행동은 몸 전체가 힘이 빠져 기진맥진하게 되는 결과를 가져왔다. 사지는 위가 하는 기능이 쉽지 않음을 깨닫고 다시 제 역할을 다하기로 한다. 위는 사지에 영양분을 공급하는 중요한 역할을 하고 있었던 것이다. 이 우화의 논리에 따르면 불평등은 실재하지 않는다. 사지의 '불평등한 현실'이라는 의견이 문제일 뿐이다. 여기서 불평등은 오해로 인해 참된 사태가 잘못 전달된 것에 불과하다. 이런 논리 속에서 소통이란 참된 사태를 사회 구성원들에게 전달하고 교육함으로써 달성되는 것으로 이해된다. 소통에 대해 이와 같은 이해를 고수하는 한, 이질적인 의미들을 만들고 다른 방식으로 물질적 · 언어적 질료들을 분절할 가능성을 찾아보기는 힘들다.[10]

두 번째 방향은 불평등한 상황을 인정하면서도 그것이 정당하다고 주장하는 것이다. 불평등은 공동체의 소통 방식의 정상성을 훼손하지 않는

10 아그리파의 우화에 대한 브루스 링컨Bruce Lincoln의 설명은 기성의 의미망을 강화하고 사회 통합적인 효과를 노리는 이야기들조차도 이질적 의미의 도입을 통해 성공을 거둘 수 있다는 흥미로운 시사점을 제공한다. 로마 공화정 초기부터 귀족과 평민들 간에는 갈등이 있었다. 기원전 494년경, 로마의 평민들은 아벤티누스 언덕을 거점으로 귀족과 대립한다. 중재자로 파견된 아그리파는 이 우화로써 평민들을 설득하는 데 성공한다. 이 우화가 설득력을 가질 수 있었던 것은 의미의 이중 전도가 있었기 때문이다. 아그리파는 귀족을 머리에 비유하던 당대의 일반적 상징을 폐기하고 귀족을 배에 비유했다inversion. 배는 신체의 위치상 가장 높은 곳에 있지 않으며 일반적으로는 탐욕스러운 기생 기관으로 여겨졌기 때문에 '귀족=배'라는 새로운 은유는 평민들에게 큰 호소력을 지녔다. 물론 이 우화는 수직적 신체 비유를 폐기하는 대신 배를 필수 불가결한 중요 기관으로 상정하는 신체의 비유를 통해 귀족들의 지배적 위치를 재승인하며counterinversion, 결국 사회 통합을 완수했다. 그러나 다른 한편으로 이 은유가 지닌 전복성을 통해 평민들은 호민관 제도를 도입할 수 있었다. 우화에 대한 이러한 설명은 최소한의 새로운 의미 형성도 없이 기성 의미를 전달하거나 유통시키는 소통 행위란 가능하지 않다는 점을 보여 준다(Lincoln, 1989: 145-147 참조).

다. 누군가 불평등한 대우를 받는다면 그것은 그가 소통 주체로서 그 과정에 참여할 권리가 없음을 의미할 뿐이다. 여기서 가족이나 한 몸의 표상은 불평등함의 현존을 통해 파열되는 대신 표상의 권리를 위해 불평등한 현존을 정당화하는 방향으로 나아간다. 공동체 내에서 누군가 불평등을 겪는다면, 그것은 바로 그가 우리 가족이 아니며 우리와 한 몸이 아님을 반증하는 것이다. 이 논리의 귀결은 이렇다. '불평등한 처우를 받는 자는 아마도 도둑이거나 암적 존재일 것이다.'

어떤 방향이든 불평등한 현실은 평등한 소통의 원리가 가족적 공동체 안에서 잘 실행되고 있다는 표상을 파괴하지 못한다. 불평등은 전자에서는 공동체의 현실에 대한 부적절한 인식이며, 후자에서는 공동체의 현실이 아니라 공동체에 속하지 않은 자들의 현실이기 때문이다. 그러므로 두 경우 모두 공동체 내에 불평등의 표상은 가시화되지 않는다. 소통이, 두 주체 사이에서 확정된 의미가 컨베이어 벨트를 타고 전달 또는 교환되는 것과 같다고 보는 관점에서는 다른 가능성을 소통시키려는 시도는 불평등의 해소가 아니라 공동체의 균열로 간주될 뿐이다. 따라서 이 불평등을 가시화하려면 현행 방식과 상이한 소통 절차를 원하는 주체들이나 소통 자격에 대한 재고를 요구하는 이들이 소통 과정으로 진입할 수 있는 가능성, 즉 어떤 열림의 과정이 필요하다.

이러한 개방성이 부재할 때 소통의 장에서는 역설이 발생한다. 불평등을 가시화하며 평등을 실현하려는 주체는 자신에게 할당된 자기 자리를 파기하면서 발언해야 한다. 즉 소통의 개방성을 욕구하는 순간 기성의 주체는 사라진다. 그러나 주어진 룰을 고수하려는 다른 주체의 입장에서 이것은 곧 대화 상대자의 상실을 의미한다. 이때 그가 목격하는 것은 대화 상대자로 인정할 수 없는 새로운 주체의 탄생이다. 이러한 탄생을 거부할 때 소통은 불가능해진다. 따라서 소통의 욕구나 필요가 최대치에 이르는 순간 매번 확인되는 것은 소통의 불가능성이다. 이는 소통 가능성의 소통을 제거하는 공동체는 항상 소통의 불가능성에 직면할 수밖에 없음을 뜻한다.

4. 소통의 윤리와 권리의 구별: 타자의 윤리와 타자의 말할 권리

자크 랑시에르Jacques Rancière는 바울의 텍스트에 나타난 한 몸 이미지에 대한 일부 주석들의 맹점을 지적한다.[11] 바울은 영적 공동체의 성원들은 신의 은총(카리스마)에 따라 서로 다른 달란트를 받았지만 모두 평등하며 한 몸 안의 사지들처럼 제 몫을 다한다고 설명한다. 이에 대해 나지안주스의 그레고리우스Grégoire de Nazianze는 다음과 같이 주석을 붙인다. "한 부분은 명령하고 주재한다. 다른 부분은 인도되고 지도된다. 모두가 혀일 필요는 없고, 모두가 예언자, 사도, 주석가일 필요는 없다." 이 주석은 한 몸 이미지가 교회 내 위계를 정당화해 주는 정식으로 얼마나 쉽게 뒤바뀔 수 있는지를 보여 준다(랑시에르, 2008 : 159-160 참조).[12] 따라서 영적 공동체의 분업을 설명하는 달란트들의 관계를 평등주

11 가족이나 한 몸 이미지의 문제점은 아렌트에 의해 이미 지적된 바 있다. 아렌트는 가족적 표상이 지닐 수 있는 위계성을 문제삼았을 뿐 아니라 가족적 공동체를 폴리스적 삶에 가장 대립하는 형태로서 간주한다. "그리스인들은 폭력으로 사람을 강제하며, 설득하기보다 명령하는 것을 전정치적으로pre-political 사람을 다루는 방식이라고 생각한다. 이 방식은 폴리스 밖의 생활, 즉 가장이 전제적 권력을 휘두르는 가정과 가족 생활에 특징적(이며 또는 아시아의 야만적인 제국의 생활에 특징적인 것이다. 이 제국의 전체주의는 흔히 가정조직체와 유사했다)"(아렌트, 1996: 78-79).

12 한 몸 이미지를 통해 사회적 불평등을 정당화하는 것은 중세의 교부들뿐만 아니라 최근에도 쉽게 발견할 수 있다. 현재 북미 신보수주의 신학자 중 한 사람인 마이클 노박Michael Novak은 "인간은 존엄성의 측면에서는 평등하지만 재능의 면에서는 불평등"하다고 본다. 따라서 사회 정의나 분배 윤리를 추구하기보다는 생산 윤리를 통해 주어진 재능을 충분히 발휘하여 교역하고 이윤을 추구

의적으로 해석하려면 교부들의 오랜 주석적 전통과는 거리를 두어야 한다. 이러한 비판이 보여 주듯이 가족이나 한 몸의 이미지는 공동체 내의 분법적 위계성을 차단하지 않는 한 평등한 소통의 모델을 구성하기 힘들다. 그러나 한 몸 이미지에는 위계화의 문제만큼이나 심각한 다른 문제점이 내장되어 있다. 그것은 소통이 일어나는 공동체의 폐쇄성이다. 이 소통 모델은 식탁에 앉아 있는 사람들 사이의 평등한 관계와 소통을 정의할 뿐, 식탁에 앉지 못한 이들, 초대받지 않은 사람들과의 소통에 대해서는 말하는 바가 없다.

벤야민처럼 식탁에 걸인을 합류시켜야 한다고 제안하는 것은 이러한 문제 의식에서 나온다. 우리는 이에 대한 철학적 해결을 에마누엘 레비나스Emmanuel Levinas의 타자의 윤리나 자크 데리다Jacques Derrida의 환대의 윤리에서 찾아볼 수 있다. 이 윤리는 빈사들을 환대하고 타자에게 열려 있는 선하고 자비로운 주인의 이미지를 공동체에 도입함으로써 식탁에 앉지 못한 자들과의 소통을 가능하게 하려고 한다. 환대할 줄 아는 주인은 타자에게 제 몫과 동일한 몫을 나눠 줄 것이며, 어쩌면 제 몫의 전부를 낯선 타자에게 주기도 할 것이다. '초대'하지 않았으나 '방문'한 이들은 주인이 진정한 환대자인지를 시험하는 자들이다. 느닷없이 방문한 자들이 악한 에일리언인지 선한 에일리언인지 알 수 없는 상태에서 그들을 환대한다는 것은 주인에게 상처와 고난의 위험, 극단적으로는 죽음의 위협을 무릅쓸 것을 요구한다. 이 점에서 환대하는 자는 레비나스의 표현대로 '박해'를 당하는 자다. 타자의 고통받는 모습이 끝까지per 따라와secui 나의 양심을 괴롭힌다는 점에서 그것은 일종의 박해persecution(끈

하는 것이 "신이 주신 소명을 이행하는 길"이라고 강조한다. 이 교역과 생산이야말로 "그리스도의 몸이라는 신비의 실질적 표현"이라는 것이다. 이러한 맥락에서 노박은 기업을 "그리스도의 몸에 대한 가장 훌륭한 은유"로 본다. 노박의 이런 입장과 이에 대한 비판적 고찰로는 장윤재(2009: 77-104)를 참조하라.

질기게 졸라댐)인 것이다. 레비나스는 타자의 이 끈질기게 졸라댐으로 인해 우리에게 '무한 책임'이 발생한다고 말한다. 타자의 윤리는 주체의 윤리적 책임을 강조하는 책임의 윤리이며, 주체의 책임이 소통 공동체의 폐쇄성을 극복하고 개방성을 보존할 수 있는 근거로서 간주된다(강영안, 2005: 182).[13]

그러나 우리가 타자의 고통스러운 실존에 직면해 박해받는 것에 준하는 책임감을 가지고 타자를 배려한다고 하더라도, 그 타자 자신이 환대받을 '권리'와 그것에 기초해서 말할 권리를 갖는 것은 아니다. 이 점은 책임의 윤리를 통해 소통의 개방성과 평등성을 확보하려는 시도의 한계를 말해 주는 것이기도 하다. 아렌트는 난민의 처지를 통해 권리의 문제를 다루면서 다음과 같이 지적한다.

> 보통의 전제 정치 아래서 사는 것보다 민주 국가의 포로수용소에서 더 큰 의사 표현의 자유를 누린다는 것은 의문의 여지없이 분명하다. 그러나 육체적 안전—국가나 사적인 자선단체의 도움으로 먹고 살면서 보장되는—이나 의사의 자유는 권리 상실이라는 그들의 근본적인 상황을 전혀 바꾸지 못한다. 그들의 생명 연장은 자선에 의한 것이지 권리에 의한 것이 아니다. 왜냐하면 그들을 먹여 살리라고 국가에게 강요할 수 있는 법은 존재하지 않기 때문이다. 설령 그들이 이동의 자유가 있다고 하더라도 이 자유는 그들에게 심지어 감옥에 갇힌 죄수들이 당연히 누리는 거주의 권리를 부여하지 않는다. 의사의 자유는 바보의 자유다. 왜냐하면 그들이 생각하는 것은 전혀 중요치

13 레비나스는 「존재와 다르게 또는 존재 사건 저편에서」에서 도스토예프스키의 "우리들 각자는 각 사람에 대해 각 사람에 앞서 잘못이 있고 나는 다른 사람보다 잘못이 더 많다"는 말을 인용하면서 나 자신은 타인보다 언제나 여분의 책임을 더 가짐을 강조한다(강영안, 2005: 186). 타자의 윤리의 중요성과 그 한계에 대해 지적하고 있는 글로는 김애령(2009: 41-71)을 참조하라.

않기 때문이다(아렌트, 2006: 532).

난민의 처지는 노예의 처지와 비슷하다. 그가 만일 선한 주인을 만난다면 그는 식탁에 앉을 수 있으며 혜택을 누릴 수 있다. 그러나 악한 주인을 만난다면 그는 굶거나 심지어 죽을 수도 있다. 이렇게 우연이나 은총에 의거해서만 존재를 보장받을 수 있는 이들에게는 진정한 의미에서 무언가에 대해 발언하고 소통할 권리가 없다. 그들에게는 조금 먹건 많이 먹건 간에 식탁에 앉아서 함께 말할 수 있는 권리, 즉 시민의 권리는 없기 때문이다. 아우구스티누스Aurelius Augustinus처럼 '네가 존재하기를 원한다'고 말하는 이가 보여 주는 사랑의 은총은 위대하지만, 이 은총은 사적 영역에 존재하는 호의나 우정과 같은 것일 뿐, 공적인 사안에서는 타자가 아무런 자격이 없는, 특성 없는 존재로 남는 것을 막지 못한다(아렌트, 2006: 539). 이 점에서 권리는 소통의 권리이든 인간의 권리이든 윤리학의 차원을 넘어서 정치학의 차원에서 사유되어야만 하는 것이다.[14]

그뿐만 아니라 타자의 윤리가 전제하는 절대적 타자의 형상 역시 비판적인 검토가 필요하다. 이 윤리가 완전히 관철되고 진정한 소통의 윤리로서 어떤 폭발적 힘을 가질 수 있으려면, 다시 의심해 보아야 할 것이 바로 절대적 타자의 형상이다. 환대는 타자의 요구를 온전히 받듦으로써 타자를 타자가 아닌 존재로, 공동체의 일원으로 받아들이는 것으로 완성되는 동시에 해소되는 것이기 때문이다. 절대적 타자의 형상은 가족 이미지의 배타성을 계속 보존하고, 가족/타자라는 이분법적 분할의 고정성을 유지할 때만 가능한 것이다. 따라서 절대적 타자의 형상이 지워지고 초대받은

14 이 점에 대해서는 진은영(2009: 403-437); 황정아(2009: 100-120)를 참조하라.

자들이 공동체의 한 구성원으로서 말할 수 있을 때, 타자는 평등한 소통의 영역으로 들어올 수 있다.

현실적 경계물들의 논리는 종종 환대를 사적인 차원이나 윤리적 담론 속에서만 작동하게 함으로써 그 진정한 폭발력을 억제하는 효과를 만들어낸다. 가령 국가와 같은 공적이고 제도적인 경계는 타자에 대한 평등주의적 처우 개선을 법적으로 보장하는 일을 가로막으며 환대의 윤리를 제한하기 위한 이중 전략을 수행한다. 정부 주도이기는 하지만, 공적인 성격을 지닌다기보다는 사적이고 문화적인 교류에 가까운 다문화주의 문화제를 개최하는 동시에 이주 노동자에 대해 무자비한 불법 체류 단속을 실시한다. 이러한 정책 수행의 이중성에서 우리가 주목해야 할 것은 단순히 이주 정책의 비인간성을 은폐하려는 위선적 몸짓과 그 밑에 숨겨진 이주자의 가혹한 현실이 아니다. 중요한 것은 국가가 이 이중적 활동을 통해 시민 사회에서 자발적으로 발생한 환대의 윤리와 각성적 행위들을 적극적으로 관리함으로써 그 환대의 사유와 행동이 정치적 영역으로까지 확산되는 것을 방지하려는 목적을 달성하고 있다는 점이다. 다양한 이유에서 우리의 공동체에 초대받은 타자들을 환대하는 시민적 · 종교적 활동들은 장려되고 시민의 미덕들로 칭송되며 일정한 국가 지원을 받을 수도 있다. 그렇지만 그들의 권리가 정치적 입안 사항으로 제기되는 것은 극도로 제한된다. 이를 통해 국가가 확보하려는 것은 끊임없이 변동하는 사회적 상황에서 자국의 필요에 따라 타자를 초대하거나 추방할 수 있는 유연성이다. 그리하여 타자는 초대받은 자와 초대받지 못한 자 사이에서 끊임없이 유동하며 어떠한 말할 권리도 갖지 못한다.

5. 소통 이론의 이중화: 소통의 과학과 소통의 시학

자비로운 가족과 이방인이 함께 하는 평등한 식탁의 이미지는 아름답지만 이상주의적인 아우라를 지닌다. 종교적이거나 윤리적인 호소에도 불구하고, 현실에서 이방인들은 끊임없이 차별과 위협을 겪고 있고, 공동체의 구성원들조차도 일상적 불평등을 경험하면서 소통의 장에서 종종 배제되고 있는 것이 현실이다. 이 때문에 가족 식탁 이미지의 허구성을 폭로하는 일은 크게 어렵지 않다. 이 허구성에 대한 폭로와 비판은 신화에 맞서 객관적 진리를 밝히는 것을 책무로 삼는 사회과학에서 지속적으로 이루어져 왔다. 그것과 일견 대립하는 흐름으로 보이는 탈근대철학 담론 역시, 계몽 · 평등 · 보편과 같은 거대 서사는 환상을 생산할 뿐이며 보편주의는 실상 유럽적 부족주의에 불과하다고 비판한다는 점에서는 탈신비화에 복무하는 소통의 과학과 유사한 임무를 수행하는 듯이 보인다.

프레드릭 제임슨Fredric Jameson은 탈신비화 담론들이 가진 중요성에도 불구하고 이 담론들은 '승자는 패배자'라는 아이러니에 빠져 있다고 언급하면서 그 한계를 다음과 같이 지적한다. "여기서 발생하는 것은 총체적인 어떤 체계나 논리의 비전이 강력하면 할수록—감옥에 대해 다룬 미셸 푸코Michel Foucault의 책이 그 분명한 예다—독자가 더욱더 큰 무기력함을 느끼게 된다는 것이다. 그러므로 더욱 밀폐되고 끔찍한 기계를 구축함으로써 이론가가 이기는 한에서 그는 바로 그만큼 진다. 왜냐하면 그의 작품의 비판적 능력은 그에 의해 마비되고, 사회 변혁의 충동들은 말할 것도 없고 부정과 반란의 충동들까지 그 모델 자체 앞에서 점차 헛되고 사소한 것으로 생각되기 때문이다"(Jameson, 1992: 5).

탈신비화의 담론이 지닌 한계는 피에르 부르디외Pierre Bourdieu에 대한 랑시에르의 비판에서도 확인된다. 부르디외는 자본주의 사회에서 평등한 교육 제도는 하나의 허구라는 점을 고발한다. 그에 따르면, 학교는 하위 계층의 아이들에게 모두가 평등하고 재능과 노력에 따라 평가받고 분류되며 그들이 성공하지 못하는 것은 개인적 재능과 노력 때문이라고 믿게 만든다. 그래서 그들이 자신의 무능함이 증명되었다고 느끼면 다른 곳으로 가는 게 더 낫겠다고 판단하게 한다는 것이다.[15] 평등한 교육 제도의 이상을 좇아 되풀이되는 계급 재생산을 설명하는 이 사회학적 비판은 은폐된 불평등의 현실을 가시화시켜 준다. 그런데 이 비판의 현실적 효과는 프랑스에서 다양한 계층의 학생들을 일률적으로 교육하는 형식주의에 반대하고 빈곤 계층에 고유한 사회화 방식을 고려하는 계기가 되었다. 그것은 실제로 "불평등을 명시한다고 주장하면서, 그 불평등을 견고하게 만들어버린 꼴이 되었다. 한편으로, 사회문화적 차이의 해명은 그 차이를 운명으로 전환하고, 학교 제도를 보조 제도의 의미로 바꾸곤 했다. 특히 그것은 이민자 자녀들을 학업 실패의 위험이 없는 하급 직업 전문 과정 쪽으로 진로 지도하고 그에 맞게 학급을 다시 편성하는 것과 함께 간다"(랑시에르, 2008: 123).

탈신비화의 담론이 가져오는 이 역설적 효과는 불평등에 대한 폭로가 허무주의로 귀결되는 것을 방지하기 위해 또 다른 노력들이 필요하다는 점을 보여 준다. 소통의 과학이 고발하는 이상주의의 위험만큼이나 현실주의의 위험 역시 크다. 소통의 문제에서 규범성을 추구하는 입장들을 전폭적으로 승인하는 것이 어렵게 느껴질 때조차도 그 입장들을 쉽게 무시할 수 없는 것도 이 때문이다. 이 점에서 랑시에르는 지식과 현실의 이중적 관계맺음을 강조한다. 지식은 현실에 대해 정확히 진단하는 비판의 임무와 더불어 아름다운 허구를 입증할 생산적 임무를 갖는다. "역사학자와

15 교육 제도에 대한 부르디외의 비판에 대해서는 부르디외(2000)를 참조하라.

사회학자가 우리에게 특정한 삶이 그 삶을 표현하는 특정한 사고를 생산하는 방식을 알려 주는 반면에, 철학자의 신화는 이러한 필연성을 임의적인 아름다운 거짓말에 조화시키는데, 아름다운 거짓말은 대다수 인민들의 삶에서는 거짓말인 동시에 현실성인 것이다"(Rancière, 2006: 10). 아름다운 거짓말이었던 것을 현실화시키려는 우리의 분투를 통해 거짓말의 현실성이 존재한다. 소통의 과학이 현실적 불통의 지점들을 정확하게 학문적 대상으로 포착하고 연구하게 하는 데 기여하는 것은 분명하다. 그러나 우리는 이로부터 더 나아가 평등한 식탁에 대한 믿음, 즉 평등에 대한 보편적 믿음 속에서 그 믿음들을 실행하는 활동들을 상상하거나 만들어 내고, 또 현실에서 벌어지는 다양한 평등한 소통의 운동들을 의미화해 학문적 장 속으로 기입하는 작업을 수행해야 한다. 이것을 우리는 '소통의 시학'이라고 부를 수 있을 것이다.[16] 소통의 과학의 성과들을 수용하면서도 그것과 거리를 두면서 소통의 시학으로 나아가는 것, 여기서 우리는 소통의 인문학이 수행해야 할 이중화의 과제를 발견하게 된다.

이러한 제안은 이미 파산한 보편주의를 다시 불러들인다는 비판에 직면하기도 한다. '모두에게 평등한 식탁'에 대한 믿음은 불가능한 평등성과 보편주의에 호소하는 것으로 보이기 때문이다. 이에 대한 랑시에르의 대응은 우리에게 중요한 시사점을 제공한다. 그는 평등을 토대가 아니라 '입증해야 할 전제'로 상정하자고 주장한다. 평등은 인간의 보편적 본성이나 본질과 같은 실체적 근거로부터 주어지는 것이 아니다. 평등은 평등

16 나는 폭로와 비판으로 환원되지 않는 인문학의 특징을 소통의 시학으로 명명하면서 두 사람의 입장을 참조했다. 랑시에르는 "Thinking between Disciplines"에서 '지식들의 시학poetics of knowledges'이라는 표현을 쓰면서 다음과 같이 설명한다. "지식의 시학은 기술descriptions과 논증arguments이 갖는 힘을 대상들과 이야기들 및 논증들을 발명하는 공통 언어와 공통 능력의 평등성에 재기입하는 담론이다"(Rancière, 2006: 12). 2008년 이화여대 탈경계인문학단 워크숍에서 김은령은 탈경계인문학의 새로운 방법론으로 시학적 방법론을 제기한 바 있다.

을 실행하는 그 순간에만 존재하며 그것을 입증하려는 실행들을 통해서만 보편주의적 효과를 낼 수 있다. 가령 '모든 인민은 법 앞에 평등하다'는 프랑스혁명의 인권선언은 보편주의적 주장을 담고 있지만, 현실적으로는 공허한 주장이었다. 이 선언이 선포되던 당시 여성들과 하층 계급 노동자들은 선거권조차 보장받지 못한 상황이었기 때문이다. 그러나 랑시에르는 이런 현실을 참조해 인권선언의 보편성을 의심하거나 그것의 한계를 비판하기보다는 진정한 보편주의의 입증을 위해 이 선언을 일종의 반문 형태로 다시 제기해야 한다고 말한다. "최초의 프랑스 여성운동가들은 그것을 다음과 같이 정식화할 수 있었다. 프랑스 여자도 프랑스인인가? 이러한 정식화는 부조리하거나 터무니없어 보일 수 있다. 그렇지만 이러한 종류의 '부조리한' 문장들이 노동자는 노동자고 여성은 여성이라는 식의 단순한 단언보다는 평등의 과정에서 훨씬 더 생산적일 수 있다. 이 문장들은 단순히 사회적 불평등의 책략들을 그 자체로 폭로하는 논리적 균열을 드러낼 수 있게 하는 데 그치지 않는다"(랑시에르, 2008: 139). 그 반문이 수행된 장소에서 발견되는 것은 단순한 균열이 아니라 자신들의 평등성을 논쟁적으로 증명하려는 여성들의 운동이며, 이를 통해 비로소 현존하게 되는 평등의 사례들이다.

'우리는 평등한가?'라는 반문을 통해 평등한 실존을 상상하고 발명하는 소통의 시학은 사회과학과는 다른 방식으로 소통 주체의 자리를 재사유한다. 사회과학은 이미 주어진 자리에 놓인 주체와 집단들이 그 지정된 자리에 따라 발언한다는 점에 주목한다. 특정한 정체성들은 특정한 사회적 방식으로 생산되며 개인들은 그 주어진 정체성에 자신을 동일시하며 발언한다는 것이다. 이와 달리 소통의 시학은 불가능한 주체를 상상한다. 기존 질서에 따라 부여된 정체성과의 동일시를 거부하면서 정치적으로 주체화하는 일련의 과정들이 있으며, 다른 이들이 그 과정을 더 이상 부인할 수 없을 때 소통은 발생한다. 이런 점에서 소통은 부인 불가능의 가능성이다. 소통의 순간은 그것이 입증되기 전에는 불가능하다고 간주되었던 주체가 가능한 존재로 변모하는 순간이며, 그 새로운 주체의 현존을 부인 불가능하다고 느낄 하나의 가능성이 발생하는 순간이기 때문이다.

랑시에르는 이러한 정치적 주체화를 불가능한 동일시identification라고 명명한다. 이것은 기존의 정체성을 벗어나는 방식으로 발생한다는 점에서 탈정체화disidentification이며 일종의 정치다. 랑시에르는 1961년 파리에서 일어난 알제리인 학살 사건을 겪으면서 프랑스 지식인들에게 일어난 정치적 주체화에 대해 다음과 같이 회고한다. "내가 속한 세대에게 정치란 하나의 불가능한 동일시에 바탕을 두었다. 그것은 1961년 10월, 프랑스 국민의 이름으로 프랑스 경찰에게 맞아 죽고 센 강으로 던져진 알제리인들의 신체와의 동일시였다. 우리는 우리를 이 알제리인들과 동일시할 수 없었다. 그렇지만 그들을 죽음으로 몰아간 이름인 '프랑스 국민'과 우리 스스로를 동일시하는 것에 대해 문제 제기할 수 있었다. 따라서 우리는 우리가 그 어느 것도 받아들일 수 없었던 두 정체성 사이의 틈새 혹은 균열 속에서 정치적 주체들로서 행동할 수 있었다"(랑시에르, 2008: 142). 여기에는 3중의 불가능성이 존재한다. 프랑스인으로서, 프랑스로부터 독립하려는 알제리인과 자신을 동일시하는 일의 불가능성, 알제리인을 학살하는 프랑스 경찰을 자신과 동일시하는 일의 불가능성, 그리고 그 사이에서 이전에는 없었던 주체, 즉 동일시를 통해 이제 막 탄생하려는 주체와 자신을 동일시하는 동일시 자체의 불가능성이다. 세 번째의 불가능성은 동일시의 언어적 역설에서 기인한다. 왜냐하면 동일시란 언제나 무엇과의 동일시이므로 그 무엇이 존재하지 않는 한 동일시는 불가능한 동일시일 수밖에 없는 것이다.

이 3중의 불가능성은 소통의 새로운 가능성을 만들어낸다. 한 주체가 자신의 지정된 가능한 자리에 남아 있으려고 하는 한, 소통을 위한 새로운 가능성이란 필요하지도 가능하지도 않기 때문이다. 소통은 한 주체가 자신의 주체 자리에서 이전에는 없었던 자리로 자리바꿈을 하려는 그 순간 발생하며 그 순간에만 가능해지는 것이다. 상대 주체 역시 그 탈정체화의 사건을 받아들이면서 새로운 주체의 자리로 이동하게 되는 것이기에 소통은 새로운 소통 주체의 탄생과 동시에 발생한다. 이러한 발생 과정은 이전과 다른 소통 가능성이 사회체에 소통되며 사회체를 갱신하는 순간이라고 표현할 수 있다.

6. 소통의 인문학을 향해: 환대에서 연대로

이상의 논의로부터 소통의 인문학을 정립하기 위해 고려해야 할 점들을 다음과 같이 제안하고자 한다.

첫째, 평등한 소통에 대한 인문학적 담론은 먹는 입과 말하는 입의 엄격한 구분을 통해 먹는 입의 흔적을 지우려고 하기보다는 인간이 먹는 입으로 말하기도 할 뿐 아니라 말하는 입으로 먹기도 한다는 사실에서 출발해야 한다. 예컨대 비정규직 노동자들의 불평등한 현실을 외면하는 대가로 대기업 정규직 노동자들이 사용자와의 협상에서 자신들의 몫을 챙기며 경제적 투쟁에 몰두할 때 그들은 오직 먹는 입으로만 말하는 것이다. 그들은 이익집단의 사회적 정체성에서 벗어나지 못하고 그들의 발언은 이미 정해진 사회적 의미 유통의 선을 따라 순환할 뿐이다. 그러나 이 노동자들이 현존하는 경제적 재분배 방식의 정당성을 파열시키는 방식으로 표현될 때, 즉 그들이 여성 · 비정규직 · 이주 노동자들에 대해 말하고 그들과 함께 말할 때, 그들은 단순히 먹는 입으로 말하는 것이 아니라 사회

공통의 문제에 대해 말하는 것이 된다. 모든 먹는 입들의 평등성에 대해 말하는 것은 먹는 활동인 동시에 말하는 활동이다. 먹는 입들에 대해 말하기, 식탁에 초대받지 않은 자들에 대해 말하기, 식탁을 차렸지만 정작 식탁에 앉지 못하는 자들의 식사에 대해 다시 말하기, 이것이 진정한 의미의 보편주의적 소통이며 정치다.

둘째, 소통의 인문학은 탈경계적 보편주의를 모색해야 한다. 이러한 작업에는 사람과 사람, 사람과 자연의 참다운 소통을 보장하기 위해 종종 거론되는 가족 또는 한 몸 이미지에 대해 주의깊은 분석과 비판적 고찰이 수반되어야 한다. 하나의 전체, 유기체로서 신체 이미지는 폐쇄적이고 위계적인 요소를 담고 있다. 이를 극복하는 방식의 하나로 고려해 볼 수 있는 것은 한 몸의 이미지에 대한 원경적 접근이다. 즉 신체 이미지를 무한히 확장해 우주적 차원으로까지 상승시킴으로써 경계에 대한 사유를 해체해 버리는 것이다. 이것은 달리 말하면 협소한 맥락의 보편주의를 확장해 '탈경계적인 보편주의'를 확립하는 것이다. 이렇게 무한히 확장된 보편적 신체는 기관적 분화를 내적 원리로 가져서는 안 된다. 기관적 분화에 대한 강조는 언제나 위계주의를 불러들이기 때문이다. 따라서 '탈경계적인 보편주의'란 외부 경계의 해체와 더불어 내적 경계들의 부단한 해체 작업을 수반한다.

셋째, 소통의 인문학은 절대 타자의 형상에 대해 재고할 필요가 있다. 절대 타자의 형상은 그에 대한 환대를 이야기할 때조차도 이미 우리/타자라는 경계를 전제한다. 식탁에 앉지 못한 이들은 종종 이야기되는 만큼 절대적 타자는 아니다. 이주 노동자, 다문화 가정의 현실은 불평등의 상황을 포착하는 데 순수한 타자성의 형상이 효과적이지 않음을 보여 준다. 조앤 보렐Joan Borrel의 개념을 빌려 랑시에르가 표현했듯이 그들은 준타자準他者, quasi-autre다. "준타자는 동일자의 타자적 형상의 가치를 갖기

엔 충분히 타자적이지 않다. 우리는 준타자를 그의 '집'으로 돌려보낼 수 없다"(랑시에르, 2008: 211).[17] 타자는 우리 곁에서 극단적 근접성을 갖고 존재한다. 이 말은 단순히 그들을 동네나 거리에서 쉽게 마주친다는 뜻이 아니다. 그들이 비정규직 노동자로, 산업 재해의 희생자로, 성폭행 당하는 여성 노동자로, 또는 매 맞는 아내로, 우리와 충분히 비슷한 고통을 겪고 있는 빈자로 존재하며, 이 때문에 환대가 아니라 다양한 방식의 연대가 가능하다. 이런 근접성을 무시한 채 다양한 조건의 타자들을 이방인이라는 단일 타자의 형상으로 단순화시키는 것은 오히려 이 이웃들과의 소통에 장애가 될 수 있다. 소통의 인문학은 절대적 타자성의 전제가 어떻게 새로운 연대의 운동 속에서 해체될 수 있는지를 연구할 필요가 있다.

이러한 타자성 형상의 해체는 한편으로 정체성 정치로부터의 거리두기를 의미한다. 정체성 정치는 소통의 주체를 미리 가정한다는 측면에서 난점을 지닌다. 여기서 가능한 소통이란 이미 정립된 정체성의 보호나 인정이다. 이러한 모델로는 인종주의와 종교 근본주의를 사후적으로만 다룰 수 있다. 이미 확정적인 민족, 문화, 종교 공동체를 전제한 후에 그 독립된 공동체들이 상호간의 평화로운 승인 관계로 나아가야 한다고 말하기 때문이다. 이때 우리는 딜레마에 빠지곤 한다. 보편주의를 주장할 경우 그것은 서구중심주의의 혐의를 받게 되며, 특수주의를 주장할 경우 소수부족주의에 입각해 분리주의를 조장한다는 공격을 받는다. 그리하여 우리

17 이는 정확히 2009년 갑자기 추방된 이주 노동자 미노드 목탄의 발언에서 생생하게 확인된다. 그는 1997년 IMF 사태로 다니던 공장이 어려워지자 네팔로 돌아가려 했다. 한국 사람의 일자리를 자신이 빼앗는다는 죄책감이 들었기 때문이다. 그런데 그는 집으로 돌아가지 못했다. 공장 형편이 어려워지자 임금은 절반 이하로 삭감되었고 한국 노동자들은 그 수준의 임금으로 일을 할 수 없었기 때문에, 사장은 네팔로 떠나려는 미노드에게 남아달라고 사정했다. "결국 사장과 사장 사모님, 그리고 나 세 사람이 공장을 꾸려갔어요."라고 그는 말한다(「17년 8개월」, 지식e채널, EBS. http://home.ebs.co.kr/jisike/main.jsp).

는 큰 공동체와 작은 공동체 사이에서 어떤 것과의 동일시를 택할 것인가라는 딜레마의 회로를 끊임없이 순환하게 된다.[18] 중요한 것은 현존하는 문제적 공동체와의 동일시보다는 탈정체화의 과정을 통해 불가능한 동일시를 이루며 새로운 주체화로 나아가는 것이다.

만일 폐쇄적이고 독단적인 주체 철학의 횡포에 대응하기 위해 절대적 타자 개념을 계속 고수하려고 한다면, 우리는 절대적 타자의 관념을 타인뿐만 아니라 우리 자신에게도 적용시켜야 할 것이다. 우리는 타자에게 가 닿을 수 없을 뿐만 아니라, 타자조차도 그 자신에게 가 닿을 수 없다. 이것은 우리가 우리 자신에게 가 닿을 수 없다는 의미이기도 하다. 우리가 타자와 만나는 순간 우리도 타자도 모두 자신이 아닌 것으로 변모한다. 양자는 만남을 통해, 혹은 연대를 통해 모두 자기 자신의 타자가 되어버린다. 타자와 나의 소통은 고정된 정체성들 사이의 소통이라기보다는 만남을 계기로 기존의 정체성으로부터 탈주함으로써 각자가 가 닿을 수 없는 자아와 공동체들을 만들어내는 사건이다.

넷째, 탈경계적 보편주의를 확립하기 위해서는 현존하는 보편주의적 주장들의 협소성과 경계적 함축을 폭로하는 비판적 과학과 더불어 탈정체화의 상상력을 고양시키는 계기가 필요하다. 이러한 의미에서 소통의 인문학은 소통의 시학을 내포해야 한다. 경계를 짓는 작업은 경계에 대한 폭로에서가 아니라 외적 경계를 횡단하는 연대의 상상력, 그리고 위계화된 내부의 경계를 횡단하는 탈주의 활동에서만 완수되기 때문이다. 이 시학적 작업은 보편주의의 기획에 맞추어 실행된다. 이는 우리가 먹는 입으

18 이는 'global'과 'local'의 대립으로도 표현될 수 있다. 이 대립의 극복 과정에서 우리가 직면하는 딜레마 역시 기존 정체성과의 동일시를 전제로 함으로써 발생한다. 따라서 'glocality(지구지역성)'에 대한 연구는 유럽 부족 대 소수 부족이라는 이분법적 양자택일을 넘어 모든 부족주의에 대항하는 탈정체화의 정치적 활동을 서술하고 발명하는 데 주력해야 한다. 이와 유사한 문제 의식에서 로컬리티의 문제에 접근한 글로는 김수환(2009: 71-98)을 참조하라.

로 말할 수 있을 가능성, 즉 함께 먹는 것에 대해 말할 수 있는 가능성을 믿는다는 뜻이기도 하다. 이 가능성에 대한 믿음은 인간이 먹는 것을 제외하면 그 밖의 모든 것에 대해서는 자유롭게 말할 수 있는 존재라는 주장에 반대한다. 함께 먹음에 대해 함께 말하는 것은 먹는 일에 먹는 것 이상의 의미를 부여하는 것이다. 그 말은 먹는 일에 대한 말인 동시에 우리의 공동 존재에 대한 말이기 때문이다. 이러한 보편주의는 수행됨으로써만 입증되는 것이다. 따라서 소통의 시학은 정치적 · 사회적 운동 속에서 현실적으로 벌어지고 있는 탈정체화의 유의미한 사례들을 학문적으로 기입하고 소망할 만한 탈정체화에 대한 상상력을 촉진시키는 사유들을 만들어내야 한다. 이를 통해 불가능하다고 판정된 실존의 가능성을 끊임없이 열어 주는 것, 그것이 소통의 인문학이다.

참고 문헌

강영안, 『타인의 얼굴』, 문학과지성사, 2005.

고병권, 『니체, 천 개의 눈, 천 개의 길』, 소명출판, 2001.

김비환, 「아렌트의 '정치적 헌정주의」, 『한국정치학회 회보』, 41집 2호, 2007.

김선욱, 『정치와 진리』, 책세상, 2001a.

_____, 「한나 아렌트의 정치 개념 : "정치적" 인 것과 "사회적" 인 것의 관계를 중심으로」, 『철학』 67집, 2001b.

_____, 「하버마스 언어철학의 전체론적 특성」, 『사회와 철학』 10호, 2005.

김수환, 「전체성과 그 잉여들 : 문화기호학과 정치철학을 중심으로」, 『사회와 철학』 18호, 2009.

김애령, 「이방인의 언어와 환대의 윤리」, 『젠더와 탈경계의 지형』, 이화여자대학교출판부, 2009.
김항, 『말하는 입, 먹는 입』, 새물결, 2009.
랑시에르, 자크, 『정치적인 것의 가장자리에서』, 양창렬 옮김, 길, 2008.
벤야민, 발터, 『일방통행로』, 조형준 옮김, 새물결, 2007.
_____, 『언어 일반과 인간의 언어에 대하여』, 최성만 옮김, 길, 2008.
부르디외, 피에르, 『재생산』, 이상호 옮김, 동문선, 2000.
세이빈, 조지 · 토머스 솔슨, 『정치사상사 1』, 성유보 · 차남희 옮김, 한길사, 1997.
아감벤, 조르조, 『목적 없는 수단』, 김상운 · 양창렬 옮김, 난장, 2009.
아렌트, 한나, 『인간의 조건』, 이진우 · 태정호 옮김, 한길사, 1996.
_____, 『전체주의의 기원 1』, 이진우 · 박미애 옮김, 한길사, 2006.
이화인문과학원 지음, 『젠더와 탈경계의 지형』, 이화여자대학교출판부, 2009.
이진경, 『외부, 사유의 정치학』, 그린비, 2009.
장윤재, 「이름뿐인 허울 좋은 성육신」, 『세계화 시대의 기독교 신학』, 이화여자대학교출판부, 2009.
정호근, 「의사소통적 합리성과 권력 그리고 사회 구성」, 『하버마스의 사상』, 나남출판, 1996.
진은영, 「숭고의 윤리에서 미학의 정치로」, 『시대와 철학』 20권 3호, 2009.
황정아, 「묻혀버린 질문 : '윤리'에 관한 비평과 외국 이론 수용의 문제」, 『창작과 비평』 144호, 2009.

구성 박계영, 연출 김한중, 「17년 8개월」, 지식e채널(2009), 지식채널EBS, 2010. 3, http://home.ebs.co.kr/jisike/main.jsp.

Jameson, Fredric, *Postmodernism, or, The Cultural Logic of Late Capitalism*, Durham: Duke University Press, 1992.

Lincoln, Bruce, *Discourse and the Construction of Society*, New York: Oxford University Press, 1989.

Rancière, Jacques, "Thinking between Disciplines: An Aesthetics of Knowledge," *Parrhesia* 1(2006): 1-12.

클로드 레비스트로스의 문화관과 문화 소통*

송태현

1. 들어가는 말

오늘날 서구중심주의 혹은 유럽중심주의에 대한 비판과 이에 토대를 둔 새로운 학문 재편은 학계 내에서 점차 설득력을 얻어가고 있다. 이와 아울러 포스트식민주의postcolonialism 역시 영문학을 비롯해 여러 학문 영역에서 영향력 있는 담론으로 자리매김을 하고 있다. 사실 서구 학문을 수용한 후 우리나라 학자들도 서구인이 자신의 입장에서 형성한 역사관과 문화관, 다시 말해 세계사의 중심지가 유럽이고 세계사를 이끌어 온 사람도 유럽인이며 유럽의 문화와 사상이 다른 문화에 비해 우월하다는 관점을 받아들여 세계사를 서술해 왔고 교육을 시행해 왔다. 꽤 오랫동안 우리에게도 서구중심주의 사유가 자연스럽게 형성되었고, 서구중심주의의

* 이 글은 『세계문학비교연구』(2010년 9월)에 게재된 논문(「클로드 레비스트로스의 문화관 연구」)을 수정 · 보완한 것이다.

를 비판하는 사고가 오히려 이질적으로 느껴지기까지 했다. 학문의 영역에서 우리는 식민 상태를 벗어나지 못하고 있었던 것이다.

정치학자인 강정인은 『서구중심주의를 넘어서』(2004)에서 '서구중심주의란 무엇인가'를 밝히고, 서구중심주의의 사상적 연원과 전개 과정을 고찰하며, 서구중심주의가 현대 한국의 정치 사상을 조형하고 해석하는 데 미쳐온 영향력을 검토한 후, 서구중심주의를 극복하기 위한 방안을 모색하고자 했다. 역사학자인 강철구 교수도 『역사와 이데올로기 1』(2004) 및 『우리 눈으로 보는 세계사 1』(2009) 등을 통해 유럽 중심적 시각을 극복하고 서양사와 세계사를 우리 눈으로 재해석하는 작업을 시도하고 있다. 한국서양사학회에서도 『유럽중심주의 세계사를 넘어 세계사들로: 우리 시각으로 읽는 세계의 역사』(2009)를 발간한 바 있다. 이 책은 유럽중심주의 세계사의 편향을 비판하고 그 한계를 극복하는 대안적 세계사를 지향하고 있다.

한편 포스트식민주의 담론도 최근에 활발하게 전개되고 있다. "제3세계 반제국주의 운동의 기수"로 인정받는 프란츠 파농Frantz Fanon의 책들이 (재)번역되었으며, 그의 스승인 에메 세제르Aimé Césaire의 주요 작품들도 번역 소개되었다. 이와 아울러 포스트식민주의의 주요 이론가들인 에드워드 사이드Edward W. Said, 호미 바바Homi K. Bhabba, 가야트리 차크라보르티 스피박Gayatri Chakravorty Spivak의 저서들이 번역되었다. 그리고 국내 저자들(나병철, 고부응 등)도 포스트식민주의 이론의 중요한 이론과 쟁점을 다루고, 이 이론에 대해 비판적인 성찰을 시도하기도 하며, 한국 문학과 문화의 맥락에서 이 이론을 적용하는 작업을 시도하고 있다.

클로드 레비스트로스Claude Lévi-Strauss(1908~2009)는 인류학 분야에서 서구중심주의를 비판한 대표적인 문화인류학자다. 그는 평생을 서구우월주의의 편견에 대항해 이론적으로 싸운 투사다. 레비스트로스는 그동안 우리나라에서 구조주의의 선구자 혹은 구조주의 인류학자, 구조주의 이론과 방법을 신화에 적용한 신화 연구가 등으로 많이 알려져 있었다. 구조주의가 퇴조로 그가 주창한 구조주의 이론과 방법론은 더 이상 이전의 막강한 영향을 행사하지 못한다. 하지만 서구중심주의를 극복하고자 한 레비스트로스의 문화관은 구조주의 이론과 방법론의 유행과는 무관하게 이 시대에도 여전히 유효하다. 서구와 마찬가지로 우리 사회도 서구의 자민족중심주의에서 출발한 서구중심주의에 오랫동안 침윤되어 있었으며, 최근에 와서야 서양 혹은 유럽중심주의를 극복하기 위한 노력을 본격적으로 기울이기 시작했기에, 이 시점에서 그의 문화관을 고찰해 보는 것은 의미 있는 작업으로 판단된다. 레비스트로스의 문화관을 연구하고자 하는 이 글은 인종차별주의와 자민족중심주의에 대한 레비스트로스의 비판에서 출발해 그의 문화상대주의에 대해 고찰한 후 문화 간 협력과 문화다양성에 대한 그의 입장을 살펴보고, 그의 사상이 오늘날 문화세계화의 현실에서 함의하는 바를 고찰하고자 한다.

2. 인종차별주의와 자민족중심주의 비판

롤랑 조페Roland Joffe 감독의 영화 〈미션The Mission〉(1986)에 보면 합창단에서 청아한 목소리로 성가를 부르는 남미 인디언 소년을 보고서 백인 노예상은 다음과 같이 말한다. "저놈은 목소리가 좋은 동물이야!" 그 과라니족 소년이 노래를 잘 부르는 것은 그 노예상도 부인할 수 없었다. 그러나 아무리 성가를 잘 부르더라도 노예상은 그 성가대 소년을 인간이라고 규정하지는 않았다. 노예상에게 아메리카 인디언은 인간이 아니었다. 서구인이 소위 '지리상의 발견' 이후 전 세계를 침략할 때 그 과정에서 그들이 만나는 비非백인 원주민이 과연 사람인지 의심한 것은 사실이었다. 레비스트로스는 『슬픈 열대』에서 히스파니올라(오늘날의 아이티와 산토도밍고) 지역을 개척했던 식민자들에 대해 다음과 같이 기록하고 있다.

> 식민지 개척자들colonisateurs은 이 원주민들을 이해할 수가 없었으며, 그들의 본성을 밝혀내기 위해 계속해서 사절들을 파견했다. 만약 이 원주민들이 진짜로 인간이라면, 이들은 이스라엘의 실종된 10부족의 후예들이 아니었을까? 또는 코끼리를 타고 건너온 몽골인들이 아니었을까? 또는 머독 공Prince Modoc에 의해서 몇 세기 전에 이곳으로 보내진 스코틀랜드인들인지? 그들은 항상 이교적이었는지, 아니면 한때는 성 도마에 의해서 세례를 받았으나 타락해 버린 가톨릭 교도들인지? 그들이 동물이나 악마의 피조물이 아닌 진짜 인간이라고 확실히 여겨지지는 않았다(Lévi-Strauss, 1984: 79).

레비스트로스에 의하면, 16세기 초에 에스파냐 왕 페르난도 5세는 서인도제도의 원주민들이 인간이라고 믿지 않았기에 에스파냐 식민자들이 원주민들과 결혼하는 것을 막기 위해 백인 여자 노예들을 수입했다. 또한 바르톨로메 데 라스 카사스Bartolome de Las Casas[1]가 그 지역에서 강제노동을 금지하도록 노력하고 있을 때, 식민 개척자들은 분개하기보다 믿을 수 없다는 반응을 모이며 "일하는 짐승들bêtes de somme을 사용할 수도 없단 말인가?"라고 외쳤다고 한다. 에스파냐 식민자들은 "인디언들이 자유로운 동물des animaux libres로 남아 있기보다 인간 노예des

1 바르톨로메 데 라스 카사스Bartolome de Las Casas(1474~1566)는 콜럼버스가 발견한 신대륙의 정복과 식민화를 선교 사업으로 간주하던 시기에 복음과 가난한 민중의 입장에 서서 정복과 식민화를 비난했던 대표적인 인물이다.

hommes esclaves가 되는 편이 더 낫다"는 데 한결같은 결론을 내렸다고 한다(Lévi-Strauss, 1984: 80).

인디언들이 과연 인간의 영혼을 가지고 있는 자인지 확인하기 위해 에스파냐인들이 조사단원을 파견하던 시절에 푸에토리코의 인디언들은 백인들을 생포해 물 속에 던져 죽였다고 한다. 그들이 그렇게 한 것은 자신들의 거주지에 침입해 온 백인들이 신인지 인간인지 확인하고자 함이었다. 그들의 관념으로는 만일 백인들이 신이라면 그 물 속에 빠진 시신이 썩지 않을 것이라 믿었기에 그 여부를 확인하고자 한 행동이었다. 레비스트로스는 인디언들을 동물이라 선언한 백인들이나, 백인들을 신이 아닐까 의심한 인디언들이나 양쪽이 다 무지한 건 마찬가지였으나 그래도 인디언 쪽이 좀 더 인간적인 가치를 지녔다고 판단한다(Lévi-Strauss, 1984: 81).

아메리카 원주민은 유럽인의 상륙 이후 '역사상 최대의 홀로코스트'에 의해 대대적으로 희생되었다. 유럽인과 최초로 접촉할 당시 북아메리카에는 최소한 1천만 명의 인디언이 살았을 것으로 추정하는데, 4세기가 지난 후 고작 22만 명만 살아남았다. 한편 에스파냐 정복 지역에서는 콜럼버스 발견 이전에 5천만 명에 달하던 원주민이 수십 년 사이에 96%가 죽어 나갔다(이태주, 2006: 52-53). 콜럼버스가 아메리카에 도착하던 해에 약 10만 명의 사람들이 살고 있던 히스파니올라는 그로부터 몇백 년이 지나는 동안 단 200명으로 감소해 버렸다(Lévi-Strauss, 1984: 79).

전통 사회의 인간들을 '야생인sauvage' 혹은 '야만인barbare'이라 명명하면서 이들에게 인간성을 부여하기를 원하지 않았던 서구인들에게 레비스트로스는 그들의 용어로써 그들을 다음과 같이 비판한다. "야만이 존재한다고 믿는 바로 그 사람이야말로 야만인이다. Le barbare, c' est d' abord l' homme qui croit à la barbarie" (Lévi-Strauss, 1984: 80). 유럽 자민족

중심주의는 유럽인이 우월한 인종이며 유럽 문화가 가장 발달한 그리고 다른 문화가 모델로 삼아야 할 보편적인 가치를 지닌 문화라는 입장이다. 식민주의 시대 때의 인디언 학살자, 파시스트와 극우민족주의자가 견지해 온 인종차별주의racisme는 자민족중심주의ethnocentrisme의 전형이다.

물론 오늘날 비서구인을 열등한 인간으로 간주할지언정 아예 인간으로 간주하지 않는 서구인은 거의 없다. 하지만 다양한 형태의 인종차별주의는 여전히 존재한다. 레비스트로스는 인종차별주의가 다음 네 가지 요소로 요약할 수 있는 뚜렷한 교의doctrine라고 말한다(Lévi-Strauss, 2003: 229-230). 첫째, 유전 형질과 지적인 자질과 도덕적인 성향 사이에 상호 연관이 존재한다. 둘째, 지적 자질과 도덕적 성향이 의존하는 이 유전 형질은 특정 집단 인간의 모든 구성원에게 공통된 것이다. 셋째, '종족race'이라 불리는 이 집단은 그들의 유전 형질의 특성에 따라서 위계 질서화될 수 있다. 넷째, 이러한 차이들은 소위 고등 '종족들'이 다른 종족들을 명령하고 착취하고 경우에 따라서는 절멸絶滅시키는 일도 허용한다. 레비스트로스는 이러한 인종차별주의 이론이 잔인하고 부조리하며, 이론과 실제 모두에서 지지할 수 없는 것임을 역설해 왔다. 그리고 레비스트로스 이후 서구의 인종차별주의와 자민족중심주의에 대한 비판은 상당히 일반화되었다.

레비스트로스의 영향으로 인류학을 전공한 프랑스의 정치인류학자 피에르 클라스트르Pierre Clastres(1934~1977)는 인종차별주의와 자민족중심주의에 대한 레비스트로스의 사상을 비판적으로 발전시키는 과정에서 사회 혹은 국가 권력 문제를 아울러 고찰하고자 했다. 클라스트르는 인종 말살이란 범죄는 인종차별주의의 논리적 결과이며, 극단적으로 말한다면 필연적 결과라고 주장한다(Clastres, 2002: 68). 나치 독일에서 보듯 자유롭게 발전하는 인종차별주의는 인종 말살에 이를 수밖에 없다는 것이다. 이 인류학자는 인종 학살génocide과 민족 학살ethnocide을 구분한다. 인종 학살이 '인종'이라는 관념 및 인종적 소수자를 멸절시키겠다는 의지와 관계된다면, 민족 말살은 사람들을 물리적으로 제거하려고 하기보다는 그 사람들의 문화를 파괴하려고 하는 것이다. 인종 말살은 사람들을 육체적으로 죽이지만, 민족 말살은 다른 사람들의 생활 양식과 사고 방식을 체계적으로 파괴함으로써 정신적으로 죽이는 것이다(Clastres, 2002: 69-71).[2] 인종 말살과 민족 말살은 타자에 대해 동일한 관점을 지니고 있는데, 타자란 차이로서 특히 나쁜 차이라는 것이다(Clastres, 2002: 70). 인종 말살적 정신은 타자들이 절대적으로 나쁜 자이기에 멸절시키는 것을 의미한다면, 민족 말살은 차이 속에서 악의 상대성을 인정하고서 자신이 원하는 모델에 타자가 동화될 수 있도록 변화시킬 수 있다고 보는 것이다(Clastres, 2002: 70). 남아메리카 인디언들을 살해한 백인들은 차이로서의 타자의 위치를 그 극단까지 밀고 나가, 야만적 인디언은 인간이 아니라 동물이라고 보았다. 그 시절 야만적인 인디언은 인간이 아닌 동물로 간주되었기에 인디언 살해는 범죄가 아니었다(Clastres, 2002: 70-71). 이 경우에는 인종차별주의 자체가 성립하지 않는데, 왜냐하면 타자에 대해 인간성 자체를 인정하지 않기 때문이다(Clastres, 2002: 70-71). 남아메리카 최후의 토착인들은 한꺼번에 인종 말살과 민족 말살에 의해 희생되었다.

클라스트르에 의하면 민족 말살의 정신과 실천이 다음 두 가지의 공리에 따라 규정된다(Clastres, 2002: 72). 첫째, 문화들 사이에는 열등한 문화와 우월한 문화의 위계가 존재한다. 둘째, 서양 문화는 다른 문화에 비해 절대적으로 우월하다. 따라서 서구인은 열등한 문화에서 열등성을

2 '민족 학살' 개념을 창안해낸 대표적인 학자는 로베르 졸랭Robert Jaulin이다.

제거해 우월한 문화의 수준으로 끌어올리는 것을 오히려 인도주의적 요구라고 생각한다는 것이다. 자민족중심주의는 이렇듯 차이들을 자신의 고유한 문화의 척도에 따라 측정하려는 태도다. 클라스트르는 서양이 민족 말살적인 것은 자민족중심주의 때문이라고 판단한다.[3]

클라스트르는 레비스트로스가 서구 중심의 민족학(인류학), 자민족중심주의에 대한 비판이 가져온 성과에 대해 다음과 같이 평가한다.

> 코페르니쿠스적 사고의 전환이 필요하다. 어떤 면에서 민족학은 현재에 이르기까지 원시 문화들을 서구 문명을 중심으로 이른바 구심 운동을 하는 대상으로 간주해 왔다. (진정으로 고대적 사회에 대해 우리 사회가 아닌 고대적 사회의 실제에 맞는 담론을 만들기 원한다면) 시각의 완전한 전복이 필요하다. [……] 정치인류학의 권력에 대한 성찰이 그것이 탄생한 대지의 인력으로부터 벗어나 사고의 진정한 자유를 얻기 위해서는, 그리고 그것을 쩔쩔매게 하는 자연사의 사실로부터 해방되기 위해서는 '태양 중심적' 사고로의 전환이 필요하다. 그럼으로써 아마도 타자의 세계 그리고 결과적으로는 우리 자신의 세계를 좀 더 잘 이해할 수 있게 될 것이다. 다행히도 이러한 사고의 전환을 미개인의 사유를 철저하게 다루고 있는 최근의 사유에서 발견할

3 클라스트르에 의하면 서양 문화만이 자민족중심주의적인 것은 아니다. 어떤 의미에서 모든 문화는 자민족중심주의적 성향을 지니고 있다. 심지어는 원시 사회도 그러하다. 그렇지만 모든 문화가 자민족중심주의적일지라도 오로지 서양 문화만이 민족 말살적이다. 무엇이 서양 문화를 민족 말살적인 것으로 만들었는가? 원시 사회가 자민족 중심적이면서도 민족 말살적이지 않은 것은 원시 사회는 국가 없는 사회이기 때문에 그러하다고 클라스트르는 보았다. 국가라는 실체의 핵심 속에는 유일자의 긍정적인 힘, 다양성을 거부하는 성향, 차이에 대한 불안과 공포가 내재해 있다는 것이다. 민족 말살적인 행위는 국가의 힘이 더 이상 어떤 위협도 받지 않을 때 중단된다. 그런데 국가는 서양에만 존재한 것은 아니다. 서양이 여타 지역과 다른 점은 민족 말살 능력이 제한되어 있지 않고 고삐가 풀려 있다는 점이다. 서양이 다른 사회에 비해 무한히 더 민족 말살적인 것은 자본주의 때문이라고 클라스트르는 파악했다. 경계 내부에 머무는 것의 불가능성으로서, 모든 경계를 넘어서는 통로로서 자본주의 때문이라는 것이다. 클라스트르는 "생산을 위한 가장 멋진 기계로서 산업 사회는 바로 그렇기 때문에 또한 가장 가공할 만한 파괴 기계다."라고 말한다(Clastres, 2002: 76-81).

> 수 있다. 즉 클로드 레비스트로스의 작업은 (아마 지금도 여전히 상상을 초월하는) 그 성과물의 방대함을 통해 진행 과정의 정확성을 증명하며 우리를 더 멀리 나가게 한다(Clastres, 2005 : 34).

클라스트르와 마찬가지로 레비스트로스도 모두가 자민족중심주의 경향을 지니고 있음을 지적한다. 문제는 플라톤의 『국가』에 나오는 '동굴의 비유'에서처럼 자신이 처한 상태를 알지 못하고 여전히 그 상태에 머물러 있을 것인지, 아니면 쇠사슬을 끊어내고 동굴을 빠져나오느냐다. 레비스트로스는 자신 속에 자민족중심주의가 내재해 있음을 깨닫고 그것을 극복하려고 하는 자아 비판적인 노력이 중요함을 역설한다(강신표 편, 1983: 179). 인종차별주의와 서구 자민족중심주의에서 벗어나기 위한 레비스트로스의 이론적인 작업은 '문화상대주의'와 '문화 간 협력과 문화다양성'을 위한 교두보 역할을 감당하고 있다.

3. 문화상대주의

문화상대주의는 레비스트로스가 처음 주창한 개념은 아니다. 문화상대주의가 하나의 학문적 경향으로서 인류학 내에 정착하게 된 것은 미국인류학의 아버지라 불리는 프란츠 보아스Franz Boas(1858~1942)에 의해서다. 보아스는 문화 전반을 염두에 두지 않고 다른 사회들을 서로 비교할 수 있는 객관적인 기준이란 존재하지 않으며, 따라서 그 누구도 한 사회가 다른 사회보다 더욱 발전했다거나 혹은 우월하다고 말할 수 없다고 주장했다. 그는 선과 악, 우월과 열등 등과 같은 개념은 모두가 하나의 문화 내에서만 의미가 있는 것이며, 그 문화를 뛰어넘어 통通문화적으로는 사용할 수 없는 것이라고 보았다(Garbarino, 1997 : 75). 보아스는 각 문화의 우열을 가리려고 했던 19세기의 진화주의 이론에 반기를 들고, 특수한 사회의 상세한 연구는 문화 행위의 전 범위를 참작해야 한다고 주장하는 인류학적 총체주의anthropological holism와 역사적 특수주의historical particularist approach를 주창했다. 이러한 개념으로써 보아스는 각기 고유한 역사에 기반을 둔 개별 문화, 한 민족 특유의 통합된 생활 양식을 강조했다. 그리고 그는 문화적 행위를 일반적인 진화 단계와의 관련 속에서 설명할 것이 아니라 특수한 문화적 맥락 속에서 파악해야 한다고 주장한다(Moore, 2002: 72, 83).

레비스트로스는 보아스의 문화상대주의를 계승 발전시켜 문화에 대한 새로운 관점을 제시했다. 레비스트로스는 『구조인류학』에서 쇠도끼가 돌도끼보다 더 우월한 것은 아니며 둘 다 잘 만들어진 것이라고 말한다(Lévi-Strauss, 1974: 264-265). 그리고 그는 신화적 사유의 논리가 실증적인 사유와 마찬가지로 엄격한 것이고, 근본적으로 양자는 거의 다르지 않으며, 또한 신화적인 사유와 과학적인 사유 사이에 동일한 논리가 작용하고 있는 것으로 판단한다. 그러면서 레비스트로스는 "인간은 항상 같이 잘 생각해 왔다l'homme a toujours pensé aussi bien"고 말한다. 진화론에 토대를 둔 유럽 자민족중심주의가 지배적이던 시대에 문화상대주의는 서구인에게는 정복과 식민주의로 특징지어지는 서구 제국주의에 대한 반성의 기제로, 비서구인에게는 피해 의식을 치유해 주는 기제로 작용했다.

모든 지식과 인간 경험에서 역사성을 가장 중시하고, 역사적인 변화 특히 역사적인 발전의 맥락에서 이해하고 설명하려는 역사주의의 입장은 인간의 사회와 문화에서 진화, 진보에 초점을 맞추었다. 『미개인의 사고 *Pensée primitive*』(1910)의 저자인 뤼시앵 레비브륄Lucien Lévy-Bruhl에 의하면, 인류 사회는 원시 사회에서 문명 사회로 발전해 왔을 뿐 아니라 미개인의 심성은 문명인의 심성과 질적으로 다르고 또한 전前논리적인 것이며 그들의 신앙은 과학적 견지와 일치하지 않는다.[4]

그러나 레비스트로스는 여기에 반론을 제기한다. 레비스트로스는 『야생의 사고*La Pensée sauvage*』(1962)에서 신화적 사고와 구체의 논리로 표현되는 '야생의 사고'가, 문명인의 사고와 사물을 범주화시키는 방법과 관심의 영역에서 다를 뿐 이 가운데 어느 것이 더 논리적이라고 주장할 수 없음을 밝히고 있다. 그는 '야생의 사고'가 문명인의 사고와 같은 의미에서 그리고 같은 방식으로 논리적이라고 주장하고, 야생의 사고가 레비브륄의 견해와는 반대로 감정에 의해 움직이는 것이 아니라 이성적 판단에 의해 움직이며 혼동과 참여에 의해서가 아닌 변별과 대립의 도움으로 가능한 것이라고 주장한다(Lévi-Strauss, 1990: 355).

일부 학자들은 원시인들에게는 추상적 관념어가 결핍되어 있으며 그들이 추상적 사고에서 무능하다고 주장한다. 레비스트로스는 우선 추상적 관념어가 발달한 원시인들이 있음을 지적한다. 나아가 그는 추상적 언어의 사용은 그것이 지적 능력의 수준을 나타내는 것이라기보다는 그 민족 사회 속의 특정 집단이 가지고 있는 관심의 차이에서 온다고 주장한다(Lévi-Strauss, 1990: 3-5). 또 다른 학자들은 미개인이 단지 생리적 · 경제적 요구에 의해 움직일 뿐이라고 주장한다. 그러나 레비스트로스는 미개인들도 그들 주위를 둘러싸고 있는 생물학적 환경을 끊임없이 연구하고, 그들에게 직접 쓸모가 없는 동식물에 대해서도 많은 관심을 가지고 있으며, 그들의 지적 욕구가 서구인보다 훨씬 조화로운 것이라 주장한다

4 레비브륄은 이후 그의 견해를 점차 수정했고, 유고집 『수첩*Les Carnets*』(1949)에서 "미개 심상과 우리의 심성 사이에 근본적인 차이가 없다."라고 말함으로써 자신의 이전 입장을 전적으로 수정했다.

(Lévi-Strauss, 1990: 5-14).[5]

주술을 "소심하고 엉성한 형태의 과학"(Lévi-Strauss, 1990: 21) 혹은 "기술이나 과학 발전의 한 시점이나 단계"(Lévi-Strauss, 1990: 21), 혹은 "원시 과학"(Lévi-Strauss, 1990: 26)으로 간주하는 견해에 대항해 레비스트로스는 주술이 그 자체로 훌륭히 구축된 하나의 체계를 이루고 있으며, 이러한 점에서 과학 체계와는 별개의 것이라고 주장한다(Lévi-Strauss, 1990: 21). 레비스트로스는 주술과 과학에 대해 다음과 같이 말한다.

> 주술은 총체적이고 포괄적인 결정론을 전제하는 데 비해, 과학은 우선 여러 개의 차원을 구분하고 그 중의 일부에만 결정론적 형식을 부여하며, 그 밖의 차원에는 같은 결정론적 형식을 적용하지 않는다. [……] 주술적 사고나 의례란, 결정론적 작용을 인식하고 응용하기에 앞서, 결정론적 작용을 포괄적이고 전체적인 양식으로 추측하고 활용하는 일이다. 그러므로 주술적 의례나 신앙은 앞으로 태어날 새로운 과학에 대한 믿음의 표현인 것이다. [……] 주술은 훌륭히 구축된 하나의 체계를 이루고 있으며 이러한 점에서 과학 체계와는 별개의 것이다. 주술과 과학을 대립시키지 말고, 양자를 지식 습득의 두 가지 병행하는 양식으로 받아들이는 것이 나을 것이다(Lévi-Strauss, 1990: 19-21).

레비스트로스는 '문명화된' 서구가 전통적인 사회에 대해 가지고 있는 편견과 대항해 싸웠다. 서구의 식민주의와 제국주의, 그리고 이들을 가능

5 여기서 레비스트로스는 핸디E. S. Craighill Handi와 푸쿠이Mary Kawena Pukui의 다음과 같은 말을 인용하고 있다. "하와이 원주민들의 천연자원 활용은 거의 완벽하다. 눈앞의 금전적 이익만을 위해 몇몇 자원만을 무자비하게 개발하면서 그 밖의 것은 아예 무시하거나 파괴해 버리는 오늘날 상업주의 시대의 자원 이용에 비하면 더욱 그러하다"(Lévi-Strauss, 1990: 6).

하게 해준 인종차별주의와 자민족중심주의에 대해 철저한 비판을 가했던 그는 자신의 기준으로 비서구 문화를 판단하고 정죄하는 서구의 풍토에 대해 항상 자아 비판적인 태도를 견지해 왔다.

1955년 출간된 『슬픈 열대*Tristes Tropiques*』에서 레비스트로스는 '문명'과 '야만'을 구분한 서구인의 관점에 대해 비판한다. 이를 위해 그는 야만인의 관례들 가운데 문명인이 가장 끔찍하게 혐오하는 식인食人 풍습을 예로 들고 있다(Lévi-Strauss, 1984: 463-464). 우선 레비스트로스는 고기가 모자라 인간을 먹는 경우는 고려의 대상에서 제외한다. 어떤 사회도 굶주림에서 나오는 욕구에 대해서는 어쩔 수 없다는 것이다. 절망적인 상황에서는 동서고금을 막론하고 식인이 적잖게 자행된다.[6] 따라서 레비스트로스는 긍정적인 형태의 식인 풍습을 고찰한다. 매우 비밀스럽게 거행된 의식을 통해 조상의 신체의 일부분이나 적의 시체의 살점을 먹음으로써 식인종은 죽은 사람의 덕을 획득하려 하거나 또는 그 힘들을 중화시키고자 한다. 문명인이 식인종을 비난하는 이유인 죽음의 신성함에 대한 무시의 정도가 문명인이 해부학 실습을 용인하는 사실보다 더 크지도 작지도 않다고 레비스트로스는 판단한다. 레비스트로스가 미개 사회를 미화하거나 두둔하려는 의도를 지닌 것은 아니다. 그는 완전한 사회란 존재하지 않음을 인정한다. 각 사회는 그것이 주장하는 규범들과 양립할 수 없는 어떤 불순물을 그 자체 내에 선천적으로 지니고 있다. 그리고 그는 어

6 "1873년 미국 콜로라도 광산에서 금을 캐던 광부가 눈보라로 오두막에 갇히게 되자 동료를 잡아먹고 연명한 사건이 발생했다. 그는 체포되어 식인 혐의로 40년 징역형을 받았다. 그러나 15년 만에 석방됐다. 1972년 안데스 산맥에 비행기가 추락했을 때 생존자들은 죽은 사람의 살을 먹은 것으로 알려졌다. 1997년 옛 소련에서 73세 노파가 82세 남편의 몸을 절반가량 먹은 죄로 체포되었다. 그로부터 석 달 뒤에 두 명의 우크라이나 죄수가 감방 동료를 잡아먹은 혐의를 받았다. 이러한 식인 사건은 서구 언론에 대서특필되었으나 러시아에서는 뉴스거리가 안 된다. 스탈린 시대부터 가뭄 동안에 사람의 살을 뜯어먹고 생존했다는 이야기가 비일비재했기 때문이다"(이인식, 2002: 115-116).

떤 인간 사회도 철저하게 선하지 않으며, 또한 어떤 사회도 근본적으로 악한 것은 아니라는 점을 지적한다(Lévi-Strauss, 1984: 462-463).[7] 여기에서 레비스트로스가 지적하고자 하는 바는 서구인의 기준과 관점으로 '야만인'을 부당하게 비난하는 점이다. 서구 문명인이 야만인을 바라보고 판단하듯이 야만인도 그들의 기준과 관점으로 서구 문명을 판단한다면, 서구인이 바라보는 식인 풍속처럼 서구 문명도 그들의 눈에는 매우 야만적으로 보일 수 있다는 점을 역지사지易地思之해 보아야 한다는 것이다. 인간의 존엄성이 진정 중요하다면 수많은 인명을 살상할 수 있는 원자폭탄 같은 무기를 왜 만들며 그러한 폭탄을 왜 실제로 투하해 엄청난 희생을 초래했는가? 전사자 약 2천 5백만 명, 민간인 희생자 약 4천만 명을 낳은 제2차 세계대전은 문명화된 서구인 자신의 책임이 아니라면 누구의 책임인가? 레비스트로스는 문화상대주의 개념을 제시함으로써 문명화된 서구가 자신의 관점에서 모든 것을 바라보고 판단하는 태도를 극복하기를 원하는 것이다.

문명화된 서구는 자신의 입장에서 판단해 서구 문화가 타문화보다 우월하다고 주장한다. 기계를 사용하는 측면에서 판단한다면, 그리고 인구 일인당 사용 가능한 에너지의 양을 기준으로 판단한다면 서구는 분명 선두 자리를 차지한다(Lévi-Strauss, 2001: 75). 하지만 문화의 다른 요소들을 기준으로 판단한다면 또 다른 평가가 가능할 것이다.

만약 정해진 평가 기준이 가장 어려운 지리적 환경을 극복하는 재능의 정도에 의한 것이라면 에스키모인이나 베두인Bedouin족이 영예를 차지할 것이다. 인도는 다른 어떤 문명보다도 철학적 · 종교적 체계를 잘 완성

7 여기서 불순물이란 구체적으로는 숱한 양의 부정의, 무감각 그리고 잔인함으로 표현된다고 레비스트로스는 말한다.

할 줄 알았고, 중국은 인구의 불균형에서 오는 심리적 결과를 줄일 수 있는 생활 양식을 완성할 줄 알았다. 이미 13세기 전에 이슬람교 문화는 인류 생활의 모든 형태들의 연대連帶 이론을 세웠다. 정신과 육체의 관계에서는 중동 지방과 극동 지방이 서양보다도 수천 년을 앞서 있다. 인도의 요가, 중국인들의 호흡 기술 혹은 마오리족의 내장內臟 체조 등과 같은 방대한 체계를 이루어 놓았으며 실천해 온 것이다. 오스트레일리아 사람들은 경제적 측면에서는 뒤떨어졌지만 가족 구성과 관계되는 것이나 가족 집단과 사회 집단의 관계의 조화와 관계되는 모든 것에서 다른 민족에 비해 대단히 앞서 있다(Lévi-Strauss, 2001: 75-77).

레비스트로스는 하나의 문화가 자신으로부터 벗어날 수 없으며, 그 문화에 대한 평가는 상대주의의 포로로 남아 있기 때문에, 각각의 문화는 다른 문화에 대해 진정한 평가를 할 수 없다고 판단한다(Lévi-Strauss, 2001: 81). 발전이란 각자의 취향에 따라 미리 결정된 방향에서 최대의 발전일 따름이다(Lévi-Strauss, 2001: 102). 레비스트로스는 문화상대주의 개념으로써 한 문화가 다른 문화권의 작품에다 적용시킬 수 있는 절대적인 기준을 가지고 있지 않다고 주장한다. 반면에 그는 각각의 문화는 자신의 문화 내에서는 우열에 대한 판단을 할 수 있고 또한 해야 한다고 주장한다(Lévi-Strauss, 2003: 252).

4. 문화 간 협력과 문화다양성

레비스트로스에 의하면 어떤 문화도 홀로 존재하는 것은 아니다. 하나의 문화란 언제나 다른 여러 문화와 제휴한 상태로 주어진다(Lévi-Strauss, 2001: 104). 문명이란 여러 문화 사이에 최대의 다양성을 부여하는 문화의 공존을 내포하고 있으며, 그리고 바로 그 공존으로 이루어진 것이다. 가령 르네상스 초기의 유럽 문명은 매우 다양한 영향들의 만남과 융합의 장소였다. 그리스, 로마, 게르만, 앵글로색슨의 전통에다 아랍과 중국의 영향이 덧붙여 어우러졌던 것이다(Lévi-Strauss, 2001: 106). 그는 세계 문명이란 제각기 나름의 독창성을 가지고 있는 여러 문화의, 세계적 차원에서의 협력이라고 보았다(Lévi-Strauss, 2001: 112).

발전을 위해서는 인류가 서로 협력해야 한다. 레비스트로스는 맹목적인 배타성을 경계했다. 그런데 이러한 협력을 하다 보면 인류는 점차로 그들의 지참물들apports이 같아지는 것을 보게 된다. 그런데 그들의 협력을 풍요롭고도 필요한 것으로 만들었던 요소는 바로 그 협력 이전에 있었던 그 지참물들의 다양성이었다. 레비스트로스는 문화 상호간의 소통이 필요함을 인정한다. 소통이 있어야 문화는 상호간에 풍부해지고 자극을 주고받게 된다. 그런데 각 문화가 독창적인 요소를 지니지 않는다면 문화의 교류는 큰 의미가 없다고 그는 보았다. 여기에 하나의 역설이 생겨난다(Lévi-Strauss, 2003: 222-228). 문화들 사이의 만남을 풍요롭게 하는 것은 문화들 간의 차이다. 그런데 문화 교류를 하게 되면 상호 점진적인 일치에 이르게 된다. 상호간에 차이가 있을 때 각 문화는 접촉을 통한 유익을 누리게 되는데, 문화 교류가 진행되는 동안에 그 격차는 점차 줄어 결국 소멸하고 만다.

이러한 맥락에서 그는 '하나의 세계 문명'에 대해서는 매우 부정적이다. 레비스트로스는 문화들 사이의 적절한 소통은 좋은 것이나 과도한 소통over-communication은 세계의 도처에서 벌어지는 일들을 하나의 시각으로 보게 만든다고 판단한다. 그는 차이와 독창성을 잃어버리는 현상을 경계했다. 그리고 그는 다양성 없이는 인류가 진정으로 살아갈 수 없다고 지적했다(Lévi-Strauss, 1978: 15). 레비스트로스는 오늘날 우리가 목격하는 문화는 바로 이러한 상황에 처해 있다고 진단했다. 어떤 의미에서 그는 이미 오래전부터 세계화의 암울한 그림자를 예견하고 그에 대한 처방을 제시한 선구자다.

레비스트로스에 의하면 인류는 끊임없이 두 개의 모순된 과정과 싸우고 있다. 그 과정 가운데 하나는 통일화unification를 지향하고 있고, 반면에 다른 하나는 다양화diversification를 유지하거나 재건하려는 경향을 가지고 있다(Lévi-Strauss, 2001: 119).[8] 단조로움과 획일성의 위협을 받고 있는 세계에서 그는 여러 문화의 다양성을 보존해야 함을 역설해 왔다. 이 경우 그는 '죽은 다양성', 다시 말해 지역적인 전통 혹은 과거 문화의 단순한 보존에 토대를 둔 다양성이 아닌 역동적인 다양성을 원한다. 각 민족 혹은 각 지역민은 전통 속에 감추어진 잠재력을 북돋워 특수성을 유지하면도 타문화와 교류하는 가운데 온 인류를 향한 새로운 문화를 창조해야 하는 것이다.

5. 나오는 말

오늘날 문화세계화를 바라보는 학자들의 입장은 크게 둘로 나눌 수 있다. 하나는 문화세계화가 문화제국주의의 일환 혹은 신자유주의의 구현으로 보는 입장이다. 이에 따르면 문화세계화는 전 세계 문화를 시장 경쟁력 있는 문화 상품 중심으로 동질화시키기에 이에 대항해 자국 문화를 보호해야 한다는 것이고, 다른 하나는 문화세계화를 문화제국주의와 동일시

8 "인간 사회에는 작업을 하는 순간에 서로 반대 방향으로 작용하는 '두 종류의 힘'이 있다. 하나는 특수성을 유지하고 강화하기를 기도하게 되고 다른 하나는 유사類似와 수렴의 방향에서 움직이게 된다"(Lévi-Strauss, 2001: 39).

하는 관점이 적절하지 못한 과대한 해석으로 보아 이에 반대하는 입장이다. 후자는 문화제국주의 비판자들의 관점이 문화 수용자를 수동적으로만 파악하는 것이라고 비판한다. 문화 수용자는 사실상 적극적이고 능동적이기에 세계화는 오히려 문화다양화의 길로 나아가고 있다는 것이다.

문화제국주의가 극단적인 견해를 표출할 때 그것은 잘못된 것일 수 있다. 그러나 현실 속에서 우리는 문화제국주의적인 요소를 무시할 수 없다. 할리우드 영화는 여전히 전 세계 영화 시장을 지배하고 있다. 텔레비전 프로그램 수출과 CNN과 같은 통신사의 배급망에서 미국의 독점은 여전히 심각하다. 더욱이 오늘날 미국의 인터넷 지배는 막강하다. 문화 수용자의 능동적인 요소가 무시할 수 없는 것이긴 하지만 이들 영역에서 문화제국주의는 여전히 경계해야 한다.

진정한 문화세계화는 특정 지역이 중심이 되어 여타의 주변부 지역에 자신의 문화를 강압적으로 이식하는 것이 아니라, 세계의 다양한 문화들 사이의 공존을 추구하는 것이다. 오늘날 우리 사회에 베트남 쌀국수 식당이 점점 늘어가고 있고, 몽골 문화촌과 아프리카 문화원이 경기도에 설립되어 문화 체험을 할 수 있으며, 서울의 지하철에서는 에콰도르 인디언들이 〈엘 콘도르 파사El Condor Pasa〉와 같은 중남미의 민요를 연주하는 등 아시아, 아프리카, 아메리카의 다양한 문화가 한국 사회에 들어와 있는 것은 사실이다. 하지만 오늘날 우리가 더 많이 목도하는 문화세계화는 할리우드 영화, 맥도널드, 스타벅스, 코카콜라, 나이키 등 미국식 문화가 한국의 일상 생활에 전면적으로 침투한 현상이다.[9]

레비스트로스가 우려한 문화 획일화 및 동질화가 여전히 우리 사회를

9 오늘날 미국의 세계 영화 시장 점유율은 85%, 방송 프로그램 수출량은 75%를 차지하고 있다. 미국의 전 세계 음반 시장 점유율도 80%에 이른다. 2006년에 전체 세계 음반 시장의 72%가 4개의 주요 그룹(EMI Group plc, Sony BMG, Universal Music Group, Warner Music Group)에 의해 점유되었다.

휘감고 있다. 서양 중심, 그 가운데서도 미국 중심의 문화가 우리 사회에서도 지배적인 문화가 되었다. 오늘날 진행되는 문화세계화가 사실상은 미국화임을 부인하기 힘들게 되었다. 우리 사회는 1980년대 말부터 외국인 노동자와 결혼 이민자의 급격한 증가로 다인종, 다민족 사회가 되어 가고 있다. 하지만 우리는 여전히 서양중심주의에 사로잡혀 개발도상국 출신의 이민자들에게 폐쇄적이다. 우리는 백인들의 문화는 환대하지만 여타 종족의 문화에 대해서는 여전히 의심을 눈길을 보내고 있다. 다인종 사회, 다문화 사회에 걸맞은 타문화에 대한 관용 및 문화다양성에 열린 태도가 절실히 요구된다.

참고 문헌

강신표 편, 『레비스트로스의 인류학과 한국학』, 한국정신문화연구원, 1983.

강정인, 『서구중심주의를 넘어서』, 아카넷, 2010.

강철구, 『역사와 이데올로기 1』, 용의숲, 2004.

_____, 『우리 눈으로 보는 세계사 1』, 용의숲, 2009.

이인식, 『21세기 키워드』, 김영사, 2002.

이태주, 『문명과 야만을 넘어서 문화 읽기』, 프로네시스, 2006.

한국서양사학회 엮음, 『유럽중심주의 세계사를 넘어 세계사들로: 우리 시각으로 읽는 세계의 역사』, 푸른역사, 2009.

Clastres, Pierre, 『폭력의 고고학』, 변지현 · 이종영 옮김, 울력, 2002.

_____, 『국가에 대항하는 사회』, 홍성흡 옮김, 이학사, 2005.

Garbarino, M. S., 『문화인류학의 역사』, 한경구 · 임봉길 옮김, 일조각, 1997.

Lévi-Strauss, Claude, *Anthropologie structurale II*, Paris: Plon, 1973.

_____, *Anthropologie structurale*, Paris: Plon, 1974.

_____, *Myth and Meaning*, London and New York: Routledge, 1978.

_____, *Tristes Tropiques*, Paris: Plon, 1984.

_____, *La Pensée sauvage*, Paris: Plon, 1990.

_____, *Race et histoire. Race et culture*, Paris: Albin Michel/Editions UNESCO, 2001.

_____, 『가까이 그리고 멀리서』, 송태현 옮김, 강, 2003.

Moore, Jerry D., 『인류학의 거장들』, 김우영 옮김, 한길사, 2002.

제2부

소통의 환상: 경계의 안과 밖

대한민국 초기 배제와 통합의 장치로서 지배와 저항 담론*

김수자

1. 들어가는 말

1950년대 한국의 담론 지형은 이승만 · 자유당 정부의 '반공' 지배 담론과 민주당과 그 외 저항 세력들의 결집되지 못한 '자유민주주의', '통일' 등 저항 담론의 대립 구조로 설명될 수 있다. 지배 담론과 저항 담론은 통상 긴장과 대립의 관계에 있다. 지배 담론은 지배를 합리화 · 정당화하기 위해 한편으로는 '통합'을 강조하며, 다른 한편으로는 우열 · 불평등 관계를 만들어내는 '차별과 배제'의 논리로 작동한다. 반면 저항 담론은 지배 담론에 대한 '역담론 또는 대응 담론'으로 지배 세력의 지배 논리, 권위와 명령을 거부하는 담론으로 활용된다.[1]

* 이 글은 『한국민족운동사연구』 64집(2010. 9)에 게재된 논문을 수정 · 보완한 것이다.

1 역사문제연구소, 『한국 정치의 지배 이데올로기와 대항 이데올로기』, 역사비평사, 1994, 213-216쪽, 조희연, 『한국의 정치사회적 지배담론과 민주주의 동학』, 함께읽는책, 2003, 14-15쪽.

1945년 해방 직후부터 남한의 각 정치 세력들은 '민족주의'와 '민주주의' 담론을 표방했다. 그러나 이들이 내포하는 담론의 내용은 한반도를 둘러싼 세계 정세의 변화, 각 정치 세력의 이해 관계에 따라 그 함의하는 바가 달랐다. 대한민국 정부 수립 초 지배 세력은 '민족주의'와 '민주주의'에 궁극적으로는 반공을 중심 내용으로 하는 반공 담론을 형성했다(김수자, 2008). 반공 담론은 6 · 25전쟁 이후 반공의 체화로 인해 스스로 힘을 더해 가며 신성불가침의 영역이 되었다. 이것은 저항 세력의 합법적인 공간 활동을 불가능하게 했으며, 1950년대 중반까지 저항 담론이 정교화되지 못한 원인이었다.

그러나 시대 변화를 인식하지 못하고, 배타적이며 경직된 담론만을 제시하고, 저항 담론과 제대로 소통하지 못하자 지배 담론은 점차 명분을 상실하게 되었다. 그리고 결국에는 민주주의 제도의 실현을 주장하는 '자유민주주의'를 내용으로 하는 저항 담론이 설득력을 갖게 되면서 두 담론은 충돌하게 된다. 이 충돌의 최정점에 있었던 것이 1960년에 일어난 4월혁명이다.

지배 세력이 자신의 권력을 강화시키고 통치의 원활함과 합리화를 위해 지배 담론을 만들고 공고화하는 작업은 불가결한 것이다. 그러나 지배 담론이 아래로부터의 저항 담론의 '형성'이나 '유통'을 허용하지 않거나, 나아가 소통을 하지 않고, 귀를 기울이지 않는다면 그 사회는 강한 벽이 만들어지고, 언젠가는 그 두텁고 높은 장벽은 더 많은 희생을 치르며 무너지게 된다는 것을 4월혁명은 말해 준다. 그러므로 한 국가나 사회에서 지배 담론과 저항 담론의 소통의 폭의 정도는 그 사회의 폐쇄성, 개방성의 정도를 가늠해 주는 리트머스 시험지와 같다.

이 글에서는 제1공화국 시기 '반공' 지배 담론을 내용으로 삼았던 지배 세력의 정권 강화 과정과 이 속에서 저항 세력을 어떻게 배제하고 있는가를 살펴볼 것이다. 그리고 1950년대 중반부터 드러나기 시작하는 '자유민주주의' 저항 담론의 형성 과정과 그 추구하는 바를 고찰할 것이다.

2. '반공' 지배 담론의 배제 전략

1948년 8월 15일 대한민국 정부는 보통선거와 이에 바탕을 둔 자유민주주의에 기초한 민주공화국임을 대내외에 선포하며 수립되었다. 그리고 이 자리에서 초대 대통령 이승만은 건국의 기초가 될 제일 큰 요소로 "민주주의를 전적으로 믿어야 되며, 대한민국이 세계 민주주의의 모범 국가가 되도록 매진하자"고 강조했다.[2] 그러나 신생 대한민국의 출발은 정부 수립에 참여하지 않은 남북 협상 세력이나 중간파 세력, 그리고 사회 각 분야에서 활동하고 있을 것으로 예상되는 좌익 세력의 존재로 불안했다. 1948년 10월 여순사건의 발발로 그 불안은 현실로 드러났다. 게다가 이승만 정부는 제헌국회 내 한민당 출신, 소장파 의원들의 반정부 활동 등으로 통치에 어려움이 예견되었다.

이러한 상황을 타개하기 위해 이승만 정부는 관료와 경찰력 등 억압 기구를 정비하고 국가보안법을 제정해 반정부 활동을 탄압하기 위한 법적 장치들을 마련했다. 그리고 다른 한편으로는 권력 강화와 정권 연장을 위해 '반공' 지배 담론을 활용했다.

반공 담론은 해방 직후부터 미소의 분할 점령으로 인해 한반도에서 쉽게 '힘'을 만들어낼 수 있었다. 특히 미군정기 한반도 문제 해결을 위한 방안의 하나였던 모스크바 삼상회의안의 내용이 국내에 잘못 알려지면서

2 공보실, 「대한민국정부 수립 기념식사(1948. 8. 15)」, 『대통령이승만 박사 담화집』, 1953.

남한은 반탁 정국에 휩싸이게 되었다. 이 시기 모스크바 삼상회의안에 반대한 우익 세력들은 반탁 운동을 전개하며 반탁=독립=반공=민족주의라는 도식을 만들어 내는 데 성공했다. 이에 해방 직후 대중적 정치 기반이 약했던 보수 우익 세력들은 식민 시기의 친일 경험이라는 약점을 한순간에 덮어 버렸다. 그리고 반공 세력으로, 민족주의 세력으로 거듭날 수 있었다. 나아가 우익 세력들은 찬탁을 주장하는 좌익 세력들에 대해 찬탁=매국=친공=반민족주의라는 등식을 성립시켜 '소련에 제 나라를 팔아먹으려 하는 매국노'로 규정해 버렸다.

이와같이 해방 정국에서 민족국가 수립을 염원하는 민족적 정서를 활용하며 형성된 반공 담론은 정부 수립 이후 민족주의를 접합시키며 지배 담론으로 자리매김할 수 있었다(정해구, 1994: 19). 그리고 그 과정에서 반공 담론은 좌익 세력들을 철저히 배제하는 헤게모니 담론의 전략을 구사했다. 그러나 반공 담론은 '공산주의에 반대한다'는 주장 이외에는 고정된 내용을 갖고 있지 않았으며, 상황에 따라 다양한 다른 담론들과 접합하며 강력해졌다. 그 중 하나가 민족주의와 반공주의의 초기 결합 형태로 나타난 일민주의一民主義다.

대한민국 정부가 수립된 후에 '반공 담론'은 이미 언급한 바와 같이 자유민주주의 내용을 때로는 민족주의를 접합시키며 지배 담론으로 재생산되었다. 그러나 여순사건과 북조선인민공화국의 성립 등으로 인해 자유민주주의의 내용은 형식적 · 절차적 의미, 그리고 미사여구의 단어로만 남았다. 반공 담론과 결합한 자유민주주의는 반공산주의 즉 자유와 시장 경제의 보전을 위한 국가 안보와 시장 개입을 정당화하는 사실상의 국가주의와 동일한 것이었다. 그러므로 자유민주주의는 개인의 자율성과 정치적 자유의 확보라는 의미보다는 사유재산권의 제한, 소득 재분배 주장 등 사회주의 이념이 내포하는 바에 대한 전면적 반대라는 부정적 내용을 갖는 것이었다(김동춘, 1994: 234).

한편 이승만이 자주 활용했던 것은 바로 "우리가 4천여 년 동안 한 족속, 한 단체로 지내기를 세계의 가장 단결된 모든 민족 중에 하나로 인증된 나라임에도 불구하고, 공산당들이 갈라놓아 피를 흘리지 않고는 우리가 다시 형제, 자매끼리 단결되기 어렵게 만들어 놓은 것"이라는 어구와 "공산당의 음성은 남을 속이는 음성이며, 음식을 주마, 땅을 주마, 재산을 주마, 또 자유를 주마 하는 하는 것은 자기들도 없으면서 어떻게 주려는지 알 수 없다. 이것을 곧이듣고 속는 사람은 노예를 감수하는 것"이라는 어구였다.[3] 그리고 이승만은 "우리는 단일한 민족으로서 언제나 하나요, 둘이 아니다. 이 하나인 우리 민족은 무엇에고 하나이어야 한다"는 통합을 강조하면서도 "공산 세력에 협조하거나 동조하는 세력은 민족이 아니다"라는 배제 원리가 포함된 일민주의를 주창했던 것이다(이승만, 1949: 89).

1948년 10월의 여순사건을 진압하면서 이승만 정부는 군, 교육계 등을 비롯해 각 분야에 반민족적 · 반국가적 좌익 세력을 색출, 숙청하는 작업을 실시하며 극우 반공 체제를 강화시켜 나갔다.[4] 그러나 반공 담론이 모든 이념을 압도하는 최고의 가치이며, 국시가 되기 시작한 것은 1950년 전쟁 발발 이후라 할 수 있다. 전쟁 이후 반공 담론은 명실공히 공산주의, 공산당, 소련, 북한을 반대하는 지배 담론으로 자리잡았다. 이승만 정부는 6 · 25전쟁을 공산당이 들어와서 남한민을 토벌하고, 나라를 소련에

3 공보실, 「위대한 건설의 일주년, 금년은 실지 회복에 총력 집중(1949. 8. 15.), 8 · 15 1주년 기념식」, 『대통령 이승만 박사 담화집』, 1953.

4 교육계의 경우 특히 부산의 경우 1948년 4월부터 1949년 2월 말까지 불온 교직원 숙청 문제로 파면된 자가 도내에 약 200명이나 된다고 보고하고 있다. 「경상남도 학무국, 불온 교직원 숙청을 단행」, 『부산일보』, 1949. 3. 15, 「문교부, 제2회 각 시도 학무국장 회의 개최」, 『시정월보』 제3호, 87-89쪽.

팔아먹고, 곡식과 식량을 소련에다 보내고, 썩은 쌀이라도 있으면 겨우 얻어먹게 만들려 한 반민족 행위로 규정했다.[5] 그리고 대한민국 국민은 이 싸움에서 "자유와 통일과 민주주의를 싸워 지킨 위대한 민족"임을 강조하고 있다.[6] 1950년 전쟁 이후 반공 담론의 기저에는 "공산당이 아니어도 그들과 동일한 목적을 가지고 있으면 반민족 세력"으로 간주하겠다는 것이 깔려 있었다.

한편 반공의 내면화 작업은 전쟁을 경험했다는 '사실'에 의한 것이기도 하지만 전쟁 이후 이것을 끊임없이 기억하고 상기시키는 이승만 정부의 반공 교육 강화 정책 등에 의거한 것이기도 했다. 일례로 전쟁 후 모든 출판물은 멸공 의식 함양을 위해 '우리의 맹세'를 게재해야만 했다(김우영, 1957: 314).

1. 우리는 대한민국의 아들 딸 죽음으로써 나라를 지키자
2. 우리는 강철같이 단결하여 공산 침략자를 쳐부수자
3. 우리는 백두산 영봉에 태극기를 날리고 남북 통일을 완성하자

전쟁의 경험을 상기시킴으로써 애국주의를 고취하고, 공산 세력에 대한 적대감을 불러일으키는 이와 같은 방식은 이승만 정부의 정권 연장의 기제로 활용되었다. 1951년의 자유당 창당과 1952년의 발췌개헌안 통과를 위한 부산 정치 파동은 집권 연장을 위해 반공 담론을 적극적으로, 그리고 폭력적으로 활용한 예다. 이 시기 실시된 개헌은 '오로지' 정권의 연장을 위한 정치적 목적에서 추진된 것이었다(김철수, 1986: 74-80). 전

5 공보실, 「조국은 절대 통일, 국민의 신생활운동 긴요-인천상륙 경축대회 식상에서(1950. 9. 20)」, 『대통령 이승만 박사 담화집』, 1953.

6 공보실, 「6 · 25사변 제1주기, 대립 분열은 배제, 나라를 위해 한덩어리가 되자」, 『대통령 이승만 박사 담화집』, 1953.

쟁 중 이승만은 국민방위군사건과 거창양민학살사건 등의 실정失政으로 제2대 국회에서 대통령으로 당선될 가능성이 매우 희박했다.[7] 이에 국회에서 선출하던 대통령을 국민이 직접 선출하는 국민투표제로 바꾸기 위해 무력을 동원해 헌법을 바꾼 것이다. 이러한 작업을 정당화하기 위해 이승만은 계엄을 선포하고 병력과 경찰력을 동원해 국회의원들을 감금, 억압하며 1952년 발췌개헌안을 통과시켰다.

1952년의 정치 파동은 정부 수립 초에 이승만이 강조했던 민주주의 질서에 반反하는 것이었으며, 대내외적으로 이 사건에 대한 비난의 목소리가 비등했다. 이에 이승만은 이를 무마하고 비정상적인 방식으로 진행된 발췌개헌안 과정을 합리화하기 위해 "개헌안을 통과시켜서 대통령 선거권을 국회에 맡겨두지 않고 민중의 직접 투표로 행하게 된 것은 우리의 민수 정제와 민주주의가 굳건히다"는 것을 반증하는 것으로 해석, 여론을 호도하며 폭력적 행동을 정당화했다.[8] 그리고 이승만은 부산 정치 파동을 "국회에 불충한 분자들을 공산당의 돈으로 매수해서 헌법을 개정하고, 국회에서 대통령을 선거하지 말자는 것을 반대하고, 국회에서 자기들끼리 투표해서 저희들과 공모한 자를 세워서 이북 공산당과 협의해 통일을 하려는 음모"를 제압한 것이라고 발표하며 자신의 불법적인 정치 활동을 반공 담론으로 합리화하고 있다.[9]

발췌개헌안을 통해 제2대 대통령으로 당선된 이승만은 1954년 사사오입 개헌을 통해 다시 한 번 영구 집권을 시도해 성공했다. 특히 이 시기

7 이승만이 합법적으로 공직을 계속 유지할 가능성이 희박함에 대해서는 미 국무부 정보국 보고서에도 나타난다. 즉 이 보고서에 의하면 5월 25일 이전에 국회에서 이승만의 블록은 181명 중 최대한으로 잡아봐야 52명에 불과하다고 판단했다. 「5월 부산 정치 파동에 대한 분석」, 미 국무부 조사국 1952. 6. 17. 미 국무부 정보조사국, OIR Report, 3.

8 공보실, 「제2대 대통령 취임사, 1952. 8. 15」, 『대통령 이승만 박사 담화집』, 1953.

9 공보실, 「국회의원 선거에 대하여, 1954. 3. 21.」, 『대통령 이승만 박사 담화집』 제2집, 1956.

이승만은 반일민족주의를 반공 담론에 결합시키고 있다. 즉 공산주의를 주장하는 세력들을 배제할 뿐 아니라 일본과 친선을 이루기를 주장하는 세력들도 배제하는 전략을 취하며 자신을 반공주의자로 반일/배일주의자로 규정하며 민족지도자의 상징성을 극대화하고자 했다.

그러나 실질적으로 이승만 정부의 반일주의는 내부적으로 민족 감정을 이용해 사회적 통합을 꾀하고, 정권 반대 세력을 제압하기 위한 그 이상의 것이 아니었다. 반일주의는 친일 세력의 배제를 수반해야 하는 것임에도 불구하고, 1950년대 중반 이후 이승만 정부에 기용된 친일 관료의 비율이 60% 이상이었음은 반일주의의 기만성을 보여 주는 것이었다. 그리고 이승만 정부가 이 시기 반일민족주의를 반공 담론에 접합시키고자 했던 또 다른 이유는 민주당의 신익희, 장면을 각각 대통령, 부통령 후보로 하는 선거 운동에 대한 국민적 지지, 호응이 높았던 것과 관련이 있다.[10] 이승만 정부는 해방 직후부터 '친일 지주들의 정당'으로 불리기도 했던 한민당을 모태로 한 민주당을 친일 세력과 등치시켜 약화시키고자 한 것으로 파악할 수 있다.

이와 같은 전략을 취하며 전개시킨 1956년의 제3대 정부통령 선거에서 이승만은 대통령으로 당선되었으나, 부통령에는 민주당의 장면이 당선되었다. 이런 상황에 직면하게 되자 이승만은 "부통령의 역할을 정치상에 아무 간섭이 없고, 무슨 의견에 대한 언론이나 정책상 이의가 생기든지 정당 문제가 되는 것은 대통령의 의도를 지지하는 것"이라며 제한하고 나섰다.[11] 나아가 국권을 공고히 해서 남북을 통일하는 것이 최대의 목적이

10 자기들이 정권을 잡으면 리대통령의 배일 정책을 고쳐서 일본과 협의로 친선을 이루겠다고 하는 망설을 발하고 있으니 이것은 우리가 참 놀라운 일이다. 그리고 이들을 대통령 지위를 얻기 위해 민중에게 투표해 달라는 의사를 표시하기에 이르고 보면 50년 전에 매국매족하던 비참한 연극을 재연하는 역사를 이룰 것이니…… 공보실, 「친일」 친공한다는 것은 망언이다」(1956. 4. 12), 『대통령 리승만 박사 담화집』 제3집, 1959.

니 연립내각이라는 것은 절대로 없을 것이라며 민주주의 절차에 의해 선출된 부통령을 인정하지 않고, 부통령이 소속되어 있는 민주당의 약진에 대해 부정하는 입장을 취하고 있다.

이승만 정부는 정부를 강하게 반대하는 시위 등의 행동은 공산당이 아니고서는 할 수 없는 행위라고 규정했다. 즉 친정부적인 것, 친이승만적인 것이 아닌 것은 모두 배제되어야 할, 억압되어야 할 행위로 간주하며 배제를 위한 장벽을 높이 쌓았다. 이승만 정부는 선거를 진행시키며 자신과 경쟁이 될 수 있는 세력들을 배제하기 위해서도 반공 담론을 동원했다. 즉 이승만은 조봉암을 비롯한 진보 세력이 "공산 세력에 내응되어 타국의 재정을 얻어다가 정치상 음모로 자기들이 정권을 잡게 되면 이북 괴뢰군과 합동해서 통일을 이루겠다"는 음모를 발각했다며 법적 조치를 취해 조봉암과 진보 세력을 제거해 버렸다.

1960년 정부통령 선거를 앞두고 이승만 정부는 국가보안법 개정을 강행했다. 자유당은 "공산 위협을 배제하기 위해 보안법 개정을 기필 달성하겠다"는 발표를 통해 공산 위협을 국가보안법 개정의 원인으로 삼았다. 그러나 실질적으로 "개정될 국가보안법은 처벌의 범위를 자의적으로 확대해 비판의 자유를 봉쇄하고, 언론의 자유를 말살함으로써 야당의 활동을 질식시키고 궁극적으로는 국민의 기본권을 제한하려는 의도"라고 비난받았다.[12]

이와같이 정권 연장을 위한 이승만과 자유당의 일련의 행동은 대한민국 정부 수립 직후 활용했던 민주주의의 기본 원칙이라 할 수 있는 민주주의의 기본적인 절차의 무시, 언론의 자유를 제한하는 것으로 지배 담론

11 공보실, 「장부통령과의 회담 내용에 언급 1956. 5. 25」, 「각 정당은 정당 체제를 지켜라 1956. 6. 3」, 『대통령 리승만 박사 담화집』 제3집, 1959.

12 「국가보안법은 이와같이 악법이다」(1958. 11. 23), 『광복 30년 중요자료집』, 중앙일보사, 1975, 162쪽.

의 폐쇄성, 자기 부정성을 그대로 표출시킨 것이다. 이러한 지배 세력의 지배 담론의 폐쇄성, 자기 부정성은 1960년 제4대 정부통령 선거로 절정에 달했다. 그리고 당시 지배 세력이 부정 선거라는 극단의 조치를 취함으로써 지배 세력의 부정성, 민주주의 질서의 파괴는 반공 지배 담론으로 저항 담론을 억압할 수 있는 '선'을 넘게 되면서 지배 담론은 파편적으로 존재했던 저항 담론에 무너질 수밖에 없었다.

3. '자유민주주의' 저항 담론의 파편화

1950년대 저항 담론은 정교하게 체계화된 내용을 가지고 있지는 못했다. 이것은 전쟁으로 극우 반공 체제가 강화됨에 따라 저항 담론을 형성할 토대가 마련될 수 없었을 뿐 아니라, 저항 세력의 연속성이 보장될 수 없었기 때문이다. 그러나 1950년대 중후반 들어 지배 세력이 정권 연장을 위해 폭력적 수단에만 의존하며 지배 담론이 '반공' 그 이상의 내용성을 담보해 내지 못하자 저항 담론은 지배 세력에 대한 대항적 · 저항적 태도를 취하며 '내용'을 확보해 나가기 시작했다.

대한민국 정부 수립 직후 저항 담론을 생산해낼 세력으로는 사회주의와 진보주의 세력으로 '설정'할 수 있다. 그러나 이들 세력은 대한민국의 성립과 6 · 25전쟁을 겪은 이후 합법적인 공간에서 거의 사라졌다. 이 시기는 저항 세력뿐 아니라 이승만 정부에 대한 반대 세력들 또한 반공 담론으로 뒤덮인 한국 사회에서 자신을 드러내는 데 한계가 있었다. 1949년 6월 국회 프락치 사건이 대표적인 예다. 국회 내 평화 통일을 주장하며 이승만 정부의 대내외 정책에 비판적 입장을 취했던 국회 내 소장파 의원들은 저항 세력이라기보다는 이승만 정부의 정책에 대한 비판적 태도를 견지했을 뿐인데도 북의 공산당 세력과 연루되었다며 국가보안법을 내세워 제거해 버렸던 것이다.

이와같이 정부 수립 직후부터 국가와 자본주의 시장 질서에 도전하는 세력은 국가 안보의 이름으로 제거되었으며, 국가 사회 질서를 위협할지도 모르는 여러 형태의 정치 · 사회 운동은 '사회주의' 혐의를 받고 사라졌다(김동춘, 1994: 216). 당시 한국 사회는 반공이 아니면 모두 친공으로 분류되는 이분법적 구분이 자행되던 시기였으므로 저항 담론의 입지는 매우 약할 수밖에 없었다.

이러한 상황에서 지배 담론은 체제 유지를 위해 세력을 규합하는 행위나, 민의를 동원하는 데 별로 고민할 필요가 없었다. 게다가 지배 세력은 합리적인 정치 · 경제적 비전vision 제시 없이도 반공주의만 굳건하게 잡고 있으면 한국 사회를 통치할 수 있었다. 나아가 있는 듯, 없는 듯한 저항 세력의 '특정' 담론의 내용을 반국가적이고, 반체제적이고, 불온하고, 적을 이롭게 하는 것으로 진단, 선언만 하면 저항 담론은 아무런 힘도 발휘하지 못한 채 사라져 버렸다. 그러므로 극우 반공 체제 하에서 지배 세력이 배제와 억압 전략으로 저항 담론을 파편화시키는 것은 너무나 쉬웠다.

1950년대 초 중반에 저항 담론이 파편적으로 존재할 수밖에 없었던 요인은 분단 국가 성립과 뒤이은 전쟁으로 인해 반공 지배 담론의 전략이 너무 강하게, 그리고 쉽게 파급력을 발휘할 수 있었던 상황 때문이다. 그리고 이런 상황에서 저항 담론을 형성할 저항 세력의 부재 또한 한 요인이었다. 국회에서 정권 획득을 목표로 하는 야당 세력이 1950년대 초 중반까지 이승만 정부에게 원했던 것은 권력 배분에 국한된 것이었다. 이 밖에도 저항 담론이 파편화되고 저항 세력 형성이 어려웠던 것은 전쟁을 체험해 반공을 내면화한 일반 민중들을 반공 지배 담론의 반대 지형으로 모으는 것이 쉽지 않았기 때문이다.

그나마 반공 담론이 거칠 것이 없던 상황에서 저항 담론의 내용을 채울 수 있었던 영역은 '민주주의'에 대한 원론적인 문제와 결합되는 것이었다. 보통선거제와 이에 기초한 자유민주주의는 대한민국 정부의 이념적 기초였다. 미군정에 의해 이식된 자유민주주의 제도는 보통선거제의 도입, 3권 분립, 의회제 민주주의 등을 골자로 하며 분단된 대한민국 정부 수립을 정당화하는 논리였다(김인걸 외, 1998: 108). 그러나 미군정이 강조한 자유민주주의는 자본주의 체제와 공산주의 체제의 대결이라는 국제 정세의 맥락에서 이루어진 것이었다.[13] 그러므로 자유민주주의는 공산주의 체제에 반反한다는 의미가 강하게 내포되어 있는 태생적으로 반공주의의 성격이 강할 수밖에 없었다. 민주주의의 실질적 내용이 무엇이었든 간에 한국 사회에서 민주주의는 최고의 가치 중 하나였다. 그러므로 지배 세력과 저항 세력 모두 자유민주주의 담론을 전유했다. 이것은 한국에서 민족주의 담론이 지배 세력과 저항 세력 모두에게 유용한 담론으로 활용되었던 것과 마찬가지라 할 수 있다.

지배 세력이 반공과 자본주의 체제를 국가의 이념으로 하며 '국가 안보' 유지라는 명분을 내걸고 자신들에게 반대하거나 어기는 행위를 국시를 어기는 것으로 간주해 감시와 처벌을 행하는 것은 쉬웠다. 그러나 점차 시간이 지나면서 민주주의, 자립 경제의 문제들이 담론의 지형에 대두되기 시작했다. 즉 지배 세력에 의해 민주주의가 반공주의와 등가로 취급되면서 왜곡되고 원론적인 민주주의와 현실 정치에서 행해지고 있는 민주주의와의 괴리의 폭이 벌어지게 되면서, 저항 세력은 기본적이며 절차

13 "한국은 이데올로기의 전쟁터입니다. …… '민주주의'가 소련에게 어떤 것을 의미할 때 미국에 대해서는 전혀 다른 것을 의미합니다. 우리에게 민주주의란 다른 무엇보다도 언론 출판 및 집회의 자유를 의미합니다. '민주주의'에 대한 소련의 의미는 민중의 복지란 용어로 표현됩니다.……(「폴리 대사가 트루만 대통령에게 보내는 비망록」, 『해방 3년과 미국』, 돌베개, 1988).

적인 민주주의를 논하기 시작했다. 즉 지배 세력이 몇 차례 걸쳐 헌정, 민주주의 질서를 파괴하며 집권 연장을 위해 무리수를 두자, 반공 지배 담론은 점차 '힘'을 잃게 되었고, '자유민주주의' 저항 담론은 반대로 현 정권의 독재성, 비민주성에 비판을 가하며 설득력을 더하기 시작했다.

전쟁 이후 이승만 대통령은 1952년 발췌개헌안 통과에서 1954년 사사오입 개헌 통과 과정을 통해 최소한의 절차적 민주주의마저 왜곡했다. 이러한 집권 연장의 과정은 거꾸로 '자유민주주의'를 지향하는 저항 세력에게 '힘'을 부과했다. 이 시기 자유민주주의 저항 담론 내용의 중심축은 "무엇이 진정한 자유민주주의인가?, 누가 진정한 자유민주주의를 실현할 수 있는가?, 어떠한 것이 국가를 위하는 것인가?" 등 민주주의와 국가에 대한 원론적 물음에서 시작되었다(김동춘, 1994: 217).

본격적으로 자유민주주의 담론이 공론화되면서 파급력을 갖기 시작하는 시점을 대략 1956년으로 보는데, 그것은 당시 한국의 경제 · 정치 상황과 밀접한 관련이 있다. 경제적으로 1957년 한국 경제는 미국 원조의 감소와 유상의 공공 차관으로의 전환으로 인해 어려움에 직면해 있었다. 그리고 이러한 상황은 한국 경제를 불황으로 빠뜨렸으며, 일반인들의 생활고는 점점 가중되어 이승만 정부에 대한 불만은 고조되고 있었다(김성환, 1984: 18-20).

다음으로 정치적 상황을 살펴보면 1956년 실시된 제3대 정부통령 선거와 관련이 있다. 1956년 선거에서 자유당은 대통령 후보에 이승만, 부통령 후보에 이기붕, 그리고 민주당에서는 각각 신익희와 장면이, 진보당에서는 조봉암과 박기출이 나온 가운데 3파전 양상을 띠었다. 민주당의 '못살겠다 갈아보자'라는 선거 표어는 선풍적인 인기를 끌었으며, 이는 지배 세력의 변화에 대한 열망이 어느 정도였는지를 보여 주는 것이라 할 수 있다. 그러나 신익희가 선거 유세 기간에 갑작스럽게 사망하자 민주당은 장면 후보 단독으로 선거 운동을 했다. 선거 결과 대통령에는 이승만, 부통령에는 민주당의 장면이 당선되었다.

3대 대통령 선거에서 또 하나 주목할 만한 사실은 조봉암의 선전이었다. 그가 선전할 수 있었던 것은 유력한 야당 후보였던 신익희의 갑작스러운 죽음 때문이었음을 부정할 수 없다. 그러나 저항 담론과 관련해 조봉암의 선전에서 주목해야 할 점은 조봉암이 "종래의 대중적 수탈 정책을 폐지하고 생산, 분배, 소비에 걸친 종합적인 연차 계획경제를 수립하여 법령화"하자는 등 사회민주주의를 지향한다고 제시하고도 당시 216만 표(24%)를 거두었다는 점이다. 이것은 조봉암이 주장하고 있던 정치 강령이 국민들에게 받아들여졌기 때문이다.[14]

조봉암은 1956년 11월 진보당 창당 대회에서도 "민주주의는 무슨 말뿐이고, 인민의 자유와 인권은 날로 침해되어서 위축되고, 산업도 날로 위축되고, 실업자는 늘고, 농민들은 한정 없는 대량 수탈에 시달리다 못해서 농토를 버리고, 거리에 방황하는 자가 날마다 늘어가고 있는 참상입니다"라며 지배 세력들이 주장하는 민주주의가 '허구'임을 폭로하기 시작했다(정태영, 1991: 255). 그리고 당시 진보당은 평화통일론과 사회민주주의적 경향성을 강령의 기초로 삼고 있었다. 그러나 이승만 정부는 1958년 진보당이 대한민국의 국법과 유엔의 결의에 위반되는 통일 방안을 주장하고 있으며, 진보당 간부들이 "북한 괴뢰 집단이 밀파한 간첩과 밀사와 파괴 공작대들과 항상 접선해 왔고, 진보당은 대한민국의 합법적인 정당으

14 당시 조봉암이 제시했던 정치 강령들은 첫째, 공산 독재와 자본가 부패 분자 및 독재의 배격, 진정한 민주주의 체제 확립, 둘째, 생산 분배의 합리적 통제에 의한 민족자본의 육성, 노동자 농민, 근로 인텔리 등 봉급 생활자의 생활 확보, 셋째, 민주 세력의 대동 단결과 민주 우방의 긴밀한 제휴에 의한 민주 세력의 결정적 승리 및 민주적 평화적 조국 통일 등이었다(김운태, 『한국현대정치사』 제2권 제1공화국, 성문각, 1976, 118쪽; 김정훈, 「정치사회적 저항담론과 민주주의」, 『한국의 정치사회적 저항담론과 민주주의 동학』, 함께읽는책, 2004, 116쪽; 정태영, 『조봉암과 진보당』, 한길사, 1991, 434쪽).

로 인정받을 자격이 없고, 나아가 대한민국 파괴를 기도했다"며 정당 등록을 불법화하고 해산시켰다.[15] 그리고 조봉암에게 간첩 혐의를 씌워 사형을 선고해 저항 세력의 성장을 허용하지 않는 태도를 보여 주었다.

그리고 1956년의 선거 결과는 이승만 정부에게 불안감을 주었다. 투표 결과로 보았을 때 1952년과 1956년의 이승만에 대한 지지도는 72%에서 56%로 급격히 떨어졌다. 지지도의 변화에 대해 미 국무부는 1956년 81세였던 이승만의 연로함과 이승만 정부의 장기 집권에 대한 변화의 요구라고 해석하고 있다. 그리고 이 보고서는 저항 세력이 언제까지나 약세로만 머물러 있지 않을 것임과 젊은 세대들이 차츰 반발적으로 나타나며 나이가 많은 층에서도 상당 정도 정치 · 사회적인 변화들이 일어나고 있다고 보고했다.[16]

이승만 정부에게 불안감을 주었던 진짜 이유는 소속 정당이 다른 민주당의 장면이 부통령이 되었다는 사실이다. 이승만이 연로한 상황에서 당시 정계의 관심은 이승만 대통령의 부재 시 그 자리를 승계할 후계자인 부통령에 집중되어 있었다. 그런데 대통령 유고 시 승계권이 있는 부통령이 민주당 소속이라는 것이 자유당에게는 견딜 수 없었던 것이다. 이러한 이유들로 인해 이승만과 자유당은 1960년에 실시될 정부통령 선거에 대한 사전 작업을 1958년부터 착수했다. 이기붕을 부통령에 당선시키는 것이 그 목표였음은 말할 것도 없다. 미 국무부에서도 1950년대 중반 이후로는 이승만 정부와 자유당의 인기가 너무나 떨어져 1960년의 선거가 공정하게 진행된다면 어떤 결과를 가지고 올지 모른다고 할 정도로 이승만 정부는 정치적 위기에 직면하고 있었다.[17]

15 「공보실장이 발표한 진보당 등록 취소 이유」, 『조선일보』, 1958. 2. 26.
16 「한국의 정치 상황과 경제 원조 문제에 대한 미국 콜론 어쏘시에이츠 보고」, 『사상계』, 1960년 11월호, 121-129쪽.

그러나 이승만 정부는 이러한 위기 상황에 대한 관리보다 1960년 선거 승리를 위한 작업에만 몰두하게 된다. 사전 작업의 주요 내용은 반공 담론을 일방적으로 강요하는 방식으로 추진하는 것이었다. 자유당은 야당과 언론의 비판에 대처하기 위해 강력한 통제를 가할 수 있는 제도적 장치를 만들기 위해 국가보안법을 개정했으며, 언론사에 대한 탄압 정책을 실시하며 저항 여론을 막기 시작했다.

이와 같은 상황에서 점차 지배 담론의 반대 지형이 형성되기 시작했다. 이 시기 보수 야당인 민주당은 내각책임제에 의한 책임 정치를 강조하며, 입법부 중심의 대의정치 등을 주장하면서 자유당의 '자유민주주의'의 비민주성을 공격하기 시작했다. 1950년대 중반 이후 지식인들도 한국에서 실현되고 있는 민주주의에 비판적 자세를 드러내기 시작했다. 이들은 민주주의의 보편적 원리인 자유, 민권 등의 실현을 주장하면서 독재 정권을 공격했다. 이것은 1950년대 후반 지배 세력들의 구조적 부패와 맞물리며 서서히 힘을 얻었다. 그리고 그 힘에는 '실천성'이 담보되어 있었다.

당시 지성계의 대표적인 인물로 꼽히는 함석헌은 다음과 같은 글을 사상계에 발표하며 민중에게 속에 있는 '말'을 해야 된다며 '말'을 하지 않고 있기 때문에 한국이 지금에 이르렀다고, 한국의 현 상황에 대한 '국민 책임'을 이야기하고 있다. 특히 젊은이들에게 "자신들을 표현하고, 말하라"고 강조했다(함석헌, 1957: 203-214).

> …… 우리 역사는 벙어리 역사이다. 무언극이다. 이 민중은 입이 없다. 표정이 없다. 사람인 이상 입이 없으리만, 있고도 말을 아니하고 자라온 민중이다. 사람인 담에야 속이 없으리만 그 속은 나타내지 않고 온 사람들이다.

17 위와 같음.

> 할 말이 없어서일까? 그러면서도 발표할 생각을 하지 않는다.…… 하여간 민중 계급이 발달 못했기 때문에 나라가 망했는데 그 발달 못한 원인은 무어냐 하면 민중이 입을 닫고 말을 하지 않았기 때문이다.……그러니 할 말 있다면 민중에 대해서이다. 민중 중에서도 젊은이를 보고서이다.

이 글 외에도 1958년 함석헌은 사상계에 「생각하는 백성이라야 산다」는 글을 실고 분단 현실을 비판하며 "자주적 백성으로, 누구에게도 어느 나라에도 의존하지 않는 백성으로 살아가야 된다"며 '민중자각론'을 주장했다. 그러나 이 글 중 "……남한은 북한을 소련, 중공의 꼭두깍시라 하고 북한은 남한을 미국의 꼭두깍시라 하니 있는 것은 꼭두깍시뿐이지 나라가 아니다. 우리는 나라 없는 백성이다.……"(함석헌, 1958)라는 구절로 그는 국가보안법 혐의로 긴급 구속되었다. 구속 이유는 남북을 동등한 위치에 두고 대한민국의 주권을 부인하는 내용을 방임할 수 없다는 것이었다.[18] 시대 변화를 제대로 읽지 못하고 기존의 방식으로 저항 담론을 억압하고 있는 것이었다.

저항 세력은 지배 세력들의 자유민주주의의 왜곡을 비판하며 민주주의의 내용을 채워 나갔다. 그들은 당시 지배 세력의 민주주의를 '사이비 민주주의'로 규정하고 저항 담론인 민주주의와 차별화하고 있다.[19] 즉 지배 세력의 비민주주의적 사고 방식의 폭로, 나아가 국민의 기본 권리 유린 철회 등을 주장하며 저항 담론은 지배 담론에 균열을 가했다. 그리고 1950년대 초에만 해도 상상도 할 수 없었던 '신성 불가침의 영역' 중 하나였던 국가보안법 적용 범위 등의 무작위성, 의도성 등에 대한 비난의 글들이 나오기 시작했다. 당시 한태연의 글은 이를 잘 보여 준다.

18 「서울지검 정보부 조인구 부장 검사의 말, 함석헌 사상계 필화사건」, 『동아일보』, 1958. 8. 8.
19 「폭정이 이적이다」, 『동아일보』, 1960. 4. 20.

……국가보안법은 공산주의적 파괴에 대하여 자유민주주의를 수호하자는 법률이지, 결코 자유민주주의 그 자체를 탄압하자는 법률은 절대로 아니다. 따라서 만일 공산주의적 파괴를 방지하자는 그 법률이 그 어떠한 정치적 목적을 위하여 야당의 탄압을 위한 수단으로 전용될 수 있는 가능성을 가지게 된다면, 그것은 그 법률 자체가 이미 그 법률이 보호하자는 국헌國憲의 파괴를 의미하게 된다. 자유의 적은 공산주의뿐만 아니라 무릇 여러 형태의 파시즘도 여기에 해당한다는 것을 우리의 입법자들은 명심해야 한다(한태연, 1958: 18-26).

이와같이 점차적으로 정치 반대 세력이나 저항 세력들은 저항 담론을 형성해 힘을 모으기 시작했다. 그리고 그 힘은 억제되어 있던, 분산되어 있던 것이어서 정교한 내용으로 채워지지 않았지만 자유민주주의의 원칙적, 보편적, 최소한의 절차적인 내용 등을 강조하며 지배 담론의 허구성을 제기하며 저항을 시작했다.

4. 지배와 저항 담론의 파열: 3 · 15 부정선거와 4월혁명

특정한 정치적 상황에서 정치 반대 세력이 국면을 주도적으로 전환시키고, 나아가 정치 변혁을 이루어내기 위해서는 저항 담론이 다양한 사회 세력들에게 '확장'되어 설득력을 가지며, 그들의 행동을 유도할 경우다(김동춘, 1994: 215). 한국 사회에서 이런 모습이 극명하게 드러난 시기는 대체로 지배 세력인 이승만 자유당 정부가 노골적으로 자신들의 정권 연장, 나아가 영구 집권의 야욕을 드러낸 1958년 이후부터라고 할 수 있다.

1958년부터 이승만 정부는 앞에서 언급한 바와 같이 1960년에 실시될 제4대 정부통령 선거를 준비했다. 그러면서 선거에서 승리하기 위해 자신들에게 불리한 '모든 것'에 제한과 차단의 기제들을 동원하기 시작했다. 그러나 반공 그 이상의 새로운 담론 내용을 창출해 내지는 못했다. 오직 관권을 동원해 기존의 반공 지배 담론을 답습했다. 그러나 시간이 지나면서 지배 세력의 부정부패성 · 독단성 등에 대한 불만은 힘을 갖게 되었고, 새로운 사회를 꿈꾸었던 세력들이 드러나게 되었다.

1959년 말 1960년대 초 지배 담론이 내용으로서 그 '영향력'을 상실했음을 보여 주는 일련의 사건들이 벌어진다. 1959년 11월 민주당은 전당대회를 실시해 조병옥이 대통령 후보로, 장면이 부통령 후보로 확정되었다. 그러나 조병옥이 신병 치료차 1960년 1월 29일 미국으로 가게 된다. 그리고 2월 15일 조병옥 민주당 대통령 후보가 심장마비로 사망하는 사건이 발발했다. 이에 민주당은 대통령 후보 없이 장면 부통령 후보 혼자 선거를 치르게 되었다. 자유당은 대통령 이승만, 부통령 이기붕을 후보로 결정해 놓고 있는 상황에서 조병옥의 사망으로 대통령에 이승만이 당선될 것을 기정 사실로 받아들였다. 그러므로 부통령으로 장면이 당선되느냐, 이기붕이 당선되느냐의 문제가 선거의 가장 큰 쟁점이었으며 양 당에서는 각각 자신의 당의 후보를 당선시키기 위해 전력을 다했다.

이것은 앞에서도 언급했듯이 1956년 제3대 정부통령 선거의 결과와 무관하지 않다. 1956년 선거 결과로 나타났던 여당 대통령과 야당 부통령이라는 상황은 여당인 자유당을 긴장시키기에 충분했던 것이다. 그러므로 자유당에게 1960년의 선거는 '어떠한' 방법을 동원해서라도 이기붕을 당선시켜야만 하는 것이었다.

그 '어떠한' 방법 중 그 첫 번째가 법 개정이었다. 이승만은 1959년 12월 11일 기자 회견을 했다. 회견의 주요 내용은 "가능하면 헌법을 개정하여 동일 정당에서 정·부통령이 나오도록 하겠다"는 것이었다.[20] 당시 '동일 티켓제'라고도 불려진 개헌 논의가 그것이다. 이 논의는 1960년 1월 초 유야무야되었지만[21] 이승만이 자신이 대통령으로 당선되는 것을 당연시하며 부통령을 이기붕으로 당선시키겠다는 의지를 드러낸 것이다.

두 번째로 논의된 것은 선거 일자의 변경이었다. 원래 선거는 5월에 실시하는 것으로 정해져 있었으나 "농번기를 피하여 선거를 일찍 치르는 것이 좋겠다"며 국무회의에서 결정했다.[22] 그러나 조기 선거 실시의 진짜 이유는 당시 민주당 대통령 후보 조병옥의 미국행과 밀접한 관련이 있다.[23] 조병옥의 병세가 어떻게 될지 모르는 상황에서 선거를 치러 전체적으로 자유당에게 유리하게 선거를 치르겠다는 계산이었다. 이러한 과정을 통해 선거일을 3월 15일로 확정했던 것이다.

세 번째로 부정선거 전략이었다.[24] 대표적인 것이 기권표의 활용이었다. 이승만의 재집권이 확실시된 상황에서 이기붕을 당선시키기 위해 전체 표 중 4할 기권표를 자유당이 득표한 것으로, 그리고 나머지 6할은 공개투표로 진행시킬 계획이었던 것이다. 당시 내무장관 최인규는 각 도지사와 경찰국장들에게 자연 기권표, 선거인명부에 허위 기재한 유령 유권자 표, 금전으로 매수해 기권하게 한 표 등 전체 유권자의 4할에 해당하는

20 『동아일보』, 1959. 12. 12.

21 『국무회의록』, 1960. 1.5 "선거가 임박하여 헌법을 개정하여서는 안 될 것, 즉 지체없이 개헌하지 않겠다는 것을 공표할 것."

22 『국무회의록』, 1960. 2. 2.

23 제4대 정부통령 선거 조기 선거 문제는 1959년 12월 이승만 대통령이 "선거는 농번기를 피하겠다."고 언명한데서 연유하며 그해 말 당시 국회의장이었던 이기붕 또한 "선거는 1960년 4월에 실시하는 것이 좋겠다."고 한 발언에서 발단이 되었다. 그러나 민주당에서 3, 4월 선거 방침에 대해 반대하고 5월 선거를 요구하는 공문을 대통령에게 전달하며 조기 선거는 정계의 중심 과제가 되었으나 1월 29일 조병옥 민주당 대통령 후보가 신병 치료차 미국으로 출발하자, 2월 1일 정부, 여당은 3월 선거 일시를 확정했다. 『동아일보』, 1959. 12. 12, 1960. 1. 24, 1960. 2. 1, 2.3. 김행선, 『4·19와 민주당』, 선인, 2005, 29–31쪽.

24 『동아일보』, 1960. 3. 3.

표를 사전에 자유당 입후보자에게 기표했다가 투표 개시 전에 투표함에 투입하는 방법, 그리고 3인조 또는 9인조 공개 투표 즉 자유당 입후보자에게 투표하도록 미리 공작한 유권자를 3인 또는 9인으로 조를 편성케 하여 조장이 기표를 감시하고 조원들은 기표된 기표 용지를 자유당 측 선거 위원에게 제시한 후 투표하는 전략이었다.[25]

네 번째로 여당 후보 선거 운동에는 군중을 동원하는 대신 야당 후보의 선거 운동을 방해하는 공작이었다. 그 공작 중 대표적인 것이 학생들이 야당 후보 정견 유세에 집중되는 것을 막기 위한 '일요일 등교'였다.[26] 1960년 2월 28일 대구에서 정부는 민주당 부통령 장면 후보 유세장에 학생들이 모여들 수 없도록 학교에 지시를 내려 일요일에도 학생들을 등교시키도록 했다. 이후로도 방해 공작은 다양한 형태로 지속적으로 이루어졌다.[27]

선거 당일 자유당은 금권, 관권을 총동원해 부정선거를 자행했다. 이에 학생들과 시민, 민주당은 3 · 15 선거 무효 선언을 하며 재선거를 주장했다.[28] 마산에서는 선거 무효 시위, 부정 개표를 막기 위해 개표소에 모여든 시민들과 경찰이 충돌해 10여 명의 사상자가 발생하는 유혈 사태가 일어났다. 그러나 이러한 상황에 대해 이승만 정부는 사태를 제대로 읽지 못하고 기존의 방식 그대로 야당 및 저항 세력들을 배제하거나 억압했다.

25 「민주당이 폭로한 3 · 15 부정선거 지시 비밀지령」, 『동아일보』, 1960. 3. 3, 『4 · 19혁명론 II』, 일월서각, 1983, 67쪽. 이병도 외, 『해방 20년사』, 희망출판사, 1965, 1049쪽.

26 국무회의에서는 1960년 정부통령 선거를 앞두고 학생의 선거운동 금지에 대한 방안을 모색했다. 『국무회의록』, 1960. 1. 5.

27 민주당은 "……대구학생데모사건이나 3 · 1절 삐라사건이나 서울 학생 데모 사건은 자유당이 학생들에게 야당 정견 발표 강연을 듣는 자유조차 박탈하고, 일요일에도 불구하고 학생들의 등교를 강요하였으며, 기타 다년간에 걸쳐 학생을 자유당의 정치 도구로 사용한 데 대한 자연 발생적 반발로 나타난 것임에도 불구하고, 자유당이 반성하기는 커녕 '민주당의 배후 조종'이니 '단호 처단'이니 하며 위협하는 것은 언어 도단이다.…"라며 시정을 요구했다. 사월혁명연구소 편, 「민주당 성명서(1960. 2. 28, 3. 6)」, 『한국사회변혁운동과 4월혁명』, 한길사, 1990, 206쪽.

28 『동아일보』, 1960. 3. 15.

즉 이러한 사태를 "공부하는 아이들을 선동해 위험하게 만들고 있으니 그냥 두고 볼 수가 없으며, 불만이 있으면 불법 행위를 중지하고 법리적으로 해결할 것을 종용"했다. 그리고 "이러한 사태 뒤에는 공산당이 있다는 혐의도 있고, 이런 난동은 공산당에게 좋은 기회를 주는 것이니 경거망동하지 말 것"을 경고하고 있다.[29]

이와같이 당시 지배 세력은 사태를 제대로 파악할 능력을 상실했던 것이다. 정부 여당은 이미 선거 운동 기간에 "어린 초등학교 학생들과도 충돌을 일으켰을 정도"로 반정부적인 감정은 고조되고 있었다.[30] 그리고 여당의 선거 유세 등 선거 운동에 강제로 동원되면서 젊은 층들은 자연스럽게 정치에 관심을 갖게 되었으며, 이들은 선거 운동이 진행되는 동안 대체로 야당인 민주당을 동정했다. 3 · 15 부정선거에 대한 시위는 4월 11일 마산 앞바다에 김주열의 시신이 떠오르면서 새로운 국면을 맞이하게 되었다. 그러나 시국을 바라보는 지배 세력의 인식은 변하지 않았음을 몇 가지 사례를 통해 알 수 있다. 기본적으로 제시되었던 반정부 운동은 전부 공산주의자들, 오열五列의 충동에 의한 것, 배후자 조정, 사주를 받은 것 등이라는 반공 지배 담론의 내용을 기저에 깔고[31] 강경책을 고수하며 저항 세력들을 탄압하고자 했다. 그 대표적인 것이 "북한 괴뢰가 남침의 기회만을 노리는 때 일부 몰지각한 군중들은 부화뇌동하여 소요 행위를 자행"한다는 이유로 계엄령을 발표해 정국을 더욱 경색 국면으로 만들어 억압 체제를 강화시키고자 한 것이었다.[32]

29 『동아일보』, 1960. 3. 23, 『국무회의록』 1960. 3. 22; 사월혁명연구소 편, 「이승만 당화문」, 『한국 사회변혁운동과 4월혁명』, 한길사, 1990, 212-213쪽.

30 「이박사의 희미한 승리」, 『영국 이코노미스트』, 1960. 3. 21.

31 『동아일보』, 1960. 4. 13.

32 사월혁명연구소 편, 「계엄 총사령부 포고문 제1호(1960. 4. 19)」, 『한국 사회변혁운동과 4월혁명』, 한길사, 1990, 217쪽.

그러나 상황은 서울에서 학생들의 시위를 거치며 4월혁명이라는 정점에 이르게 된다. 학생들이 시위에 참여하고, 시민들이 합세하면서 저항 세력들의 힘은 합해지기 시작했으며 저항 담론의 내용도 분명히 드러나기 시작했다. 즉 정부 여당의 반공 담론에 입각한 저항에 대한 탄압이 심해지면 심해질수록 저항은 점점 더 보편화되었다.[33] 4월혁명은 "주권을 빼앗긴 국민의 울분을 대신하여 일어난 것"이며 지배 세력의 "민주 반역 행위에 항거한 것", "민주주의의 실현을 위한 것" 등으로 규정하며 자유민주주의 저항 담론의 내용을 구체화하기 시작했다.[34] 이와 같은 인식은 미국의 보고서에도 그대로 드러나고 있다. 미국도 4월혁명을 '민중의 분노의 반영'이라고 분석하며 "계엄령이 현 상황의 해결책을 제공하리라 여기지 않으며, 이에 따라 한국 정부가 부정 선거에 대해 철저한 조사와 관련자들을 제거하고, 부정 선거 방지를 위한 선거법 개정을 검토하고, 경향신문을 복간하고, 1958년 12월 24일 지방자치법 수정안 및 국가보안법 중 문제 조항의 철회 등을 고려할 것"을 이승만 대통령에게 건의했을 정도였다.[35] 그러나 이승만 대통령은 이러한 제안을 받아들이지 않았다. 이미 지배 세력은 현실 감각을 상실했던 것이다.[36]

4월혁명에 불을 붙인 세력은 조직되지 않은 학생들이었다. 이들은 "교실에서 배운 대로 민주주의를 실천하려 했다"고 밝힐 정도로 기본적인 민주주의의 파괴에 대한 저항이 강했다.[37] 당시 학생들은 "3월 15일의 선거는 우리 조국이 민주주의를 살리느냐, 매장하느냐가 증명되는 날"이라며

33 「한국의 소요」, 『스트라이쯔 타임지』, 1960. 4. 21.

34 사월혁명연구소 편, 「대학교수단 시국선언문(1960. 4. 25)」, 「경북대학교 교수선언문(1960. 4. 26)」, 『한국 사회변혁운동과 4월혁명』, 한길사, 1990, 227-229쪽.

35 Department of State, *Foreign Relations of United States 1958-1960*. vol 13, pp. 624-626.

36 김일영, 「4 · 19혁명의 정치사적 의미」, 『사회과학』 29-1, 1989, 164쪽.

37 「한국일보 마산 특파원이 주재한 현지 좌담회」, 『한국일보』, 1960. 4. 14.

선거의 중요성을 강조했다.[38] 그런데 이 선거가 부정으로 얼룩지자 박탈감이 심했던 것이다. 이에 부정 선거를 묵인하는 것 자체가 용납이 되지 않았고, 이것은 '민주주의를 말살하는 것'이라고 인식했던 것이다. 이러한 인식은 학생들뿐 아니라 일반 시민들에게도 확산되어 있었다. 지배 세력이 민주주의를 유린하는 것을 그대로 방치하면 "우리의 긴 칠흑과 같은 밤은 계속될 것이다"라는 민주주의의 위기, 나아가 국가의 위기론이 공감대를 얻기 시작했다.[39] 부정 선거로 촉발된 지배 세력에 대한 저항은 시민들이 하나의 힘으로, 저항 세력으로 규합이 되면서 성공을 거둘 수 있었던 것이다.[40]

당시 4월혁명 과정에서 형성되었던 저항 담론의 핵심 내용은 '피 흘리는 민주주의를 구원하자', '진정한 민주 이념의 쟁취' 등이었다.[41]

> 우리의 민주주의가 지금 몽둥이와 총검 앞에서 피 흘리며 애소하는 저 구슬픈 소리를 듣고 있지 않은가. 민족을 위한다는 위정자들이여, 그대들의 이름은 부귀와 영화이며 몰인정한 위선자라로 우리 국민은 모두가 분노하고 있다.

그리고 이승만 정부의 지배 세력을 민주와 자유를 위장한 전제주의 세력, 외견상의 입헌주의였으며 알맹이는 독재 정권이었다고 규정하고 반독

38 사월혁명연구소 편, 「공명선거 추진 전국학생위원회 호소문」, 『한국 사회변혁운동과 4월혁명』, 한길사, 1990, 235쪽.
39 사월혁명연구소 편, 「서울대학교 문리대 4·19선언문」, 『한국 사회변혁운동과 4월혁명』, 한길사, 1990, 235쪽.
40 4월혁명 기간 동안 등장한 저항 세력은 다양하다. 대표적인 세력이 혁신 세력이라 할 수 있다. 이들은 통일 운동을 선도하려는 목적 의식을 분명히 하면서 출발한 조직체였으며 해방 이후 형성된 중간파와 민족주의 혹은 사회주의 계열의 일부를 포함할 수도 있는 세력이었다. 김지형, 「4월민중항쟁 직후 민족자주통일협의회의 노선과 활동」, 『4·19와 남북관계』, 민연, 2000.
41 사월혁명연구소 편, 「국회의사당 앞 연좌농성 고대생 채택 결의문」, 『한국 사회변혁운동과 4월혁명』, 한길사, 1990, 243쪽.

재 투쟁을 전개했던 것이다(민석홍, 1990: 541). 4월혁명은 4월 26일 '승리의 화요일'을 거치며 이승만의 하야로 한국 역사에 새로운 장을 열었다. 이와같이 1960년 파편화되어 존재하던 자유민주주의 저항 담론은 혁명으로 이어졌으며, 이것은 이후 담론 간의 소통 부재 상황이 오랫동안 지속될 경우 발발할 수도 있는 상황을 보여 준 것이다. 즉 지배 담론의 '강성'과 '배제'의 전략이 일방적이면 일방적일수록 저항 세력들은 어떠한 방식으로든 소통을 요구하게 됨을 4월혁명은 역설적으로 보여 주는 것이라 할 수 있다.

5. 나오는 말

1960년 한국 사회는 지배 담론과 저항 담론의 균열이 폭발적으로 일어난 시기라 할 수 있다. 특히 4월혁명은 지배 담론이 그 안에 고여 정체되어 다양한 다른 담론들과 다른 세력들과의 소통에 둔감하게 될 때 일어날 수 있는 균열의 정도를 잘 보여 준다. 지배 담론이 국민 통합을 스스로 붕괴시키고 배제의 전략만을 사용하면 소통 부재 상황은 더 강화되고 소통을 요구하는 세력의 힘에 정권이 균열을 일으킬 수도, 유혈 사태를 빚을 수도 있음을 역사의 면면에서 우리는 읽을 수 있다.

제1공화국 시기의 지배 세력은 기존의 반공 담론의 내용만으로도 충분히 권력을 유지해 나갈 수 있으리라 안주해 버렸다. 이것은 해방과 1948년 대한민국 정부가 수립된 이후 한반도를 둘러싼 국내외 정세와 맞물리면서 반공 체제가 확고해졌기 때문이다. 그런 가운데 지배 세력, 지배 담론은 저항 운동과 저항 담론에 귀 기울이지 않고, 귀 기울일 필요성을 느끼지 못하면서 점차 그 힘을 잃고 담론으로서의 역할을 지속할 수 없는 상황에까지 이르게 된 것이었다. 1950년대 말 지배 세력은 장기 집권을 하면서 지배 담론의 재생산, 재창출보다는 권력 유지를 위한 물리력 확보 강화에 주력하면서 저항 세력 및 저항 담론을 허용하지 않는 폭력적 태도를 견지했던 것이다. 그리고 이것은 정권의 몰락으로 이어졌다고 할 수 있다.

담론의 내용은 시대의 변화와 맞물려 생성되고 발전된다. 그리고 이것은 거꾸로 새로운 시대는 새로운 담론의 개념, 내용들과 함께 하는 것을 의미한다. 그러나 반공 담론이 그 내용성을 확보하지 못한 채 지배 이데올로기로서 역할을 한 것과 마찬가지로 저항 담론 또한 깊이 있는 담론의 내용을 생산해내지 못했다. 그러나 1960년 4월혁명기에는 해방 이후 한국이 안고 있었던 다양한 문제들이 드러났다. 민족 문제, 통일 문제 등이 그 대표적이며, 이들 내용은 궁극적으로 분단 상황을 극복해 보고자 하는 당시의 시대적 상황을 그대로 보여 주는 것이다.

참고 문헌

『광복 30년 중요자료집』, 중앙일보사, 1975.

강만길 외, 『4월혁명론』, 한길사, 1985.

공보실, 『대통령 이승만 박사 담화집』, 1953.

_____, 『대통령 이승만 박사 담화집』 제2집, 1956.

_____, 『대통령 이승만 박사 담화집』 제3집, 1959.

김동춘, 「1960, 70년대 민주화운동 세력의 대항 이데올로기」, 『한국 정치의 지배이데올로기와 대항 이데올로기』, 역사비평사, 1994.
김성환, 「4월혁명의 구조와 종합적 평가」, 『1960년대』, 거름, 1984.
김수자, 『이승만 집권 초기의 권력기반 연구』, 경인문화사, 2005.
_____, 「해방 이후 우익 민족담론의 공고화 과정(1945~1953) : 일간지를 중심으로」, 『역사학보』, 198, 2008.
김우영, 『민족공동생활의 도의』, 신생공론사, 1957.
김운태, 『한국현대정치사 2』, 성문각, 1976.
김인걸 외, 『현대사강의』, 돌베개, 1998.
김지형, 「4월민중항쟁 직후 민족자주통일협의회의 노선과 활동」, 『4 · 19와 남북관계』, 민연, 2000.
김철수, 『헌법 개정, 회고와 전망』, 대학출판사, 1986.
김행선, 『4 · 19와 민주당』, 선인, 2005.
미 국무부 외교문서, 「번즈가 국무장관에게 보내는 문서(1946. 8. 23)」, 『해방 3년과 미국』, 김국태 옮김, 돌베개, 1984.
민석홍, 「4월혁명의 사관 : 반독재 민주혁명이다(1960. 6)」, 『한국 사회변혁운동과 4월혁명』, 한길사, 1990.
사월혁명연구소 편, 『한국 사회변혁운동과 4월혁명』(1, 2), 한길사, 1990.
서중석, 「1950년대 이후의 혁신정당론」, 『한국의 민족주의 운동과 민중』, 두레, 1987.
이병도 외, 『해방20년사』, 희망출판사, 1965.
이승만, 『일민주의 개술』, 일민주의보급회, 1949.
이영석, 『죽산 조봉암』, 원음, 1983.
정태영, 「조봉암, 진보당 창당대회 개회사(1956)」, 『조봉암과 진보당』, 한길사, 1991.
정해구, 「미군정기 이데올로기 갈등과 반공주의」, 『한국 정치의 지배 이데올로기와 대항 이데올로기』, 역사비평사, 1994.

조희연, 『한국의 정치사회적 지배담론과 민주주의 동학』, 함께읽는책, 2003.

편집부, 『4 · 19혁명론』, 일월서각, 1983.

한태연, 「한국에 있어서의 자유」, 『사상계』, 1958년 12월호.

함석헌, 「할 말이 있다」, 『사상계』, 1957년 3월호.

_____, 「생각하는 백성이라야 산다」, 『사상계』, 1958년 8월호.

헤벨의 「칸니트페어스탄」에서 읽는 상호문화적 소통과 오해*

김연수

1. 들어가는 말

일반적으로 면대면의 직접적인 소통이든, 다양한 매체를 통해 이루어지는 소통이든 두 사람 이상의 대화나 소통에는 늘 오해의 소지가 있기 마련이다. 동일한 문화권 내에서 이루어지는 대화에서도 그러할진대, 발신자와 수신자 사이에 상이한 언어나 문화가 경계로 놓여 있는 경우에는 의사소통을 가능하게 하는 기본 토대가 달라 소통을 불가능하게 하거나 오해를 불러일으킬 수 있는 가능성도 당연히 높다. 문화 간 접촉과 소통이 빈번해지고, 언어와 민족 간의 경계가 모호해지며 문화적 상호 침투 현상이 일상사가 되는 글로벌 시대에 '문화 간, 혹은 상호문화적 소통'이 중요하게 다루어지며 '문화 간 소통 능력' 및 '상호문화적 적응 능력'이 요

* 이 글은 『독일어문학』(한국독일어문학회, 2010년 9월)에 게재된 논문을 수정 · 보완한 것이다.

구된다. 문화 간 소통에 대한 교육과 훈련에서도 현장과 분리된 '외국어 학습'이 아니라 '타문화의 행위 맥락 속에서 적절하게 행동할 수 있는 능력 함양'(권오현, 1996 : 5-51)을 중요시하게 되었다. 즉 '소통'과 '문화'의 관계가 불가분의 관계임을 시사해 주는 바다.

'상호문화적 독일어문학Interkulturelle Germanistik'의 연구 영역에서 '상호문화적 소통' 혹은 상호문화적 문학'과 관련해서 종종 다루어지는 유머러스한 짧은 이야기가 있다. 바로 요한 페터 헤벨Johann Peter Hebel(1760-1826)의 「칸니트페어스탄Kannitverstan」(1808)이 그것이다. 발터 힌더러Walter Hinderer는 이방학으로서 상호문화적 문예학에 대한 방법론을 사유하는 자신의 글에서 헤벨의 이 작품에는 낯선 것을 이해할 때의 인식론적인 어려움이 가시화되어 있다고 본다(Hinderer, 2001 : 199-218). 만프레드 두르자크Manfred Durzak도 헤벨의 이 작품을 타문화 경험의 문학적 모델로 볼 수 있는지를 19세기 초 식민주의 팽창에 열을 올리던 유럽의 역사적 맥락과 더불어 살피고 있다(Durzak, 2006 : 5-15). 노버트 메클렌부르크Norbert Mecklenburg 역시 헤벨의 탁월한 서사기법에 주목하면서 이 텍스트의 생산적인 독서 효과 및 상호문화적인 소통의 문제, 당시 독일인들이 가진 네덜란드인들에 대한 이미지 등을 살피고 있다(Mecklenburg, 2008 : 361-375). 이러한 연구들은 대체로 '상호문화적 독일어문학' 연구의 맥락 안에서 이루어진 대표적인 경우로서 '소통'과 '문화'의 문제 자체에 초점을 맞추기보다는 상호문화적 문예학 논의에 초점을 맞추어 문예학적 사유의 단초로 사용하거나 타문화 경험에서 빚어질 수 있는 사례 정도로 살피고 있다. 이 글에서는 헤벨의 이 작품에서 이야기되는 '실패한 상호문화적 소통' 분석에 초점을 맞추어, 왜 주인공이 상호문화적 소통에서 실패할 수밖에 없는지, 그가 오해를 통해 인식에 도달했다는 인생의 교훈이 지니는 의미는 무엇인지, 상호문화적 소통에서 중요한 것은 무엇인지, 주인공의 출생 문화 맥락과 그가 방문한 타지 문화 맥락 사이의 상이성과 보편성, 주인공의 자기 이해와 세계 이해 대 텍스트에 암시된 세계사 등을 살피면서 '소통'과 '문화'의 관계 양상 및 의미들을 분석하고자 한다.

2. 요한 페터 헤벨과 「칸니트페어스탄」

고등학교 교사로, 신학 교수로, 시골 교회의 성직자로 살며 글을 쓴 헤벨의 작품 「칸니트페어스탄」[1]은 1808년 민중 달력 이야기 『라인지역 가족의 벗 *Rheinländischer Hausfreund*』에 발표되었다. 에른스트 블로흐Ernst Bloch(1885~1977)는 자신의 철학적 사유를 개진하면서 헤벨의 이야기를 자주 인용한 것으로 유명한데, 그가 높이 평가한 바 있는 「뜻밖의 재회Unverhofftes Wiedersehen」와 이 작품 「칸니트페어스탄」은 널리 읽혀 왔을 뿐만 아니라 오랫동안 학교 교재용 텍스트로 자주 사용되어 왔다. 프란츠 카프카Franz Kafka(1883~1924)[2]나 엘리아스 카네티Elias Canetti(1905~1994) 같은 작가들도 학교에서 헤벨의 이야기들을 들었고 남다른 독서 경험을 표현하기도 했다. 카네티는 자신의 자서전적인 소설 『구제된 혀 *Der gerettete Zunge*』(1977)에서 회상하기를, 헤벨의 이야기들에는 잊을 수 없는 교훈들이 많았고, 특히 터키를 거쳐 불가리아에 정착한 그의 부모님들이 다른 나라 말로 서로 대화를 나눌 때 어린 카네티는 '칸니트페어스탄'의 경험을 했다고 한다. 어린 카네티에게 헤벨의 이 이

1 "Kannitverstan"은 "나는 모릅니다"라는 뜻의 네덜란드어. 이 작품의 주인공이 이 말을 사람의 이름으로 오해하면서 벌어지는 이야기이므로 이 말의 의미를 번역하지 않는다.

2 막스 브로드Max Brod에 따르면 헤벨의 이야기가 카프카가 가장 좋아하는 작품들에 속한다고 한다 (Brod, 1974: 49 참조).

야기는 언어의 문제로 각인되었고, 그가 쓴 책 중에 은밀히 헤벨의 언어를 기준으로 삼지 않은 책이 없다고 했을 정도로(Canetti, 1977 : 323) 작가로서 카네티에게 영향을 끼쳤다.

19세기 초에는 심지어 암스테르담 여행에서 오해를 통해 인생의 교훈을 깨달은 「칸니트페어스탄」의 주인공에게는 "국민적인 기본 덕목이 체현되어 있다"(Franz, 1995 : 169)고 보아 추천되었다. 하지만 공간적으로 동일한 문화권인 독일 내에서도 시간적인 차이를 두고 이 작품이 아주 상이하게 평가 · 수용된다. 68혁명 이후 독일인들은 이 주인공에 대해 분노를 터뜨리는 수용 양상이 나타난다. 1969년 5월 블로흐가 쥐드베스트풍크 튀빙겐 지방방송에서 헤벨의 이 작품에 대한 코멘트를 한 바 있다. 이때 이 작품 주인공의 출신 지역, 즉 투틀링겐Tutllingen의 한 고등학교 학생들이 "양같이 온순하고 순종적"인 주인공과 이 작품의 교훈적 모럴에 대해 신랄하게 비판하며 당시 68혁명 시기의 "양같이 온순한 대연정Großen-Koalition"에 대해 교사들과 격렬한 논쟁을 벌였다는 사연을 전했다(Bevilaqua, 2001 : 11f).

헤벨의 이 작품이 위와 같은 현상을 수반하는 데는 물론 '문학' 텍스트가 일반적으로 가지고 있는 특성인 '다가성多價性, Polyvalenz' 혹은 '다의성多義性, Mehrdeutigkeit', 즉 독자들이 자신의 관심과 경험이나 문화적 콘텍스트에 따라 텍스트의 의미 관계를 새로이 연결지으며 각기 새로운 의미를 생산할 수 있는 문학 일반의 특성으로 설명할 수도 있겠다. 하지만 그 이전에 헤벨의 독특한 서사 기법, 즉 열린 형식을 통해 독자가 문학 텍스트의 의미 생성에 생산적으로 개입할 수 있는 여지를 만드는 헤벨의 '양가적인 서사 전략'을 간과할 수 없다. 발터 벤야민Walter Benjamin, 베르톨트 브레히트Bertold Brecht, 엘리아스 카네티와 같은 현대 작가들이 물론 헤벨의 종교관이나 보수적 견해에 완전히 공감하지는 않았어도 상당히 높이 평가해 온 헤벨의 서사적 기법의 탁월함과 무관하지 않은 듯 보인다. 벤야민이 헤벨의 작품들을 "산문의 금세공Prosa-Goldschmiederei"(Benjamin, 1977: 277)으로 비유한 데서도 짐작할 수 있듯이, 헤벨의 표현들은 "간단하면서도 정확하고"(Faber, 1995: 154), 그는 "최소한의 단순함으로 최대의 함축성을 내포하는"(Mecklenburg, 2008: 361) 서사 기법을 사용할 줄 아는 이야기의 달인이다. 「칸니트페어스탄」 텍스트 분석에서 제시되겠지만, 헤벨은 완결된 서사 형식을 취하지 않고 있다. 주인공의 시각에서 이야기되는 것과 화자가 이야기하는 것 사이의 미묘한 차이를 서사 기법적으로 표현해내고 있다. 이러한 서사 관점의 차이는 양가적인 대칭축을 이루는 서사 대상과도 연동되어 있어 텍스트 해석의 독특한 긴장감을 자아낸다.

「칸니트페어스탄」 텍스트에서 양가적인 대칭축을 이루는 서사 대상은 '지방주의적 독일(청년)'과 '메트로폴리스의 암스테르담(사람들)'이다. 이는 헤벨이 늘 보통 사람인 자신의 주인공들이 살아가는 지방 소도시를 세계사적인 맥락과 연관시켜 이야기한다는 그의 서사 특성과 상통하는 지점이다. 예컨대 「뜻밖의 재회」에서도 광부인 약혼자가 불의의 사고로 죽고 그를 잊지 못한 신부가 50년 뒤에 광산에 묻혔던 약혼자의 시신을 만나는 이야기에서도 50년 간 세월의 간극을 세계사로 요약하기라도 하듯이, 포르투갈의 리스본 지진, 7년전쟁, 황제 프란츠 1세의 죽음이나 황후 마리아 테레시아Maria Theresia의 죽음과 같은 사건뿐만 아니라 미국의 독립, 프랑스혁명 등 세계사적인 사건들을 나열하는 대목이 있다. 이러한 헤벨 이야기의 특성과 관련해 벤야민은 "지방에 국한된 고향 예술"과 "그의 무대의 코스모폴리터니즘"으로 설명한다. 헤벨의 이야기에서는 모스크바와 암스테르담, 예루살렘과 마일랜드Mailand가 전 지구의 지평을 형성하지만 그 한가운데는 제링겐Seringen, 브라센하임Brassenheim, 투틀링겐 같은 시골의 소도시가 있다는 것이다. 그렇게 그는 보통 사람들의 모험을 세계사적인 맥락에 배치시키고, 설사 그의 등장 인물들인 보통 소시민이 그 세계사적인 맥락을 잘 알지 못한다고 해도 코스모폴리턴적인 관계 안에 위치시켜 이야기한다고 벤야민은 설명한다(Benjamin, 1977 : 277). 헤벨의 작품들은 "이국적인 것, 기괴한 것을 이야기하는 똑같은 혀로, 그리고 똑같은 애정으로 고향 고유의 사건들을 이야기한다"고 벤야민은 부연한다(Benjamin, 1977 : 277). 또한 헤벨은 자신의 독자들로 하여금 자신의 이야기를 읽음으로써 일종의 세계 여행을 하게 만든다. 즉 그는 등장 인물뿐만 아니라 독자도 세계사적인 경험을 추체험하게 한다.

이러한 서사적 특성은 '지방주의적 코스모폴리턴'으로서 헤벨의 세계관과 무관할 수 없다. 헤벨은 기독교 세계관을 대변하는 성직자이기는 했지만, 그의 기독교적 시각은 늘 "사회적인 것, 정치적인 것, 보편적인 것으로" 유도되었고, "민중das Volk"을 스스로 사고할 줄 아는 단계로 끌어올리고자 하는 교육적 의도를 지닌 민중 계몽가Volksaufklärer이기도 했다(Faber, 1995 : 164, 169). 달력 이야기 『라인지역 가족의 벗』을 집필하던 당시 사실 민중 달력은 전통적으로 별자리 운세와 같은 점성술에 탐닉하는 경향이 있었지만, 헤벨은 자신의 달력 이야기에서는 바로 이런 경향을 완전히 제거했다(Knopf, 2001 : 3). 그는 하늘의 별을 그저 바라보고 관조하는 것으로 무언가를 인식할 수 있다고 보지 않았고, 오히려 수학이나 자연과학 및 망원경 같은 과학 기술의 발달, 즉 '인간의 사유하는 노력과 노동'을 근거로 하여 하늘의 별과 신과 우주를 사유하고자 했고, 볼 수 없는 것을 보고자 했다(Knopf, 2001 : 5). 뭔가에 대한 "인식Erkenntnis"은 그에게는 인간적인 노동의 결과였으며, 별과 달과 우주에 대해서도 "연대기 기록자"로서 논하고자 했다(Benjamin, 1977 : 277). 그는 감히 이성의 눈으로 저 멀리 새로운 무한한 것을 보고자 했다. 그러면서도 그는 다시금 땅으로 내려와, 성직자이자 박애주의자의 동그랗게 뜬 눈으로 세계의 구조를 시골 마을의 경제에 관련시켜 이야기한다(Benjamin, 1977 : 277).

지방주의적이면서도 동시에 코스모폴리턴적인 헤벨의 세계관 역시 오롯이 '헤벨' 한 개인의 특성으로 환원시키기는 어렵다. 그 역시 자신이 서 있던 시대적 · 문화적 맥락에서 완전히 벗어난 존재가 아니기 때문이다. 그렇다면 당시의 시대적 · 문화적 맥락은 어떠했나? 헤벨이 달력 이야기를 집필, 발표했던 1808년 전후를 생각해 보면, 18세기의 코스모폴리터니즘적 세계에서 19세기 민족주의적 세계로 넘어가는(마이네케, 2007 : 123) 길목이라고 요약할 수 있다. 1806년 프로이센이 프랑스와의 전쟁에서 패하고 나폴레옹의 독일 지배는 확산되어 갔다. 그러나 역설적이게도 전쟁을 거치면서 프랑스혁명의 이념과 제도가 확산되었고, 독일 민족공동체 의식이 차츰 고개를 들기 시작했다. 이 무렵 철학자 요한 고틀리프 피히테Johann Gottlieb Fichte(1762~1814)는 "독일 국민에게 고함"이라는 강연을 통해 독일 민족의 순수성과 관습 및 언어를 높이 평가하며 독일 민족 의식을 고취했다. 이러한 민족주의적 저작들이 발표되었을 뿐만 아니라 1813년 라이프치히 전투에서의 승리와 같은 역사적인 사건들이 이후 독일 민족 운동의 사상적 기반이 되는 데에 기여하기도 했다. 물론 피히테의 민족주의가 모든 민족의 형성을 인류 전체로 확장할 것을 목적으로 삼음으로써 코스모폴리터니즘적인 의미를 내포하고 있다고는 하나, 반프랑스적 분위기 속에서 민족의 자유를 회복하고자 했고, 나아가 '민족적 나르시즘'의 싹이 자라게 된 토양이 마련된 시기였음을 부인할 수는 없을 것이다. 이러한 분위기와 더불어 19세기 초에는 이주Auswanderung의 물결, 특히 아메리카로의 이주 물결이 크게 일었던 시기이기도 하다. 처음에는 종교적인 배타성 때문에 독일을 떠나기 시작했지만, 차츰 흉작으로 인해 기아에 시달려서 새로운 세계, 더 나은 삶의 터전을 찾아 떠나게 되었고, 주요 이주지는 아메리카였다(Durzak, 2006 : 5). 민족공동체 의식이 고취되어 국가의 (정신적) 경계가 강화되면서도 동시에 지리적 · 문화적 경계를 넘어 이주의 붐이 일어난 시기였다.

이런 시대적 분위기를 염두에 두고 독일의 시골 청년이 당시 메트로폴리스 암스테르담을 여행하면서 보여 주는 소통과 불통의 양상을 문화적 맥락에서 살펴보자.

3. 「칸니트페어스탄」에서 제기된 상호문화적 소통의 문제

"상호문화적 소통"이란, 일반적으로 "상이한 문화권에서 온 사람들 사이의 면대면 상호 작용"(Jandt, 1998: 36), 혹은 상이한 문화권이나 상이한 인종집단 출신의 사람들이 아직 서로 잘 모르거나 아니면 이제 서로 알게 된 지 얼마 되지 않은 경우 서로에 대해 이해하고자 하는 대화를 의미한다(Apeltauer, 1996: 773f). 둘 이상의 사람들이 만나서 대화를 나누는데, 둘 이상의 상이한 문화가 대화 및 소통 과정에 중요한 요인으로 작용하는 경우다. 소통에 작용하는 '상이한 문화'를 논하기에 앞서 이미 '소통' 자체가 문화의 일부여서 '소통'과 '문화'는 불가분의 관계로 간주되곤 한다. 소통이 가능하기 위해서는 코드화coding와 상징 기호symbols를 필요로 하는데, 이것들은 학습되고 공유되어야만 하기 때문이다. 소통의 참가자들이 이해하고 이해받기 위해서는 소통과 문화 모두 학습되어야 한다는 것이다. 즉 문화는 소통의 연구 없이는 알려질 수 없고, 소통은 그것이 지지하는 문화를 이해할 때만 가능하다. 여기에서 '문화'란 발신자와 수신자, 전달 내용의 메시지, 전달 수단으로서 채널이나 기호 등 의

사소통을 가능하게 하는 구성 요소들 이외에 또 다른 중요한 소통의 구성 요소인 '맥락'(상황context)에 해당한다고 볼 수 있다. '맥락'이란 소통이 발생하는 환경 일체(문화)를 의미한다. 협의로는 발화 상황 자체의 맥락을 의미할 수도 있고, 광의로는 대화 참가자들이 담지하는 문화적 맥락까지도 포괄할 수 있다. '맥락'은 이해의 다양성을 야기하는 근원으로서, 이에 따라 말의 의미가 달라질 수도 있다. 모든 문화는 고유한 세계관을 가지고 있어서 생각하는 데도 고유한 방법을 가지고 있을 뿐만 아니라, 그 자체로 사회적 조직 체계를 지닌다. 결국 상호문화적 소통이 가능하려면 소통의 참가자들이 상이한 문화권의 언어와 맥락(문화)을 함께 공유할 수 있을 때 가능해진다고 할 수 있다. 이러한 소통의 기본틀을 기반으로 헤벨의 주인공이 암스테르담에서 '소통했다'고 생각하는 소통을 분석해 볼 필요가 있다.

투틀링겐 청년과 암스테르담 사람들과의 만남: '몰이해의 몰이해' 과정

이 작품은 독일 슈바벤Schwaben 지역 작은 마을 투틀링겐 출신의 주인공인 수공업 도제 청년이 암스테르담을 여행하면서 그곳 사람들과 나눈 대화를 통해 자신의 삶에 만족하게 되는 이른바 '인생의 진리'를 깨닫는 과정을 이야기한다. 그러나 그 과정 자체만이 이 작품의 내용을 이루고 있지는 않다. 화자의 독특한 어법, 유머 및 서사 기법으로 화자의 이야기와 이야기 대상 사이에 일종의 여지Spielraum를 만들어 주인공의 인식 과정 자체에 거리를 취하게 하는 효과를 낳고 있다. 여기에서는 우선 독일 청년과 암스테르담 사람들의 만남에 주목하고자 한다.

독일 슈바벤 지역의 작은 마을 투틀링겐 출신의 이 청년은 어떤 수공업 영역이라고는 제시되어 있지는 않으나 수공업 분야의 수련 과정 중에 있다. 이 주인공은 "크고 부유한 상업 도시"인 암스테르담에 도착해 "그의 시야에 들어오는"(26)[3] 것에 관심을 보인다. "크고 화려한 집 한 채", "커다란 배 한 척" 그리고 "장례 행렬"이 그것이다. 그는 크고 화려한 집, 커다란 배, 장례 행렬을 볼 때마다, 그 집과 배의 소유주가 누구인지, 누구의 장례 행렬인지를 옆에 있는 암스테르담 사람에게 물었으나, 우연히도 모두 "칸니트페어스탄"이라는 답만을 들었다. "칸니트페어스탄 Kannitverstan"이란, 독일어로는 "Ich kann nicht verstehen." 즉 "나는 (당신을) 이해할 수 없습니다."라는 뜻의 네덜란드어다. 네덜란드어를 모를 뿐만 아니라, 네덜란드 사람들이 모두 독일어를 할 수 없다는 사실도 고려치 않는, 혹은 두 나라에서는 각기 상이한 언어를 사용한다는 사실조차도 염두에 두지 않는 이 작품의 주인공은 우연히도 상대방들이 동일하게 한 말 "칸니트페어스탄"을 자신의 질문에 대한 답으로 이해한다. 화려한 집과 커다란 배를 소유한 사람이 바로 동일 인물인 '칸니트페어스탄 씨'라고 생각한 이 독일 청년은 "세상에 이렇게 많은 부자들 가운데 자신은 왜 이리 가난한 악마인가"라고 생각하며 "정말 슬퍼"한다(28). 그런 우울한 생각에 잠긴 상태에서 어느 길 모퉁이를 돌아서자 장례 행렬을 만나, 이번에도 죽은 이가 누군지 묻는다. 그때 들은 "칸니트페어스탄"이라는 한 마디로 좀 전에 그를 사로잡았던 우울한 좌절의 기분은 이내 사라지고, 눈물을 뚝뚝 떨구며 "마음이 무거우면서도 동시에 다시금 가벼워지"(27)면서 자신의 신세에 대한 위로를 얻는다. 그리고는 이렇게 외친다.

3 Hebel, Johann Peter, *Kalendergeschichten*, mit dem Nachwort von Ernst Bloch, Frankfurt a. M. Insel Verlag, 1965, S. 26. (이후에 원작에서 인용되는 경우에는 인용문 바로 뒤에 인용 쪽을 괄호 안에 표기함.)

> 가련한 칸니트페어스탄, 당신은 이제 당신의 그 많던 재산 중에서 대체 무엇을 가지고 있나요? 언젠가 훗날 내가 나의 가난으로부터 받게 될, 수의 한 벌과 아마포 한 장이군요(28).

그는 무덤까지 그 행렬을 따라갔고 네덜란드어의 장례 미사를 한 마디 말도 알아듣지 못했으면서도 대부분 주의를 기울이지 않았던 여느 독일어의 장례 미사보다 훨씬 감동을 받는다. 그리고는 다시 "마음이 가벼워져서"(29) 계속 길을 갔다. 세상에 부유한 사람들이 이렇게 많은데 나만 왜 이리 가난한가라는 생각이 들 때면 그는 그저 이 칸니트페어스탄 씨만 생각하면 되었다. 즉 "그의 큰 집, 큰 배 그리고 그의 비좁은 무덤"(29) 만을.

이렇게 암스테르담의 여행을 통해 인생의 진리를 터득했다고 생각하는 투틀링겐의 청년과 암스테르담 사람들 사이의 소통은 사실 상호문화적 소통, 그것도 면대면 대화의 경우이지만 상호간의 이해에는 실패한 경우다. 짧은 만남이지만 대화에 참여하게 된 쌍방 모두 기본적으로 상대방이 낯선 이방인이라는 사실, 즉 상이한 언어를 사용하고 상이한 문화권의 출신이라는 사실을 거의 고려하지 않고 있다.

우선 주인공의 경우부터 생각해 보면, 그는 타지로 여행을 떠나고 타인에게 자신의 궁금함을 물어보는 데 전혀 망설임을 보이지도 않고, 음식에서는 기꺼이 여행지의 음식을 선택할 정도로 개방적이다(Mecklenburg, 1993: 153). 그러나 그의 개방성에는 한계가 있다. 타국을 여행하면서 그곳의 거주민이 자신의 모국어를 당연히 이해할 거라고 생각하기 때문이다. 이보다 더 심각한 것은 그의 코드 시스템의 폐쇄성 문제다. 낯선 것에 대한 인식은 자신의 코드 시스템의 자동성을 의식적으로 객관화하고 상대화하고 거리를 취하면서 다른 코드 시스템들을 받아들이고 이해할 수 있을 때 비로소 가능한 것이다(Hinderer, 1993 : 200). 그런데 이 독일 청년의 경우에는 자신의 질문을 들은 암스테르담 사람들이 모두 그의 독일어를 이해할 거라고 전제하고 그들의 짧은 답변을 자신의 코드 시스템 안에서 자신의 방식대로 해석하고 허구의 '칸니트페어스탄' 씨를 만들어낸 것이다. 그의 질문에 대한 암스테르담 사람들의 짧은 반응인 "칸니트페어스탄"이라는 답변의 언어적 정보를 그는 그저 청각적으로, 음성학적으로만 인지하고, 나머지 의미론적인 차원에서는 그의 코드 안에서 자신의 방식대로 해석한 것이다(Durzak, 2006 : 8). 그로 인해 얻은 그의 교훈은 새로운 경험으로 자신의 인식 지평이 확장된 결과라기보다는 타지에서 그의 시야에 들어온 '시각적인' 자극들을 통해 이미 자신이 희미하게 알고 있던 것을 기억해내고 재확인하는 것에 지나지 않는다. "기이한 우회로"를 통해 소위 "진리 인식에"(26) 이른 그의 여정은 상호문화적인 배움, 이해, 소통의 실패를 의미할 뿐이다.

암스테르담 사람들의 경우에는 독일 청년이 깨달은 교훈, 즉 이승의 모든 부귀영화의 무상함을 모르는 듯 바쁘게 일하고 돈 버는 일에 여념이 없는 것 같다. 장례식을 치르는 과정에서도 머릿속으로는 이윤의 주판알을 튕기고 있는 지경이다. 그들은 낯선 이방인에게 시간적 · 심리적으로 배려할 마음의 여유가 없어 보인다. 대도시 거주민의 전형적인 스타일에 해당되는 행동 방식이다. 그들은 독일 청년이 독일어로 무언가를 말해 오는데 자국어로 "이해할 수 없다"고 말하고 만다. 그들 자신은 말을 건네오는 이방인을 이해하지 못한다는 것은 인식했다. 그러나 그들이 이해하지 못하는 이방인이 그래도 그들이 그를 이해하지 못한다는 것을 이해할 것이라고 전제하는 듯하다. 실상 그들의 화답은 대화 상대자에게 전달되지 않는다. 그리고는 그 이상 낯선 이방인에 대해 관심이 없다.

결국 이 대화 참여자들은 모두 서로 이해하지 못했는데, 그러한 사실 자체도 밝혀지지 않은 채 대화가 끝난다. "몰이해의 몰이해ein Nichtverstehen von Nichtverstehen"(Mecklenburg, 2008: 361)라는 악순환으로 독일 청년은 거침없이, 아무런 방해 없이, 자신의 코드 시스템 안에서 자신의 코드에 대한 성찰 없이 자신의 방식대로 의미를 생성하고 만다. 이들의 대화는 결국 각자의 독백으로 끝나고 만다. '상호 이해'라면 서로 다른 점, 낯선 것, 차이를 없애는 것이 아니라, 낯선 것에 대한 인식과 더불어 자신에게 친숙하고 고유한 것의 관점에서 낯선 것의 차이를 인식하면서 자신의 것도 성찰하는 과정이 쌍방에서 이루어져야 하는 것이다. 그래서 대화 참여자들이 상호 침투적으로 교호하면서 각기 자신의 것을 인식하고 좀 더 풍요롭게 증대시키거나, 새로운 혼종 내지 창의적인 것으로 나아갈 수도 있다. 또는 이와는 달리, 더 이상 이해할 수 없는 경계선에 부딪히게 되면, 서로 상내를 인정하는 방식으로 용납하는 자세가 필요하다. 상호문화적 소통에서 요구되는 능력이 있다면, 개방적인 자세로 타자의 입장에서 역지사지할 수 있는 공감 능력Empathie일 것이다. 이는 단순히 "감정 차원의 문제가 아니라, 내적으로 상대의 입지에 자신을 세워보며 이해하기einfühlendes Verstehen"이고, 곧 "하나의 '삶의 형식'에 참여할 수 있는 능력"을 의미한다(Apeltauer, 1996 : 783). 이러한 능력이 사실 외국어 습득보다 더 필요한 전제일 것이다. 이 작품의 대화자들 사이에는 바로 외국어 자체에 대한 능력보다 이런 공감 능력, 혹은 상대방의 입장이 되어 보려는 마음의 준비가 결여되어 있는 것이 더욱 소통을 불가능하게 이끌었다고 본다.

투틀링겐 청년과 암스테르담 사람들의 상호문화적 소통이 상호 침투적으로 이루어지지 못한 까닭은 위에서 언급한 공감 능력의 결여 이외에 대화 참가자들의 문화적인 맥락에 대한 몰이해 때문이기도 하다. 이를 좀 더 자세히 살펴볼 필요가 있다.

상호문화적 오해와 문화적 맥락에 대한 몰이해

투틀링겐 출신의 청년과 암스테르담 사람들 사이의 면대면 대화는 위에서 살펴보았듯이 사실상 실패한 대화였음에도 불구하고 청년은 아주 흡족스럽게 이른바 '인생의 진리'를 깨달았다고 생각한다. 그는 오해와 자신의 상상으로 암스테르담 어느 부호의 허구적인 생애사를 구성해 놓고는 타문화 경험을 통해 진리 인식에 이르렀다고 생각한 것이다. 그가 암스테르담의 여행에서 깨달았다는 '인생의 진리, 교훈'의 실체는 무엇일까? 이를 문화적인 맥락에서 본다면 어떤 의미 맥락이 드러나는가? 암스테르담 사람들이 투틀링겐 청년과의 소통에서 간과된 문화적인 맥락은 무엇인가?

우선 실패로 끝나기는 했어도 상호 접촉과 만남은 이루어졌던 암스테르담 사람들과 투틀링겐 청년은 각기 자문화의 담지자들이었지만 서로 대화 상대자의 문화적 맥락은 인지하지 못한 것이다. 암스테르담 사람들이 낯선 이방인 투틀링겐 청년을 어떻게 보고 인지했는지는 적극적으로 묘사되어 있지 않다. 그들의 바쁜 움직임과 무뚝뚝한 대답 정도로 낯선 이방인에게 관심을 둘 여유가 없는 정도로만 묘사된다. 그들이 포착하지 못한, 투틀링겐 청년이 담지하고 있는 문화적 맥락은 전통적인 경제 시스템인 '장인과 도제 훈련의 수공업 문화'다. 이 청년이 고향 마을을 떠나 암스테르담까지 오게 되는 여정은 당시의 문화사적인 측면에서 볼 때 그의 직업 수련 과정의 일환이다. 당시 수공업 종사자들은 어느 장인에게서 실습 훈련 과정을 마치면, 장인이 되는 시험을 보고 조합의 인정을 받기 이전에 다른 지방이나 다른 나라에서 일하며 새로운 경험을 쌓기 위해 여행을 떠나는 것이 일종의 필수 과정이었다. 독일의 민중시나 삽화에서 어렵지 않게 볼 수 있는 모습, 즉 괴나리봇짐 하나 장대에 매달고 길을 떠나는 청년의 모습이 이 작품의 주인공이다. '수공업자'들은 당시 시민 계급의 하층에 속하고 조합의 회원제로 운영되어, 여행을 떠나는 수공업 도제들은 대체로 조합원들의 도움으로 숙박을 해결하며 일을 했다. 그들이 특별히 교양 교육이나 외국어 교육을 받지는 않았다. 하지만 그들은 이 시기 '낯선 문화 경험의 대행자'였고, 상호문화적인 경험의 수집을 직업 훈련의 한 과정으로 삼아 세상에 대한 시야를 넓혀갔던 것이다(Durzak, 2006 : 6).

반면 투틀링겐 청년은 당시의 메트로폴리스 암스테르담을 여유있게 거닐며 도시의 이곳저곳을 바라보고 이 사람 저 사람에게 말을 걸기도 하면서 이른바 '타문화'를 경험하고 있기는 하지만, 그가 보고 의미를 부여한 대상은 "크고 화려한 집 한 채", "커다란 배 한 척" 그리고 "장례 행렬"뿐이다. 이 독일 청년은 암스테르담에서 자신의 눈에 들어온 이 세 가지를 자신의 사고틀 안에서 '칸니트페어스탄'이라는 한 개인사로 축약해서 해석하고 의미를 부여한다. 다시 말해 화자가 혹은 작가 헤벨이 암스테르담을 이야기하면서 19세기 초 상업의 발달로 암스테르담의 풍부한 자본과 팽창하고 있는 자본주의 및 식민 정책을 암시하는 당시 유럽의 정치경제적인 거대사를 서사의 포석으로 깔아 둠으로써 독자는 알 수 있는 당시 암스테르담의 문화적 맥락을 이 주인공 청년은 포착하지 못한 것이다. 그는 자신의 "고향 마을 수준의 눈"(Franz, 1985: 41)으로만 보아 이런 메트로폴리스의 분위기, 즉 타지에 가서 타문화의 정치적 · 경제적 · 문화적 맥락을 전혀 파악하지 못하고 있다. 주인공은 화려한 집 한 채를 보면서 고향에 계신 자신의 아버지 집 문보다 그 집의 창이 더 크다고 놀라워하고 있다. 또한 창가를 화려하게 장식하고 있는 "튤립, 아스터, 레브코엔"을 보지만 이 독일 청년이 네덜란드의 '튤립'을 보고 그곳의 자본주의 발달, 경제적 흐름의 변화를 떠올렸을지는 독자로서는 알 수 없다. 아마도 거의 몰랐을 거라고 생각할 수밖에 없다. 왜냐하면 그는 그 집을 보고 이 집의 소유주가 누구인가에만 관심이 집중되었기 때문이다. 이 짧은 텍스트에서 '튤립'이 두 번(27, 28)이나 언급되고 있는 것을 생각하면, 이를 단순히 수식용 소품이라고만 보기는 어렵다. 튤립은 네덜란드를 상징하는 대표적인 꽃이지만, 이 꽃이 사실 네덜란드에 투기 광풍을 몰고 왔던 적이 있다. 그 광풍의 결과 바로 '튤립 공황'이 일어났다. 본래 터키에서 재배되고 왕실과 귀족들이 좋아하던 꽃이었는데, 16세기 후반 유럽에 알려지면서 귀족과 대상인 사이에 유행하게 되자 재배가 시작되면서 가격이 오르고 부富를 획득하는 호재로 떠올랐다. 1633년부터는 현물 거래가 아닌 선물 거래가 가능해지면서 튤립의 알뿌리를, 아직 피지도 않은 튤립을 놓고 거래와 투자가 이루어졌다. 귀족은 물론 하층민까지도 전 재산을 털어서 알뿌리 선물 거래 계약을 했고 이중삼중의 사기 계약도 횡행했다. 이것이 알뿌리의 가격을 폭등, 폭락시키면서 최초로 '전前자본주의 공황'을 일으켰다. 튤립 광풍은 황금기 네덜란드 사회 내에서 하층민들이 일시에 빈곤 상태를 벗어나고자 하는 투기 심리, 사업 확장을 노리는 중소 상인들, 사회 중상류층만을 보호할 수밖에 없던 당국의 태도 등 여러 면모를 보여 주는 사건이었다(주경철, 2002 : 236-242). 이러한 네덜란드의 경제문화사적 맥락이 이 이야기 서사의 기저에 흐르고 있다. 즉 자본주의의 발달로 인한 암스테르담의 근대적 경제 체제와 문화적 맥락이 독일의 수공업 중심의 전통적 경제 체제와 대칭을 이루고 있으나 타지를 여행 중인 우리의 주인공은 이런 문화적 맥락을 미처 보지 못했다.

그뿐만 아니라 '커다란 배 한 척'을 묘사하는 대목에서도 유럽의 식민주의 역사가 암시적으로 삽입되고 있다. 커다란 배를 단순히 상업적 무역용 선박으로 묘사하지 않고, "설탕과 커피, 쌀과 후추로 가득 찬 통들"을 싣고 "얼마 전에 동인도에서 온"(27) 배라고 묘사하고 있기 때문이다. 네덜란드 동인도회사의 배를 가리키고 있음에 틀림없다. 역사상 최초의 근대적 주식회사로서 조직을 갖춘 동인도회사는 유럽과 아시아를 오가며 향신료, 후추, 설탕, 차, 커피, 곡물 등을 실어 날았다(주경철, 2008: 91-92). 이 작품의 화자는 주인공이 암스테르담에 도착했을 때 그 도시를 "화려한 집들, 출렁이는 배들, 상업에 종사하는 사람들로 가득한 크고 부유한 상업 도시"(26)라고 묘사한다. 네덜란드의 경제적 번영이나 당시 식민 정책에 이 주인공은 관심을 기울이지 않은 것으로 보인다. 독일 슈바벤의 작은 마을과는 상당히 대조되는 도시 풍광이지만 주인공이 사회적인 차원에서보다는 부유한 '개인'의 차원에만 관심을 두고 있기 때문이다.

이와같이 암스테르담 사람들이나 투틀링겐의 청년은 서로 소통하기 위해 필요했던 공동의 언어도 공유하지 않았을 뿐만 아니라 서로의 문화적 맥락도 제대로 포착하지도 못했다. 이렇게 실패한 경우이 상호문화적 소통을 이야기하는 가운데 화자 혹은 작가 헤벨은 이야기의 달인답게 이 두 문화의 담지자들 사이의 차이 내지 대조적인 관계를 함축적으로 보여 준다. 암스테르담과 투틀링겐의 도시 문화적 차원의 대조보다도 더 눈에 두드러지는 대조는 암스테르담 사람과 투틀링겐에서 온 이 주인공 사이의 인성적인 차이다. 이 독일 청년이 말을 건넨 암스테르담 사람들은 모두 바쁜 도시인들이다. 주인공이 집의 소유주가 누구냐고 질문을 던진 암스테르담 남자는 "아마도 뭔가 더 중요한 것을 해야 하는" 남자로 묘사하고 주인공의 질문에 "짧고 무뚝뚝하게"(27) 대답한다. 주인공이 배의 소유주가 누구냐고 물어본 암스테르담 사람은 얼마 전에 동인도에서 설탕, 후추, 커피 등이 담긴 "상자 하나를 어깨에 들쳐 메고 나르는" 사람이다. 그의 대답 역시 "칸니트페어스탄" 한 마디가 전부였다. 이 사람에게 질문을 던지기 직전에 주인공은 "한참을 바라보다가", "마침내"(27) 한 사람에게 물어보았다고 화자가 전한다. 이를 보면 부둣가 선착장에는 모두 바삐 움직이며 짐을 부리거나 일을 했던 것으로 보인다. 반면에 여유롭고 한가로이 타지를 거닐고 있는 이 이야기 주인공의 모습과 상당히 대조적이다. 마지막으로 누가 죽었는지에 대한 우리 주인공의 질문을 받은 암스테르담 사람은 심지어 장례 행렬 맨 마지막 대열에 함께하고 있었지만 자신이 파는 면을 "100파운드에 10 굴덴으로 가격을 올리면 얼마의 이윤을 벌게 되는지 계산하고 있던"(28) 상인이다. 인생의 무상함을 느끼며 눈물을 뚝뚝 흘리던 순진한 독일 수공업 도제 청년과는 너무나 대조적인 사람들로 그려지고 있다. 이제 막 번영의 가도를 달리는 자본주의적 상인이라는 직업군에 속하는 사람과 전근대적 경제 구조 속에서 생성, 전래되어 오던 수공업이라는 직업군에 속하는 사람과의 차이를 짧은 이야기 속에 탁월하게 엮어내고 있다. 이렇듯 상이한 두 문화의 차이를 서로 인지하고 자신의 문화를 성찰할 계기를 갖지 못한 두 문화 담지자들의 이야기를 통해 독자로 하여금 상호문화적 소통의 문제를 생각하게 한다. 그렇다면 투틀링겐 청년이 감명받으며 깨달은 이른바 '인생의 진리'란 실제로 무엇이었나?

'메멘토 모리': 타문화 경험을 통한 진리 인식?

위에서 암스테르담 사람들과 투틀링겐 청년 사이의 상호문화적 소통의 문제를 살펴보면서 암스테르담 여행을 통해 투틀링겐 청년이 얻은 교훈은 타지에서 그의 시야에 들어온 '시각적' 자극들을 통해 이미 자신이 희미하게 알고 있던 것의 재확인에 지나지 않는다고 했다. 타지에서 그가 만난, 아니 그가 만났다고 생각하는 '칸니트페어스탄 씨'의 삶을 통해 얻은 '위로'와 이른바 '인생의 교훈'이라는 것은 사실 타지에서 경험한 새로운 인식이 결코 아니다. 그의 질문에 대한 암스테르담 사람들의 짧은 반응인 "칸니트페어스탄"이라는 답변의 언어적 정보를 그는 자신의 코드 안에서 자신의 방식대로 해석했을 뿐이다. 다시 말하면 어떤 새로운 사실에 대해 그에게 이미 익숙한 사고의 틀 속에서 해석한 것 이외에 다름 아니다. 일차적으로 언어적 소통이 이루어지지 못했다는 점을 차치하고라도, 그가 자신의 머릿속에서 그린 허구의 '칸니트페어스탄 씨'의 생애에서 얻은 교훈은 '그가 부유해서 "행복한 남자"(28)이지만 그도 사람이므로 죽는다'는 것이다. 한마디로 '죽음을 기억하라Memento mori'다.

이 주인공이 얻은 교훈 이면에는 기독교적인 어조가 상당히 짙다(Kaiser, 1996: 403). "메멘토 모리Memento mori"라 하면 '인간 존재의 유한성', '이승의 무상함', '내세의 준비'와 같은 부가 의미들을 수반하기 마련이고, 이는 기독교의 기본 사상과 크게 다르지 않다. 즉 '허무, 무가치, 공허'를 의미하는 '바니타스Vanitas'라는 개념과 함께 '메멘토 모리'는 삶과 지상의 재산이 덧없음을 상기시키며 하나님과 기독교 신앙에 헌신할 것을 호소하는 내용이다(분덜리히, 2008: 14). 이를 뒷받침해 주는 근거는 바로 화자의 코멘트다. 화자는 이 주인공의 경험을 이야기하기 이전에 이미 이 텍스트의 서두에 그의 경험을 "이승에 있는 모든 것들의 무상함에 대한 관찰Unbestand aller irdischen Dinge"(26)로 명명하고 있다. 그러면서 이러한 관찰은 사실 굳이 타지로 떠나지 않았어도 그의 고향 주변에서 얼마든지 경험할 수 있는데, 우리 주인공은 "아주 기이한 우회로auf dem seltsamsten Umweg"를 통해, 즉 암스테르담에서 "오류를 통해 진리에, 그리고 진리의 인식에"(26) 이르렀다고 단언하면서 이 독일 청년의 이야기를 시작한다. 그것도 "왜냐하면denn"(26)이라는 접속사로 주인공의 이야기를 시작함으로써 마치 화자 자신이 이 텍스트의 서두에 쓴 자신의 코멘트가 주인공의 이야기를 통해 입증되기라도 하듯이 말이다. 주인공이 칸니트페어스탄 씨를 허구적으로 자신의 머릿속에 그리고,

한 마디 이해하지 못하는 네덜란드어 장례 미사를 들으면서 그가 감응받고 깨달은 교훈은 본래 '무의미한 것'에 의미를 부여하는 격이지만, 그렇다고 이 주인공의 경험을 그렇게만 볼 수 없다는 것을 화자는 말하고자 하며, 그것은 곧 기독교적인 교훈과 맞물려 있다.

화자가 규정하고 있는 이 주인공의 경험이 지니고 있는 두 가지 특성, 즉 '이승의 모든 것에 대한 무상함'과 '오해를 통한 진리 인식'은 독자로 하여금 작가 헤벨이 성직자였다는 전기적 사실뿐만 아니라 구체적으로 성경 구절도 상기시킨다(분덜리히, 2008: 14). 고린도전서 13장 12절에 보면 "우리가 지금은 거울로 보는 것같이 희미하나 그때에는 얼굴과 얼굴을 대해 볼 것이요, 지금은 내가 부분적으로 알지만 그때에는 주께서 나를 아시는 것같이 내가 온전히 알리라"라는 구절이 있다. 지금은 희미하게 혹은 모호하게 부분적으로 알고 있는 것을 나중에는 확실히 온전하게 인식하게 되리라는 것은 진리에 이르는 길에 오해의 과정도 배제하지 않음을 의미한다고 볼 수 있다. 여기서 화자가 암스테르담 사람들에게 말을 걸며 질문을 하는 이 작품의 주인공을 "착한 이방인der gute Fremdling"(27) 혹은 "우리의 선량한 투틀링 사람unserm guten Tuttlinger"(28)과 같은 수식어로 서술하는 면을 주목한다면, 이때 화자의 목소리에는 이른바 한 조각 '인생의 진리', 즉 기독교적인 교훈을 얻는 청년을 어여삐 보는 시선이 깃들어 있다. 다시 말해 앞서 말했듯이 언어적 불통에도 불구하고 이 주인공이 깨달은 바는 음성적으로 전달된 언어 정보를 의미론적으로는 자신의 코드대로 해석한 것인데, 여기서 그의 코드는 기독교적인 문화와 교육 환경에서 사회화 과정에 형성된 것이라 보아도 지나치지 않다. 현세의 부귀영화의 무상함, 내세에서의 기약을 생각하며 이승에서의 불만을 잠재우는 교훈을 이 주인공이 암스테르담에서 처음 알게 되었다기보다는 고향에서 그저 건성으로 듣고 말았고 자신의 삶의 윤리로 삼지 않았을 뿐이지 수차례 반복적으로 들으며 성장했을 것이다. 이는 그가 독일에서의 장례 미사는 건성으로만 들어 감동받았던 적이 없었다면, 여기 암스테르담에서는 네덜란드어 한 마디 알아듣지 못하면서도 네덜란드어 장례 미사에 감동을 받았던 것과 동일한 경우다. 그래서 화자가 텍스트 서두에 이 '기이한 우회로를 통한' 주인공의 깨달음을 사실 그의 고향 마을 투틀링겐의 주변 도시 엠엔딩겐Emmendingen이나 군델핑겐Gundelfingen에서도 얼마든지 경험할 수 있는 거라고 설명하고 있는 것이다. 여기서 화자는 이 텍스트를 읽는 당시 독일 독자들을 겨냥해서 이 주인공의 깨달음을 주위 일상에서 다시 환기시켜 보려는 계몽적 의도가 있었을 수도 있다. 실제로 이 작품이 상당히 많이 읽혔을 뿐만 아니라 이 작품의 주인공과 같은 인물에서 "국민들이 갖추어야 할 기본적인 덕목이 체현되어 있다"고 보았다는 앞서 언급한 수용 상황을 생각하면, 화자는 기독교적 교훈의 전달자일 뿐만 아니라 사실은 당시 사회의 기존 질서를 유지하는 데 적극 협조하는 지배 계층을 대변하고 있다고도 볼 수 있다. 그러나 이 작품의 화자에게서 이런 모습만 읽히지 않는 데서 이 작품의 다층적 의미 구조를 읽을 수 있다.

화자의 내레이션을 통해 이 독일 청년의 경험을 이야기하게 하는 작가 헤벨의 텍스트는 단순히 지배 질서 유지와 민중 계몽의 의도로만 해석되도록 쓰여 있지 않다. 헤벨을 '이야기의 달인'이라고 보는 비평가나 현대 작가들을 굳이 인용하지 않아도, 텍스트 자체에서 몇 가지 서사 기법으로 인해 독자가 주인공의 깨달음에 대해 다른 시각을 가질 수도 있는 여지를 화자 혹은 작가가 만들어 두고 있음을 발견할 수 있다.

첫째는, 이 작품의 서두에서와는 사뭇 다르게 이 작품의 종결부에서 화자는 서사의 전면에서 물러나 주인공 뒤에서 주인공의 시각으로 이야기를 한다는 점이다(Mecklenburg, 2008 : 362f).

> 이 세상에 그렇게 많은 사람들이 그리도 부자인데, 그 자신은 그리도 가난하다는 점이 다시금 그를 우울하게 만들면, 그는 그저 암스테르담의 칸니트페어스탄 씨를, 그의 커다란 집, 그의 풍요로운 배, 그리고 그의 비좁은 무덤을 생각한다고.

화자 스스로가 주인공의 깨달음을 보편적인 '진리'라고 못박아 말하지 않고 있다. 철저히 주인공의 머릿속, 그의 내면의 차원에서만 '인생의 진리'로 작용하고 있음을 보여 주고 이야기를 끝마친다. 화자는 '칸니트페어스탄 씨'의 존재가 이 독일 청년이 창안한 허구적 인물임을 알고 있으면서도 그의 시각에서 그대로 '칸니트페어스탄 씨'를 언급하고 있다. 이 대목은 화자의 목소리보다는 화자의 목소리로 전달되는 주인공의 목소리가 더 크게 들린다.

둘째는, 이 주인공의 깨달음이 진정한 인생의 진리로 받아들일 수 있을 정도로 화자가 진지하게 이야기한다기보다는 끊임없이 키득거리는 웃음을 자아내는 유머를 사용하고 있다는 점이다. 화자 스스로도 이야기를 하면서 입가에 미소를 머금고 있을 듯한 서술 상황이다. 이러한 웃음 내지 유머를 통해 주인공이 깨달은 교훈과 이 이야기 사이에는 일종의 '벌어진 틈새' 같은 '여지Spielraum'가 있다.

그러면 화자는 이런 서사 기법을 통해 우리 주인공의 깨달음을 희화화하는 것일까? 이렇게까지 극단적으로 볼 수는 없다. 당시에 이 주인공에게서 국민적인 기본 덕목이 체현되어 있다고 보았을 정도의 수용 상황을 고려하면 이 텍스트는 어떤 면에서는 주인공이 깨달은 교훈의 의미를 분명히 형상화하고 있다. 그러나 이 교훈을 상대화하는 서사 전략이 숨겨져 있다는 것 또한 간과할 수는 없다. '지방주의적 코스모폴리턴'인 작가 헤벨의 이야기 특성 중의 하나가 앞에서 언급했듯이, 작고 기이한 지방의 사건들도 코스모폴리턴적인 맥락과 관련시키는 것인데, 이 작품에서도 주인공의 이야기에 초점이 맞추어져 있으면서도 그와 거의 동일한 비중으로 당시의 암스테르담과 그곳 사람을 기록하고 있다. 앞서 상호문화적 소통에서 이해하지 못한 문화적 맥락을 분석하면서 언급했듯이 암스테르담과 그곳 사람들에 대한 묘사는 거의 주인공 독일 청년과 대척점을 이루는 서사 대상이다. 두 가지 문화 혹은 삶의 양식이 거의 비슷한 비중으로 다루어지고 있다.

대조적인 사회문화적인 시스템과 경제 구조, 그리고 그런 환경 속에서 살고 있는 사람들과의 차이를 통해 암스테르담에 있는 독일 수공업 도제 청년의 모습은 다소 "고루하고 촌스러워" 웃음을 자아내면서 독자로 하여금 비판적인 거리를 취하게 한다. 무엇보다도 이 작품의 주인공은 '부와 빈곤' 같은 대립 문제도 새로이 융성하는 자본주의적 시스템 차원에서 분석적으로 접근하는 것이 아니라 "운명"(26)의 문제로 본다. "그리도 많은 부자들을 보게 되면 자신의 초라한 모습 앞에서 '메멘토 모리'의 교훈을 떠올리며 현재의 불평등이나 불만에 대해 침묵하고 현재의 삶에 만족하려고 한다. 이 작품에서는 투틀링겐 청년의 삶의 양식과 암스테르담 사람들의 삶의 양식이 상당히 대조적으로 비교되고 있다. 이 작품을 사회사적으로 삶의 양가적 형식을 '상징'하는 대표적인 예라고 보았다면(Franz, 1995: 181), 바로 암스테르담의 삶과 투틀링겐의 삶이 보여 주는 대조적인 면을 의미할 것이다. 즉 경제 시민 대 수공업자, 바쁘고 이윤 추구하는 생활 대 한가롭고 만족을 중시하는 생활, 네덜란드의 메트로폴리스 대 독일의 지방주의, 일과 성공과 이윤을 선택받았음의 증거로 보는 칼뱅주의Calvinism적 자본주의 정신 대 '메멘토 모리'의 교훈을 상기하며 주어진 삶의 조건과 신이 주신 것을 감수하는 루터적 자세(Mecklenburg, 2008: 373), 근대적 자본주의와 세계 무역의 발달과 더불어 확대되는 제국적

팽창 대 민족 공동체 의식 고취의 분위기 등 이러한 대조적 삶의 양상과 세계의 변화를 작가 헤벨은 열린 결말로 제시하면서 독자 스스로의 성찰을 요구한다.

4. 나오는 말

헤벨의 이 짧은 이야기에서는 실패한 상호문화적 소통의 경우를 통해 상호문화적 소통의 문제들을 가시화해 주고 있다. 헤벨은 원래 프랑스 귀족의 경험담을 토대로 이야기한 것이다. 프랑스어로는 어디에서나 통할 수 있다고 생각한, 거만한 젊은 귀족이 암스테르담을 여행하면서 아름다운 집, 멋진 여자, 행운의 복권 당첨자, 장례 행렬을 보면서 엄청 부러울 정도로 행복한 남자도 결국 죽기 때문에 가련해질 수 있다고 생각하는 이야기가 샤를 드 페소넬Charles de Pessonel의 『번호*Les Numéros*』(1782)에 실렸고, 1783년 「언어에서 피민족적 자긍심에 관한 단편Fragment vom Nationalstolze in Sprache」이라는 제목으로 번역되어 이를 헤벨이 자국의 문화적 맥락에서 변형해 작품화한 것이다. 프랑스어 버전이 독일어로 번역된 책의 제목이 시사하듯이, '언어'와 '민족적 자긍심' 내지는 '민족주의'와의 관계에 대한 질문을 이 에피소드는 함축하고 있다.

언어, 즉 자국어 내지는 공동의 민족어가 언어 민족의 단결과 문화 지표로서 '만들어진' 것이고 19세기 민족주의를 확산시키는 데 중요한 역할을 한 것이 사실이다(벨러, 2007: 81-84). 루터의 종교개혁과 성경 번역 그리고 구텐베르크의 인쇄술 발명 이후 일반 독일인들에게 독일어에 대한 자의식과 민족 공동체 의식을 고취한 데 기여한 것 역시 사실이다. 그러나 헤벨은 이를 인정하면서도 동시에 「칸니트페어스탄」의 주인공의 모습으로 당시 '언어 헤게모니'를 쥐고 있다고 믿는 프랑스 귀족과 근본적으로는 다르지 않은 '언어 내셔널리즘'의 문제를 유머러스하게 제시하고 있다고 볼 수 있다. 이와 더불어 지방주의와 코스모폴리터니즘 사이의 황금률 찾기를 독자의 과제로 함께 제시한 것은 아닐까. 당시 피히테의 "독일 국민에게 고함"이라는 강연이 이루어지고 '독일어 국민'이 강조되는 분위기와 이런 분위기에는 이후 파시즘의 싹을 배태하고 있었다는 점을 생각하면 암스테르담(사람들)과 독일 지방(청년)을 대치시키는 헤벨의 서사 전략은 독일 민족 의식의 고취를 긍정하는 듯하면서도 동시에 그 위험의 가능성을 유머러스하게 제시하기 위함일 것이다.

아무튼 헤벨의 시기든 오늘날이든, 문화와 문화, 국가와 국가의 경계를 넘어서는 대화는 불가피하다. 이러한 상호문화적 소통에서 상호 문화에 대한 이해 없이는 소통도 불가능함을 헤벨의 달력 이야기 「칸니트페어스탄」에서 읽을 수 있었다. 그러나 여전히 더 숙고해 봐야 할 과제는 지방주의/민족주의와 코스모폴리터니즘 사이의 황금률 찾기다. 이를 위해서는 헤벨 시기에 이마누엘 칸트Immanuel Kant의 「영원한 평화를 위하여」를 비롯한 코스모폴리터니즘에 대한 담론을 좀 더 치밀하게 연구할 필요가 있고, 이를 오늘날의 맥락에서 고찰할 필요가 있다. 콰메 앤터니 애피아Kwame Anthony Appiah가 말하듯, 서로 다른 삶의 방식을 가진 사람들 사이의 대화는 유쾌할 수도 불쾌할 수도 있지만, 그런 대화는 불가피하다. 그리고 '지역적인 헌신을 요구하는 세계시민주의', 즉 '지방주의적인 코스모폴리터니즘'의 입장을 정치하게 마련할 필요가 있다(애피아, 2008 참조).

참고 문헌

권오현, 「간문화적 커뮤니케이션으로서의 외국어 교육」, 『독어교육』 제14집, 1996.

마이네케, 프리드리히, 『세계시민주의와 민족국가』, 이상신 · 최호근 옮김, 나남, 2007.

벨러, 한스 울리히, 『허구의 민족주의』, 이용일 옮김, 푸른역사, 2007.

분덜리히, 울리, 『메멘토 모리의 세계. '죽음의 춤'을 통해 본 인간의 삶과 죽음』, 김종수 옮김, 길, 2008.

애피아, 콰메 앤터니, 『세계시민주의. 이방인들의 세계를 위한 윤리학』, 실천철학연구회 옮김, 바이북스, 2008.

주경철, 『네덜란드. 튤립의 땅, 모든 자유가 당당한 나라』, 산처럼, 2002.

____, 『대항해시대 해상 팽창과 근대 세계의 형성』, 서울대출판부, 2008.

Apeltauer, Ernst, "Lernziel - Interkulturelle Kommunikation," *Blickwinkel*, 1996.

Benjamin, Walter, "Johann Peter Hebel <1> Zu seinem 100. Todestage," *GS Ba. II.1*, 1977.

Bevilaqua, Giuseppe, " '… wie sind die Worte richtig gesetzt' Zwei unveröffentlichte Hebel-Kommentate Ernst Blochs," *Text + Kritik Heft 151*, München, 2001.

Brod, Max, *Über Franz Kafka*, Frankfurt a. M.: Fischer, 1974.

Canetti, Elias, *Die gerettete Zunge*, München: C. H. Verlag, 1977.

Durzak, Manfred, "Hebels Kalendergeschichte 'Kannitverstan' als literarisches Modell der Fremderfahrung?," *Kopf-Kino*, Trier, 2006.

Faber, Richard, "Rückblick auf Johann Peter Hebel und in die Zukunft,"

Literatur der Grenze, Würzburg: Königshausen & Neumann, 1995.

Franz, Kurt, *Kalendermoral und Deutschunterricht. Johann Peter Hebel als Klassiker der elementaren Schulbildung im 19. Jahrhundert*, Tübingen: Max Niemezer Verlag, 1995.

Hebel, Johann Peter, *Kalendergeschichten*, mit dem Nachwort von Ernst Bloch, Frankfurt a. M. Insel Verlag, 1965.

Hinderer, Walter, "Das Phantom des Herrn Kannitverstan. Methodische Überlegungen zu einer interkulturellen Literaturwissenschaft als Fremdheitswissenschaft," *Kulturthema Fremdheit*, München: iudicium, 1993.

_____, "Das Phantom des Herrn Kannitverstan. Methodische Überlegung zu einer interkulturellen Literaturwissenschaft als Fremdheitswissenschaft," *Kulturthema Fremdheit*, iudicium, 2001.

Jandt, Fred E., *Intercultural cummunication*, London: Sage, 1998.

Kaiser, Gerhard, "Über den Vorteil, keine Fremdsprache zu sprechen," *Zwiesprache. Beiträge zur Theorie und Geschichte des Übersetzens*, Stuttgart, 1996.

Knopf, Jan, " '…und hat das Ende der Erde nicht gesehen,' Heimat. die Welt umspannend - Hebel, der Kosmopolit," *Text + Kritik*, 3-10.

Mecklenburg, Norbert, *Das Mädchen aus der Fremde. Germanistik als interkulturelle Literaturwissehschaft*, iudicium, 2008.

_____, " 'Kannitverstan' oder die Kunst des Lesens," *Alman Dili ve Edebiyati Dergisi*, 8 (1993), Istanbul Üniversitesi.

솔즈베리, 디아스포라 공간에서 다시 고향 만들기*[1]

백소영

1. 들어가는 말

이 이야기는 세계화 시대 한 지역(미국 메릴랜드 주 와이코미코 카운티 행정수도인 솔즈베리)에 대한, 그리고 '디아스포라 공간'[2]으로서 그 지역

* 이 글은 「한국기독교윤리학논총」 14집(2010. 6)에 실린 논문을 수정 · 보완한 것이다.

1 와이코미코 카운티, 특히 솔즈베리를 중심으로 한 한인 공동체를 연구하기 위해 2010년 1월 15일부터 2월 15일까지 한 달 간 그 지역에 체류하며 주로 재미 한인들(지역교회 탐방, 솔즈베리 한인학교 참석, 한인 수련회 강사로 참석, 인근 시설 답사 등을 통해)과 교류, 대화했다. 미시사적 관심을 가진 연구였기에 설문지 유형의 통계 자료보다는 개인과의 질적 인터뷰를 시도했다. 주된 인터뷰 대상자들은 솔즈베리한인연합감리교회 교인들, 지역도서관(와이코미코 공립도서관)이 제공하는 성인영어교실(Adult English Education)에 나오는 한인들, 다운타운에서 상권을 형성하고 사는 사람들(일식집 두 분/Hampton Inn 근처 일식 레스토랑, 솔즈베리대학 근처, 흑인 상대 미용 가게 주인 세 분, 북솔즈베리 유일의 동양마켓 주인) 닭 공장 다니는 한인들, 하버드 부품 공장에 다니는 분들, 솔즈베리 한인학교 교사들. 닭 농장을 경영하는 한국 노인들, 그리고 솔즈베리 거주 미국인들(토박이 거주자, 은퇴 노인들, 흑인 노동자들)이었다.

2 21세기 지리적 · 매체적 · 관계적 측면에서 세계화된 관계망 속에서 이미 어느 공간(혹은 지역)이든 동일 인종, 동일 언어, 동일 계층의 생산물일 수 없다는 점에서 실은 한 주체가 이질성과 낯설음을 느끼는 디아스포라 공간일 수 있다. 재일 학자 서경식은 '디아스포라'를 "자신의 입이나 혀에

에 새롭게 '고향'[3]을 만들고자 하는 이방인들의 비전에 대한 성찰이다. 점점 더 "탈영토화"되는 문화 속에서 "유목적 주체"를 논의하는 21세기 세계화 시대에 '고향 만들기'라니 무슨 꿈 같은 회고적 향수냐 싶기도 하겠다.[4] 고향은 아주 쉽게 고착, 본질, 회귀 등의 정체적(반反유목적) 특성

대한 이질감"이라고 표현했거니와 어느 공간이든 주체가 이질감을 느끼는 곳, 익숙하지 않은 공간, 낯선 곳, 새로운 곳이라면 이를 디아스포라 공간이라 정의할 수 있다고 본다. 서경식은 경험 이전의 어떤 선험적 실체로서의 "우리"(즉 공동체)는 없다고 했다. 오직 경험의 공동체 안에서만, 경험을 공유하는 한에서만 "우리"이기에, 우리 공동의 언어가 있고 그 바탕에서 소통하게 되는 것이 아니라, 소통의 필요가 있기에 그로부터 우리 공동의 언어가 만들어져 간다는 것이다(서경식 · 김상봉, 2007: 68, 76). 그 때문에 '디아스포라 공간'은 이질적이고 낯설기 때문에 소외와 뿌리들림을 경험하게 되는 공간이기도 하지만 동시에 소통의 욕구와 필요성을 더 절실히 느끼게 되는 공간이기도 하다. 디아스포라 개념을 연구하는 최근 학자들의 동향도 민족국가 단위의 '흩어져 이주하게 된 사람들'이라는 이해로부터 어떤 욕망의 공통 분모를 가지고 있는 사람들, 혹은 이를 추구하는 동일하지 않은 사람들(혹은 집단들) 사이의 연대 가능성 개념으로 확장하고 있다. 인더팔 그루얼Inderpal Grewal, 아브타 브라Avtar Brah, 아이화 옹Aihwa Ong, 아르준 아파두라이Arjun Appadurai 등이 그 사례인데, 이들의 디아스포라 개념에 대한 요약적 정의가 이선주의 "미국 이주 한국인들의 디아스포라적 상상력: 이창래의 『네이티브 스피커』 도입부에 잘 정리되어 있다.

3 이 글에서 사용하는 '고향'의 의미를 정의하고 가야 하겠다. 여기서 고향이란, 고착되고 본질적인 내용을 가지고 있는, 회귀해야 하는 닫힌 공간이 아니다. 그러나 익숙함, 뿌리내림, 안정감을 느끼는 공간으로서 이주자가 본토에서 느꼈던 바와 유사한 소속감과 정서적 안정감을 느끼게 되는 장소다. 이 소속감과 정서적 안정감은 이미 존재하는 공동의 기억으로부터 얻을 수도 있지만 "주거지를 옮기면서 새로운 방식의 삶을 살아가기 위해 상상력을 끌어들이는" 열망을 통해서도 만들어질 수 있다. 이 점에서 정서의 공동체는 "함께 상상하고 사물을 감각할 수 있는 집단의 능력"을 지닌다는 아파두라이의 주장에 동의하는 바다(아파두라이, 2004: 15, 19).

4 질 들뢰즈Gilles Deleuze와 펠릭스 가타리Felix Guattari가 "탈영토화" 개념을 소개한 이래 아파두라이 등을 위시한 일군의 학자들이 지리적 영토나 자연적 상태와 반드시 연관되지 않는 지역 문화나 문화정체성, 혹은 주체성에 대한 논의를 활발히 전개하고 있다. "유목적 주체"에 대한 논의 역시 들뢰즈의 '노마디즘'에서 영감을 얻은 학자들에 의해 다방면으로 논의되었다. 대표적으로 로지 브라이도티Rosi Braidotti가 세계화 시대 실천하는 비판적 지식인의 은유로 사용한 '유목적 주체'는 "집 없음이나 강제적인 장소 이동을 의미하지 않"고 "고착성에 대한 모든 관념, 욕망 혹은 향수를 폐기해 버리는 종류의 주체"를 의미한다(브라이도티, 2004: 59). 그러나 이주자들의 고향의 추구가 반드시 유목주의와 상반된다고는 보지 않는다. 글의 후반부에서 소개되겠지만 기존의 지방성에 대해 이질성을 가진 주체로 참여하고자 하는 재미 한인들의 욕망은 브라이도티가 말한 바 유목주의, 즉 "경계의 비고정성을 날카롭게 인식"하면서 "끊임없이 침해, 위반하고자 하는 강렬한 욕망"(브라이도티, 2004: 78)과 다르지 않기 때문이다. 유럽 중산층 지식인으로서 브라이도티가(그리고 유목주의를 논하는 대부분의 철학적 지성인들이) 지역적 정착 없이도 자유롭게 유목할 수 있고 또 그것이 정체성이나 정서에 부정적 영향을 끼치지 않는 반면, 보통의 이주자들은 이방인으로서 낯선 공간을 침해, 위반하는(유목주의적이라 불릴 수 있는) 그 성향을 잠시 머무르는 디아스포라 공간을 익숙하고 안정된 공간, 즉 고향으로 만들기 위한 열망으로 사용한다. 물론 그들이 만들어내려는 고향은 항구적으로 고착적일 수 없다. 또 다른 이질성을 가지고 삶의 공간을 나누려 들어오는 이방인들과 다시 의미 있는 소통을 통해 새로운 공동의 공간을 만들어내야 하는 세계를

을 떠올리는 단어이기 때문이다. 물론 본질주의적 시각에서 지역성을 논한다거나 '닫힌 항구성'으로서 지역성을 주장하고자 함은 아니다. 세계화와 긴밀히 관련된 오늘날의 이주가, 특히 이주하는 주체들이 그 지역을 고향삼고자 하는 변혁적 열망을 가지고 들어왔을 때, 이주자들에게는 '디아스포라 공간'인 한 지역이 어떤 방식으로 어떤 모습의 새로운 지역성을 만들어낼 것인가가 나의 주된 관심이다. 이와 연관해 솔즈베리 지역은 두 가지 면에서 주목을 끌었다. 하나는 이 지역이 미국이라는, 세계화를 생산하는 주류 국가에 속해 있으면서도 그 주변성으로 인해 생성하게 된 독특한 지역성(본문에서 '델마바 정신Delmarva Spirit'으로 소개했다)을 가지고 있다는 것이며, 다른 하나는 최근 솔즈베리로 모여드는 새로운 이방인들—인근 도시의 재미 한국인들, 백인 중산층 은퇴 노인들, 도시 빈민 흑인과 히스패닉—이 단순히 경제적인 요인만이 아니라 바로 그 지역의 문화적 특성과 자연 환경이 제공하는(분명히 '지역성'이라 부를 수 있는) 것들에 이끌려 유입되고 있다는 사실이다. 소위 '델마바 정신'이라는 것이 하나의 지역성으로서 형성되게 된 '문맥'은 무엇인가?[5] 그리고 이제

살아가고 있기 때문이다. 이주자들은 토박이와 진지한, 의미 있는 소통 가운데 "관습 집합의 전복"(브라이도티, 2004: 32)을 가져오는 유목적 주체로 기능할 수 있으며, 정착 후 시간과 역사의 흐름에 따라 익숙함을 만들어내는 동안 생성된 그들의 '고향'은 다시 새로운 이방인들에 의해 침범당함으로써 변형되고 확장된다. 적어도 브라이도티의 유목적 접근법이 "이항 대립적이지 않으면서도 공격적이지 않은 방식으로 타자들과 제휴하는 상호 능동적인 방법"(브라이도티, 2004: 9)이라면 솔즈베리 지역에 새로운 고향 만들기를 꿈꾸며 들어온 2000년대의 한국인 이주자들은 그 정신에서는 유목민이다.

5 아파두라이는 그의 저서 『고삐 풀린 현대성』에서 "문맥에 의해 생산된 동네neighborhood"와 "문맥생산적인 지역성locality"을 구별하고 있다. "문맥에 의해 생산된 동네"가 특정 지역의 지리적·자연적·역사적 환경에 의해 영향을 받는 동안 오랜 습속으로 형성되게 된 공동체적 익숙함의 공간이라면, 지역성은 반드시 물리적 공간에 영향을 받는 것이 아닌, 지역성을 생산하는 주체에 방점을 둔 개념이다. 문화인류학자로서 아파두라이는 지역성이 자연적·지리적·사회적 환경과 긴밀히 연관되는 것이 맞지만 그로부터 자연스럽게 생성되는 산물은 아니라고 말한다. 지역성은 "양적이거나 공간적인 것이 아니라 근본적으로 상관적이고 문맥적인 것"이다. 또한 "사회적인 현안에 대한 감각과 상호 작용의 기술, 문맥들 간의 상호 의존성들이 만들어내는 일련의 관계로 구성되는 복잡한 현상학적 성질"이다. "감정의 한 구조와 사회적 삶의 한 특성"이며 "주어진 공동체의 한

더 이상 델마바의 지역성이 동일 언어, 동일 인종, 동일 구성원이지 않은 상황은 이 지역의 지역성을 어떻게 변화시킬 것인가? 대도시에서 평생을 보낸 백인 노인들은 언어는 같아도 문화적 전제가 다를 수 있는 이방인이며, 흑인과 히스패닉은 인종과 계급의 차이로 인해 이질성을 가지고 들어오는 이방인이다. 또한 재미 한인들은 이국의 땅 미국에서 소수자, 주변인으로 사는 삶에 지쳐 '미국에서 느끼는 한국'을 꿈꾸며 솔즈베리를 찾는다. 이들의 '다시 고향 만들기'에의 열망은 마치 17세기 이 땅을 밟은 첫 이방인들, 유럽의 청교도들이 이 땅과 이 땅의 토박이 미국인들을 인디언이라 잘못 부르며 '타자화'시켰듯이, 자신들의 문화적 가치, 윤리적 비전으로 솔즈베리를 자신들'만'의 고향으로 만들어 보겠다는 야심일까?

사실 오늘날의 세계에서 우리는 모두가 이주자다. 한 공간에서 태어남부터 죽음까지를 연속하는 사람이 선 지구적 후기 산업사회에서 몇이나 되겠는가? 그러나 자발적이든 강요에 의해서든 이주가 끊임없이 발생하는 삶 속에서 낯선 곳에 위치지어질 때마다 타자로서, 객으로서 상호 소통의 가능성을 닫은 채 주변화되어 살아가는 것은 21세기 지구적 상황을 사는 건설적 태도는 아닐 것이다. 우리는 결국 잠시 머무는 그 공간에서 계속해서 '잠정적 고향'(소속감과 익숙함을 누리는)을 만들어 가야 하지 않을까? 주변화되고 소외된 지역 솔즈베리에서, 그 주변성이 만들어낸 '지방성'에 이끌린 낯선 이방인들이 만들어 가는 고향, 혹은 고향 만들기의 꿈에 주목하는 이유가 여기에 있다. 이들이 만들어내려는 '익숙함'은 어떤 것들인지, 어떤 몸짓으로 토박이들과 소통하려 하는지. 이미 그 지

이데올로기"로서 지역성은 "지역화하는 활동들이 의미와 역사적인 잠재력을 획득"하도록 문맥을 형성하는 주체들의 적극적이고 활동적인 행위에 의해 창출된다. 그 때문에 유지하기 위해 노력해야 하는 어떤 것이며 이질적인 것들과의 상호 작용 속에서 쉽게 파괴된다. "장기간에 걸친 동네의 재생산은 지역성을 재생산할 수 있는 지식을 갖춘 지역적 주체들과 지역화된 시공간의 원활한 상호 작용에 의존하고 있다." 결국 지역성을 생산하는 것은 오로지 그것은 아니지만, 상당 부분 "지식과 재현의 문제"에 달려 있다는 주장이다(아파두라이, 2004: 312-315, 325-335).

역에 있는 문화적 특수성(지역성)에 대해 어떤 자세를 갖는지, 그리고 그들이 새로이 가지고 들어온 이질적 문화는 상호 작용 속에서 어떤 새로운 지역을 생성하게 될 것인지. 다소 낭만화된 글이 될 수도 있겠다는 우려와 함께, 그러나 윤리학자로서 전 지구적 자본주의의 중심적 삶의 가치(자본, 경쟁, 발전)를 '당연'으로 받아들이는 이 세상을 향해 소개하고 싶은 한 '주변인의 꿈'이다.

이 글은 21세기 들어 솔즈베리에 새로 유입되고 있는 이방인 집단인 백인 노인 중산층과 도시 빈민 흑인/히스패닉도 포함하지만, 주로 재미 한국인 이주자들의 의미 추구에 초점을 맞추어 전개했다. 재미 한국인에 대한 논문 대부분이 대도시 중심의, 혹은 좀 더 큰 지역 단위의 통계 자료에 집중해 분석되고 있다는 점을 상기할 때, 주변적 지역의 재미 한인들과 그들의 의미 추구에 대한 미시적 접근은 세계화라는 21세기 공동의 실존적 조건을 함께 겪고 있되 저마다 다른 지역성을 생산해내고 있는 지구상의 수많은 사례와 더불어 기억되어야 할 것이다. 그동안 대도시에 정착한 재미 한국인들이 '모범적 소수집단'이라는 이미지를 갖게 된 것은 그들에게 낯익은 '고향의 방식'으로 중심의 질서를 재편성하려는 전복성을 가지지 않았음에 대한, 중심의 질서에 순응하는 바람직한 사례로 칭송되는 중심부의 이데올로기가 작용하고 있었음을 간과해서는 안 된다. 이를 염두에 둘 때, 솔즈베리의 한인들은 기존의 중심부가 규정해 놓은 삶의 방식과 행동 양식에 순응하거나 그 질서 안에 성공적으로 진입하는 수동적 정착이 아닌, 다른 삶의 방식 즉 능동적(실천성의 여부에 따라서는 전복적인) 가능성을 추구하고(적어도 상상하고) 있다고 믿는다.[6]

6 '모범적 소수집단'이라는 이데올로기적 장치가 같은 소수 배척의 논리로 작용하는 사례에 대해서는 민경희(2008: 275-287)를 참조하라.

2. 솔즈베리, 시간을 잊은 장소

솔즈베리Salisbury는 미국 메릴랜드 주 와이코미코 카운티Wicomico County의 행정 수도다. 카운티 전체의 인구가 8만 정도인 작은 지역으로서, 미국의 행정 수도인 워싱턴 DC에서 동남쪽 3시간 거리에 위치해 있으며, 볼티모어 · 윌밍턴 · 필라델피아 등 대도시로부터 비슷한 거리에 위치해 있다. 독립 행정구역으로서 와이코미코는 1867년 카운티로 승격되었지만 지역 역사는 초기 유럽 이주민들의 정착 시기인 17세기까지 거슬러 올라간다. 최초의 정착지인 플리머스Plymouth나 제임스타운Jamestown과 동시대에 유럽인들(영국인들)이 이곳에 정착했는데,[7] 카운티 단위로 독립하기 이전의 와이코미코는 영국식 지역 구분 개념을 적용해 "Wicomico hundred"로 불리며 서머싯Somerset 카운티에 속해 있었다.[8] '솔즈베리'라는 이름의 기원에 대해서는 두 가지 설이 있다. 하나는 이 지역에 정착한 대부분의 지주들이 영국에서 이주한 사람들이었기 때문에 영국 본토의 도시명인 솔즈베리를 따왔다는 것이고, 다른 하나는 인근 대도시이면서 메릴랜드에도 큰 영향력을 미치고 있던 볼티모어의 첫 번째 식민 영주 조지 캘버트George Calvert가 자신의 친구였던 솔즈베리 경the Earl of Salisbury의 이름을 따서 그리 불렀다는 가설이다(Corddry, 1981: 10).

와이코미코를 비롯한 메릴랜드의 동부 해안Eastern Shore 지역들은 유럽 이민사 초기부터 발달했던 북동부 대도시들 가까이에 있었음에도 불

7 이 지역에 첫 유럽인들이 정착한 연도는 1631년으로 기록되어 있다(DeVencent-Hayes & Gianni, 2008: 35). 물론 그 이전에도 토착민들의 역사가 존재했음은 자명한 사실이나 남아 있는 기록이 없음으로 인해 지역사의 시작을 유럽인 이주 이후로 제한했다. 토착민 전멸의 비극적 역사에 대해서는 이 글 중반에서 다루었다.

8 '백the hundred'은 봉건적 영국의 지역 구분 단위로서 "백 명의 전사와 백 명의 지주가 거주하는 영토"를 의미한다(Corddry, 1981: 7).

구하고 늘 그 영향권 밖에 있었다.[9] 무엇보다 동부 해안 지역이 지정학적으로 접근성이 용이하지 않은 지역이었던 점이 주된 요인이었다. 서쪽으로는 체사피크 만Chesapeake Bay이 대륙과의 접근성을 막았으며, 해안과 숲, 늪지대 등으로 둘러싸여 발달 지역들과의 왕래가 어려웠다. 심지어 '길 제조기trail maker'라는 별명을 가진 버팔로조차도 17세기까지 자연적인 길을 내지 못한 곳이 이 지역이다. 더구나 와이코미코 강의 하류에 위치하는 솔즈베리는 수심이 얕아서 배의 왕래가 불가능했다(Corddry, 1981: 4-10).

자연적 지정학뿐만이 아니라 개발 계획 속에서도 외면당한 지역이 동부 해안이라고 볼 수 있는데, 철도가 주로 동서를 가로지르는 방식으로 건설되었기 때문이다. 철도가 상하 개념이 아니었던 까닭에 거리상 원거리인 서부로는 왕래가 활발해도 막상 근거리인 남쪽의 동부 해안은 근대화를 이루는 데 공헌한 교통·운반 수단인 기차의 혜택을 받지 못했다. 더구나 1829년 체사피크 운하Chesapeake Carnal와 델라웨어 운하Delaware Carnal가 완공되면서 반도를 섬으로 만드는 결과를 초래했고, 그 때문에 운하 아래 지역인 솔즈베리는 더욱 고립되었다(Marks, ed., 1991: xii).

솔즈베리를 비롯해서 와이코미코 사람들은 자신들이 메릴랜드 주의 구성원이라는 인식보다는 오히려 델마바 반도의 구성원이라는 인식이 더 강하다. 이들이 삶을 나누는 공간인 작은 반도는 사실 세 주(델라웨어

9 체사피크 만은 메릴랜드 지역을 동쪽과 서쪽으로 나누고 있는데, 비교적 빠른 문화 변동을 거친 체사피크 서쪽 해안에 비해 동쪽 해안은 더딘 흐름을 유지하고 있다. 서쪽 해안의 경우는 행정 수도인 워싱턴과 접근성이 용이한 근교에 위치해 있기 때문에 행정 도시들이 발전해 가는 과정에서 점차적으로 대도시의 행정기관들, 근처 학교, 기숙사 및 편의 시설들이 생기자 점차 거기서 일하는 서비스업으로 전환하고 있다. 이제 체사피크 만의 서쪽 해안에는 행정적 전문 용어를 사용하는 통근자들이 넘쳐난다(DeVencent-Hayes & Gianni, 2008: 18).

Delaware, 메릴랜드Maryland, 그리고 버지니아Virginia)의 접경 지대다. 델마바 반도는 접근성이 어려운 까닭에 각 주의 중심적 영향력이 신속히 전달되지 못했고, 그러는 동안 이 반도의 주민들은 각 주의 경계 가장자리에 있으면서 공동의 삶의 공간을 나누는 동안 하나의 공통된 지역 의식을 형성하게 되었다. 이 지역 사람들은 자기들만의 정체성을 말하며 하나의 새로운 주를 형성한다는 의미를 담아 자신들의 거주 공간을 델라웨어, 메릴랜드, 버지니아의 앞 글자를 따서 '델마바 반도Delmarva Peninsula'라고 부른다. 각 주정부가 입장이 다른 정치적 이슈들로 대립할 때 델마바 지역의 주민들은 하나의 정치 동맹을 맺는 '우리' 의식을 여지없이 발휘한다고 한다(Marks, ed., 1991: xi).

지역적으로 고립된 이 '델마바 반도' 중에서도 메릴랜드 '동부 해안'은 "시간조차 잊어버렸던 땅land that time forgo", "역사를 먹어버리는 땅history-soaked land"이라 불려 왔다(Evans, 1988: 16). 와이코미코 카운티의 행정 수도가 되기 이전 솔즈베리가 속했던 서머싯 카운티의 공식 모토도 "Semper Eadem" 즉 "항상 같다Always the Same"일 정도다(DeVencent-Hayes & Gianni, 2008: 24). 많은 문학 작품 속에서 이 지역은 자기만의 시간 흐름을 갖는 공간으로 종종 묘사된다. 지역 주민들 스스로도 "동부 해안에서 백 년 정도는 그다지 긴 시간이 아니다.A hundred years ain't a very long time on the Eastern Shore."라고 말하곤 한다(Evans, 1988: 16). 실제로 동쪽 해안에서는 17세기나 지금이나 달라진 것이 거의 없다고 말할 수 있을 정도로 더딘 변화를 겪고 있다. 외부에의 노출이 적었던 남쪽으로 내려갈수록 옛 방식을 고수하고 있는 흔적들을 쉬이 발견하게 된다. 심지어 지금은 영국에서도 사라진 본토의 전통 영어식 표현이 이곳에서 발견될 정도다. "No" 대신 "Neither!" 하고 대답한다거나(Carl, 1968: 18), 여전히 식사 전에 "Grace" 하고 말하고 먹기 시작하는 옛 관습을 중요하게 여기는 것들이 그 예다(DeVencent-Hayes & Gianni, 2008: 24). 비교적 이동성이 적은 지역이라 농부도 어부도 완전한 형태의 3대, 즉 할아버지 할머니의 직계 자손들과 그들이 성가成家해 이룬 구성원들이 모두 함께 인근에 모여 사는 대가족 형태를 유지하고 있다.

현재까지도 동부 해안은 메릴랜드의 주류 상권, 정치권으로부터 소외되어 있는 주변부다. 이러다 보니 외부인이 거의 없는, 상당히 오랫동안 형성되고 견고해진 지역 공동체 의식이 강한 지역이 된 것이다. 토박이 주민들(최초의 유럽 이주민들)은 자신들의 출생지와 문화정체성에 대한 자부심이 강하다. 지역 공동체의 연대감이 그 지역 구성원이 공유하는 공동의 기억, 공동의 역사와 무관하지 않을진대, 적어도 17세기 이후 유럽(주로 영국) 이주민들로 구성되어 있되 '델마바 반도' 그 중에서도 '동부 해안'이라는 특수한 지역과 연관되어 살면서 만들어낸 그들의 공동의 삶은 커다란 소속감과 연대 의식을 형성하게 되었던 것이다.[10]

솔즈베리가 위치한 델마바 반도 체사피크만 동쪽은 소나무와 인동 덩굴이 많은 해안 평야 지대다. 인근 메트로폴리탄 대도시에서 가까운 거리로서는 거의 마지막 남은 녹색 평야다. 해양성 기후라서 겨울은 비교적 따듯한 편이다. 영상일 때가 많으며 추워야 영도 내외다. 거의 아열대성인 여름은 습하고 덥다. 비도 많이 온다. 여름 과일이나 채소 농장을 하기

10 솔즈베리에서 쭉 자랐고 외부에서 대학 교육과 교사 활동을 하다 은퇴 후 다시 고향에 와서 정착했다는 그레이스 할머니와의 인터뷰에서 인용한다(현재 64세인 그레이스 할머니는 와이코미코 공공도서관이 운영하는 외국인 영어 교육 프로그램의 자원 강사다.): "솔즈베리 지역은 보수적 지역이에요. 아직까지도 베이 브리지Bay Bridge를 못 넘어가 본 사람들이 많이 있죠. 평생 이 안에서 살아가는 거예요. 흑인들 중에는 해방된 지가 언젠데, 아직도 백인들을 주인님처럼 모시려는 태도를 가지는 사람들도 있을 정도랍니다. 전반적인 문화적 정서가 1950년대쯤 같다고 할까. 이런 곳에서는 외부인들은 적개감을 가지고 배척해야 하는 사람들이라기보다는, 이상한 사람들이랄까 뭔가 익숙하지 못한 그런 존재일 뿐이죠. 대부분 관심이 없어요."

에 적합한 날씨이기 때문에 이곳 주민들은 여름에는 옥수수 · 밀 등의 곡류를 키우고, 가을에는 오렌지 · 호박 등을 기른다. 자연히 가족 농장을 이루며 살아간다. 바닷가이고 만을 끼고 있기 때문에 어업 또한 활발하다. 굴, 조개, 게, 생선 등을 낚는 어부들watermen이 체사피크만 주변에서 생활권을 형성하고 있다. 사람들은 이곳 어부들을 일컬어 "체사피크의 자유영혼a free spirit on the Chesapeake"이라 부른다(Carl, 1968: 17). 이들에게는 시계도 없고 보스도 없기 때문이다. 이들에게 행복이란 "오직 푸른 바닷빛에 풍덩 빠져 여유로운 낚시로 하루를 즐기다가 늦은 여름 밤 짙은 하늘을 물들이는 석양을 만끽하는 것"이다(Carl, 1968: 16). 이 지역은 또한 오리와 거위들의 대표적인 서식지다. 한때는 사냥꾼들의 천국이어서 사냥꾼 여행가가 많았다. 요즘은 환경 보호 차원에서 제한하고 있는데, 이제는 철새들을 관찰하려는 학자들이나 여행객들이 주를 이룬다. 세계적으로 유명한 와드 야생조류 미술박물관The Ward Museum of Wildfowl Art을 비롯해서 각종 조류 관련 전시관들을 자랑한다.

요컨대 델마바 반도 동쪽 해안에 속하는 솔즈베리 지역은 근대성의 전략이 가장 먼저 그리고 가장 활발히 전개된 미국 동부에 위치하고 있으면서도 그 지리적 주변성으로 인해 전통적(혹은 산업 사회 이전의) 삶의 형태를 수백 년 간 유지해 왔던 공간이라고 요약할 수 있겠다. 그러나 농업위주로 삶을 영위하던 지역인들의 오랜 삶의 방식은 20세기 초반 이후 가공업에 관심을 가지게 되면서 점차 바뀌게 된다. 굴이나 게 등 기존의 채집 생산물들을 가공하는 사업이 시작되면서 가업으로서의 농장, 공장이 많이 건립되었다. 벤저민 비치 회사Benjamin F. Veach Company, 엘리엇통조림회사Elliott Bros. 게리&월러 회사Gray and Waller Co. 등 가족의 이름을 딴 공장들이 대를 이어 운영되고 있으며, 점차 주요 세력을 형성하는 가문들이 생겨나게 되었고 지금까지 유력한 지역 엘리트의 역할을 하고 있다.[11] 물론 기업화된 공장을 중심으로 캔에 담을 굴을 파거나 게살을 발라내는 노동력을 제공하던 어부들과의 계층화가 생겨났지만 가족 공장의 차원이었기에 사회적 구성원의 지형을 바꿀 정도는 아니었다. 여전히 이 지역 대다수 농민과 어민은 그저 자연이 주는 천연 자원의 축복을 누리며 굴을 따고 게를 잡고 토마토와 밀을 키우는 삶을 즐겼다.

결국 공동의 언어와 공동의 문화를 가지고 이 땅에 들어온 첫 이주자들(영어를 쓰는 17세기 영국인들)은 지리적 영토성이 만들어 주고 유지해 준 공동체적 결속감을 최근까지 공유하고 있는 셈이다. 세계 단일 문화의 도래에 대해 회의적이었던 앤서니 스미스Anthony Smith에 따르면 "어떤 영토와 지리적으로 결합되어 있는 인간집단"의 "구성원들은 '자신들의 것'으로 인정되는 특정 영토에 속해" "공통의 풍경, 통합된 경제의 생태학적 기반, 또 역사의 결과로 기쁨과 괴로움을 같이 겪는 경험과 기억에 의해 결합"되기 마련이다(스미스, 1996: 95). 결국 "기억이 정체성의 중심"(스미스, 1996: 45)이라면 적어도 델마바 반도를 중심으로 살아가는 17세기 이후의 첫 이주자 집단은 지리적으로 격리되고 지정학적으로 주변화된 삶의 공간을 공동으로 나누는 가운데 공동의 기억을 만들어 온 견고한 지역 공동체라 할 수 있다.

3. 솔즈베리로!: 양계 사업과 한인 이주 노동자의 유입

17세기 유럽(영국)인들이 첫 이주민으로서 정착한 이래 상당히 정체되

11 유명한 가문으로 Adkins, Jacksons, Dulanys, Allens, Wookcocks 등이 꼽히는데 17, 18세기 이후 현재까지 12, 13대손을 이어오며 지역을 지켜오고 있다(Foley & Freddie, 1999: 110–114).

고 유동성이 적은 공동체를 형성하고 있었던 델마바 반도 동부 해안 지역이 인구 구성에서 변화를 겪게 된 것은 1970~80년대에 와서다. 이 지역에서 유명한 토착 가문 중에는 17세기 중반부터 있던 가문으로서 1920년대 닭 공장을 시작해 동부 해안 일대를 양계와 관련된 사업의 중심지로 만들었던 퍼듀Perdue 가문이 있다. 가족 농장이 주식회사로 성장한 경우인데, 이 지역에서뿐만 아니라 전미 지역에서도 세 번째로 큰 닭 공장이다. 요즘에는 세계 50여 개국에 상품을 전달하는 글로벌 기업으로 성장했다. 1920년 아서 퍼듀Arther Perdue가 시작한 이 가족 기업Perdue Farms, INC은 경영 능력이 뛰어난 그의 아들 프랭크Frank Perdue가 참여하면서 놀라운 성장을 이루었는데,[12] 지금은 그의 아들인 짐Jim Perdue이 대를 이어 운영하고 있다. 해양생물학으로 박사 학위를 취득하고 연구직에 있었던 짐은 결국 아버지의 부름에 따라 가족 사업에 합류했고, 1991년 사장에 취임해 글로벌 기업으로의 성장 주역이 되었다.[13]

특히 20세기 중반 근처 대도시들이 행정, 사무 중심의 공간으로 변모해 가면서, 인근 가공 시설들이 모두 델마바 동부 해안 지역으로 집중되기 시작했고, 이를 계기로 퍼듀는 급성장하게 된다. 이후 마운트에어 MountAire, 앨런Allen 등 유명한 닭 공장들이 이 지역으로 유입되면서 이 지역은 세계에서 가장 큰 영계 산업지가 되었다. 동부 해안 지역은 닭을 키우기에 좋은 환경에 풍부한 사료 농업이 가능했고 또한 인근에 커다란 메트로폴리탄 시장을 소유하고 있다는 이점을 가진 지역이었기 때문이다. 결국 동종 사업을 하는 회사들이 집약되자 각 업체 간 경쟁이 붙었고 퍼듀는 조립 공정에 따른 생산 라인을 제일 먼저 도입함으로써 우위를 차지

12 뉴욕 광고 업체를 기용하여 대대적인 홍보 활동을 전개했던 프랭크의 슬로건은 이랬다. "내 닭들이 당신보다 더 잘 먹어요(My chickens eat better than you do!)" (Corddry, 1981: 97).

13 www.perdue.com 회사 역사 자료 참조.

하게 된다. 영계들을 도살, 내장 정리, 분해, 냉장시켜 포장하는 일련의 분업 과정인데[14] 이런 효율적 생산 라인을 통해 와이코미코 카운티 내에서만 하루 80만 마리의 닭들이 처리, 가공될 수 있었다. 현재에도 큰 닭 공장들은 하루 백만 마리 정도의 닭들을 가공하고 있다(Corddry, 1981: 110).

이러한 영계 가공 공장들은 자신들이 사용할 영계들을 사육할 인근 농

14 닭 공장에서 6년째 일을 하는 한인 장**씨가 설명하는 닭처리 공정이다: "닭장차는 같다. 한국이나 미국이나. 농장에서 기계로 닭장을 찍어 올려서 싣고 온다. 지게차는 닭장을 찍어 들어서 벨트에 내려놓으면, 닭장 문이 열리면서 쫙 쏟아진다. 닭들이 모르게 죽여야 하는 것이 관건이다. 동물복지법animal welfare이 엄격하다. 학대하면 안 된다. 닭들이 쏟아지면 캐처catcher가 닭을 건다. 셰클sheckle에 거꾸로 건다. 닭들을 험하게 다루면 해고당한다. 벨트를 통해서 닭들이 컴컴한 곳으로 이동한다. 그러면 밤인 줄 알고 존다. 이 과정을 '리시빙receiving'이라고 부른다. 깜깜하고 빨간, 조도 낮은 전구들이 있는 곳이라 사람들이 대개 꺼린다. 한 라인에 7, 8명이 일하는데, 흑인이나 히스패닉이 많다. 다른 라인보다 돈을 많이 주지만 지저분하다. 그런데 닭이 따듯해서 좋다고 한다. 죽은 것보다 산 게 낫단다. 닭들은 안 움직인다. 발이 하늘을 향하게 걸어두면 거의 안 푸드덕거리는데, 여행을 한다. 몇 분쯤 벨트를 타고 가다 보면 어느 순간 전기충격기가 감전시킨다. 닭이 죽기 전에 공포나 고통을 느끼면 안 된다. 그래도 숨이 남아 있는 닭(늘어지지 않은 애들)은 멱을 딴다. 물론 이것은 사람이 한다. 그 후 뜨거운 물로 들어가서 털 뽑고 머리랑 몸통 반 자르는 것도 다 기계가 한다. 거꾸로 둔 상태라 피가 다 빠진다. 기계가 받아서 돌아가면, 닭 똥집 부분을 파고 배 아래 부분을 열고 내장을 확 뒤집어서 꺼내는 것도 다 기계가 한다. 놓친 것만 사람이 처리한다. 기계 통과하면서 식도, 기도 기계가 다 파내고 물로 쫙 씻으면 냉각 시스템chiller system으로 들어간다. 찬 물에서 씻겨지고 소독되고 불려지고 난 뒤 검사를 받게 되는 거다. 그러고 인스펙션이 있다. USDA 좌우에 조수가 서는데, 왼쪽에 선 회사 직원은 내장을 가지런히(왼쪽 옆으로) 하고 안을 쫙 벌려 준다. 1분에 70마리 정도 하고 둘이 한다. 2초에 한 마리씩 벌리는 것. 그러면 장기 검사하고 감염 검사를 한다. 폐기할 닭, 씻어야 하는 닭, 여러 가지 분류 기준을 놓고 판정을 내리면 오른쪽 조수는 이걸 다 기록하고 분류한다. 모든 닭들의 상태가 기록된다. 사실 조수 역할, 쉬운 일인데 영어가 안 된다고 안 하려 한다. 그래서 많이 하는 일이 간을 분류하거나, 쓸개 떼어내는 일이다. 쓸개는 기계가 못 뗀다. 잘못해서 터지면 시퍼렇게 물이 들고, 기계 지나가면서 놓친 것을 한다. 여기까지가 첫 공정이다. 두 번째 공정이 상품화 과정인데, 40도 파렌하이트(32도가 섭씨 0도) 조건을 만족시켜야지 안 되면 큰일난다. 살모넬라균이나 이퀄라이균이 못 자라는 온도가 40도 이하다. HACCP라고 미국의 모든 식품 회사들은 이게 다 있다. Hazard Analysis Critical Check Point의 약자인데, 생물학적으로도 신체적으로도 위험한 것은 다 점검했다는 표시다. 가공 과정은 통닭을 걸면, 디본debone 작업을 한다. 가슴과 다리, 날개를 잘라내고 박스 포장을 하는데, 이런 일은 사람이 한다. 마켓에서 부위별로 포장된 상태를 보게 되는 것이 여기서 이루어진다. 이 공정을 트래픽traffic이라 부르는데 한국 사람들은 여기에 가장 많다. 각 지점마다 HACCP가 있는데, 닭 공장의 경우는 1차가 피클 테스트이고 2차가 온도 테스트 지점, 그리고 3차가 패킹할 때의 온도(55도 F)를 점검한다. 한국 사람들은 내장 부분, 가슴 디본 작업, 뼈 없는 닭갈비같이 살 발리는 작업 라인 등에 많이 배치되어 있다. 뼈를 잘라내는 작업이 한 근육만 쓰기 때문에 힘이 든다. 해서 2시간마다 교대를 하는데, 그래도 힘들다."

장을 물색해 계약을 체결하게 되는데, 이로 인해 많은 농민이 닭 농장 사업에 참여하게 되었다. 천 마리당 80~100달러 정도의 수입이 가능하며 공장에서 병아리, 사료, 온도 유지 장치를 다 제공하기 때문에 양육을 담당한 농장주는 계사를 준비하고 닭을 기르는 노동력만을 제공하면 된다. 또 회사가 전문가를 파견해 닭들의 질병 여부 등을 보살펴 주기 때문에 순이익이 크고 위험성이 적다는 것이 계약 닭 농장의 장점이다. 1981년 메릴랜드대학의 연구팀 조사에 따르면 와이코미코 카운티 농장의 반수가 영계 닭 농장을 운영하고 있다고 보고했고, 아직까지도 이 지역의 주산업은 닭을 키우고, 먹이고, 가공하는 것과 관련되어 있다(DeVencent-Hayes & Gianni, 2008: 85).

그러나 양계 산업이 활발히 전개되던 1970년대 기계적 조립 공정을 통해 닭을 처리하는 작업 방식은 백인 노동자들이 꺼리는 일이었다. 주로 농업과 어업에 종사하던 지역 주민들로서는 닭 농장은 낯선 일이 아니었으나, 근대 기계식 공장 조립 라인에서의 반복적이고 체력 소모적인 일은 점차 기피하게 되었다. 반면 점차 거대(글로벌)기업화되어 가는 닭 공장으로서는 좀 더 조직적인 인원 동원이 필요했고, 결국 외부로부터 인력 동원을 충원하고자 했다. 이에 닭 공장들은 주정부, 연방정부와 연계해 '닭 공장에서 1년을 일하면 영주권을 준다'는 조건부 노동 이민을 제안하기에 이르렀다.

1년 노동으로 영주권 획득을 보장하는 법적 제안은 같은 시기 한국의 배출 동기[15]와 만나면서 한국 이주민들의 '솔즈베리 러시Salisbury rush' 현상을 일으켰다. 1980~90년대에 이주 한인들이 집중적으로 몰려들기 시작했으며, 특히 IMF 이후에 그 수가 현격히 증가했다. 영주권 획득을 목표로 온 이상 이동성이 1년 단위였기 때문에 그간 솔즈베리를 들고나는 한인들의 정확한 숫자 파악은 힘들다고 한다. 한 번에 와서 일을 시작하는 시기나 영주권을 받는 시기가 비슷하니 모두 한꺼번에 떠나버리는 일이 비일비재했다. 현재 와이코미코 카운티에 거주하는 한인의 수는 한인회와 교회 목회자, 주민의 이야기가 편차가 있지만 평균 잡아 2천 명 내외(솔즈베리에만 1천 명)로 추정된다. 영주권 획득을 위해 비숙련 노동력(닭 공장 조립 공정라인 작업) 제공을 조건으로 솔즈베리로 몰려오게 했던 유입 동기를 거주 한인들로부터 직접 들어 보았다.

> 어쨌든 다 닭 공장에 취직을 하기 위해 여기 오는 거지. 안 그러면 무슨 볼 것이 있는 동네인가요? 여기가? 1980년대 초반 이후 꾸준히 몰려왔는데, 한국의 IMF 이후 한꺼번에 많이 밀려왔죠. 사실 관광 비자로 왔다가 영주권을 신청하는 것은 시간이 가면 갈수록 힘들다고 봐야 해요. 워낙 이런 사례들이 많으니까 단속도 강화되었고…… 이런 상황에서 몸으로 때우는 닭처리

15 윤인진은 한국인의 미국으로의 디아스포라 역사를 크게 4시기로 구분하는데, 이 지역으로 재미 한인들이 이주하게 된 배출 동기는 시기적으로 4시기와 맞물린다. 시기에 따른 배출 동기를 요약하면 다음과 같다. 첫째, 1890년에서 1910년은 구한말 농민과 노동자들이 고국의 기근, 빈곤, 압정을 피해 국경을 넘어 해외로 이주하던 시기였고 이때에 하와이 사탕 농장 임금 노동자를 구하던 미국의 유입 동기와 맞물려 첫 이주가 시작되었다. 그러나 이때의 이주는 정착을 목적으로 하기보다는 단기간의 체류를 통해 부를 축적하려는 의도가 강했다. 둘째 시기는 1910년에서 45년까지로 일제 통치 시기 토지와 생산 수단을 빼앗긴 농민과 노동자들이 주로 만주, 일본 등지로 이주를 했으나 정치적 난민들은 미국을 선호했다. 셋째 시기는 1945년에서 1962년의 시기로 한국전쟁 전후 발생한 전쟁 고아, 미군과 결혼한 여성, 혼혈아 등이 고국에서 배제된 일종의 강압적 이주를 선택했고, 발전된 서양 학문을 선호하는 유학생들이 대거 미국으로 향했다. 솔즈베리 러시가 발생한 시점은 네 번째 시기, 즉 1962년 이후의 상황에 속하는데, 이때의 이주는 주로 정착을 처음부터 의도한 이주라는 것이 이전의 디아스포라와 다른 특징이라고 지적한다. 1962년 남한 정부는 남미, 서유럽, 중동, 북미로 집단 이민과 계약 이민을 시작했는데, 잉여 인구를 외국에 내보내 인구 압력을 줄이고 더불어 외화 획득을 위한 배출 동기가 강하게 작용했다. 더구나 1960년대 이후 한국의 경제 발전과 도시화, 교육 확대가 가져온 신중간 계층의 빠른 형성은 이들의 신분 상승 욕구와 기대를 높였으나, 한국의 경제적 기회의 제한은 기대와 현실 사이의 괴리를 가져왔었고, 그 때문에 다수의 중산층이 더 나은 가능성을 위해 미국행을 선택했다고 풀이한다. 더불어 1970, 80년대에 들어서면서 사회 계층 간 소득 격차가 심해지면서 상대적 빈곤감을 느낀 하층 계급도 가족 이민을 실행했다. 88년 올림픽 이후 잠시 주춤했던 이주는 1997년 IMF 이후 다시 증가했다. 중산층이냐 하층이냐를 떠나 이 시기의 이주는 정착을 목적으로 고향을 떠나 미국으로 향했다는 공통적인 특징을 지닌다고 윤인진은 풀이한다(윤인진, 2004: 8-10, 211-214).

> 공장에서 영주권을 금세 준다니까 너도 나도 몰려온 거죠. 닭 마켓이 크니까…… 해서 이런저런 법적 어려움으로 영주권을 못 받은 한국인들이 이 일로 여기 솔즈베리로 많이 온 거예요. 한창 때에는 비행기로 워싱턴에 내린 한국 사람은 다 솔즈베리행이라고, 아예 버스를 대절해서 실어 날랐다고 하더라구요. 1990년대는 정말 폭발적 인기였죠(40대 후반, 김**, 닭 공장에서 영주권 취득 후 마루 까는 작업공으로 정착).

> 한 십 년 전까지만 해도 주로 한국에서부터 바로 조건부 이민을 오는 사람들이 대다수였는데 이제는 처음부터 한국에서 준비해서 이런 조건으로 이민 오는 사람들은 적고, 대신 요즘은 전에 관광, 방문 비자로 왔다가 몇 년간 영주권 없이 살던 사람들이 이민 정책이 점차 엄격해지니까…… 영주권 전환을 위해서 여기 오고 있어요. 미국 이민사 중 요즘이 가장 힘들다고 보면 되요. 조건이 너무 강화되었는데, 9 · 11테러와 전쟁 등으로 인해 외국인에 대한 시선이 따갑고…… 적법성 여부를 너무 강하게 검사해요(50대, 1980년대 이주, 박갑영(실명 공개 허용), 영주권 취득 후 볼티모어에서 자영업을 하다가 다시 돌아와 흑인 대상 슈퍼마켓 매니저로 일함).

결국 처음부터 한국에서 이주공사를 통해 계약을 하고 왔든, 아니면 현지 진행의 형태로 미국 내에서 영주권 취득이 난항을 겪자 빠르고 확실한 수단이 되는 닭 공장 취업을 선택했든, 결국 솔즈베리로 몰려오는 한국인들의 초기 직업은 하나로 집약된다. 닭 처리 공장의 조립 라인에서 비숙련공으로 일하는 것이다. 현지 진행 형태여서 쉽게 영주권 취득이 어렵기 때문에 현재까지 6년 3개월째 닭 공장에서 일하고 있다는 장**씨가 한인들의 작업 환경에 대해 상세한 정보를 주었다.

> 델마바 지역의 주요 산업인 닭처리 공장은 임금이 시간당 10달러 선이에요. 현재 미국의 최저 임금은 시간당 7달러 80센트인데, 여기 닭 공장은 10달러 선이니까 그나마 나은 조건이죠. 조금 어려운 일은 12달러까지도 받는데…… 산 닭을 거는 리시빙 라인receiving line에서 일하는 사람들이 그만큼 받는데, 힘이 많이 들고 더러운 작업이라 흑인, 히스패닉들이 주로 해요. 농수산부 인스펙터 보조 일은 시간당 10달러 80센트라서 그나마 좋은데…… 한국 사람들은 영어로 대화하는 것을 꺼려해서 이를 피하죠. 결국 한국 사람들이 주로 하는 것은 기계가 놓친 닭 목따기, 날개 다리 가슴 분리하는 칼질하기에요. 세금 떼고 의료비 떼고 나면 주당 300달러가량이고 이를 한 달로 계산하면 1,200달러 정도에요. 혼자 벌어서는 가정 생활이 어림없어요. 부부가 다 해도 2,400달러…… 요즘은 두 시간씩 로테이션하는 것이 법적 제안이지만, 사실 디본debone 작업은 숙련을 원하는 작업이라…… 결국 계속하는 사람이 더 잘해요. 그러다 보면 7, 8시간씩 같은 라인에 있게 되는 일이 비일비재한데, 본인 선택이라 병이 생겨도 이는 보상을 받지 못해요.

십여 년 전에 솔즈베리에 왔다는 한 한인 교회의 사모(40대 초반, 김**)도 비슷한 사정을 이야기했다. 교인들의 70% 이상이 닭 공장 관련 노동자라 하는데, 이민 비자 중 자금을 안 들고 와도 되는 호조건이라 선호하지만, 한국에서는 안 해 본 육체 노동이라 다들 힘들어 한다고 전한다. 어떻게 하면 더 쉬운 라인에 설까 해서 뇌물로 초코파이를 주기도 한단다. 너무 힘들어서 그만두었다가도 이민국에서 검사를 나오면 다시 출근하는 일이 비일비재하다. 영주권을 얻기 위해 꼭 필요한 것이 닭 공장 재직증명서이기 때문이다.

그 때문에 아주 최근까지도 솔즈베리는 재미 한인들에게 정착해 살 땅이라기보다는 영주권 취득을 위해 잠시 머무르는 땅이었다. 닭 공장을 통해 영주권 취득 후 세탁소를 운영하는 한인 윤**도 '잠시 머무르는 땅'이었던 솔즈베리의 상황을 전했다.

> 자영업 자체로는 영주권을 받기 힘들어요. 어쩔 수 없는 선택인데, 작업 환경이 너무 열악하니까…… 대부분 영주권을 따면 뒤도 안 돌아보고 솔즈베리를 떠나요. 처음에는 라인에 서고, 그러다 승진하면 간혹 QA(quality assurance, 품질 관리)하는 곳에서 근무하는 사람도 보기는 했는데, 그래도 대부분은 라인에서 그치죠. 얼마나 지긋지긋한지, 영주권 받으면 닭 공장에서 신던 장화까지 집어던지고 미련 없이 떠나는 거죠.

현재 닭 공장에 다니는 한인들은 인터뷰 자체를 꺼릴 정도로 이곳 솔즈베리 거주 한국인들은 닭 공상에서의 경험을 대부분 "생애 최악의 삶의 조건"이라고 평가했다. 공장 내에서도 불평이 제일 많은 고용자가 한국인들이라 하는데, 최근 한국의 생활 수준이 높다 보니 3D 업종의 일을 피하기 때문이라고 보고 있다. 이젠 공장 측에서도 더 열심히 일할 수 있는 사람들을 찾느라 자국 내 불법 체류자들을 고용하고자 방향 전환을 시도 중이라 한다.

요약하면, 최초의 유럽 이주민들을 중심으로 거의 400여 년을 동질적 공동체를 형성하고 있던 이곳 솔즈베리 지역이 새로운 이주자들인 한인들을 대면하게 된 것은 불과 30여 년 전에야 시작된 셈이다. 그나마도 초기 이주 한인들은 영주권을 획득하는 즉시 90% 이상이 인근 대도시로 빠져나갔기 때문에 이 새로운 이방인들도, 그리고 새로운 이방인들을 바라보는 토착민들도 서로 의미 있게 교류할 시간이나 의사가 전혀 없었다. 한인 이민자들에게 솔즈베리라는 공간은 '일 년만 머무르는 땅' 이상의 의미를 지니고 있지 않았기 때문이다.

4. 솔즈베리로 모여드는 새로운 이방인들, '고향 만들기'의 꿈

그러나 "시간조차 잊어버렸다"는, 그래서 "백 년쯤은 그리 긴 시간이 아니라"는 이 지역도 최근에는 크고 빠른 변화를 경험하고 있다. 글로벌 기업으로 성장하는 닭 공장을 중심으로 이주 노동자들(주로 한인들)의 유입이 1970년대 이후 꾸준히 증가했음을 앞서 살펴보았거니와, 델마바 반도와 서쪽 세계를 연결하는 두 개의 대교, 체사피크만 대교Chesapeake Bay Bridge(1952년 준공, 1973년 확장)와 버지니아만 대교Virginia Bay Bridge(1964년 준공, 1999년 남쪽 방향으로의 길 신설)가 개통되면서 이제는 대륙과의 왕래가 가능해졌기 때문이다. 루트 50번 도로도 동부 해안의 남부를 관통하게 되었고, 이제는 휴양 도시 오션시티Ocean City로부터 30마일 동쪽에 위치하고, 체사피크 만으로부터 30마일 서쪽에 위치했으며, 근방에 미국의 주요한 메트로폴리탄 도시들이 포진하고 있는 솔즈베리는 지정학적으로 오히려 유리한 지역이 되었다.

덕분에 점차 주민들의 경제적 기대가 고조되고 있으며, 지역의 정치 · 사회 지도자들도 동부 해안의 허브, 델마바 지역의 교차로로서 비약할 솔즈베리를 꿈꾸고 있다(DeVencent-Hayes & Gianni, 2008: 127). 여름 성수기 오션시티의 호텔비 등이 급격히 비싸지는 관계로 인근 솔즈베리 지역에서 투숙하면서 여름을 지내려는 여행객들이 늘고 있는데, 워싱턴 · 뉴욕 · 필라델피아 · 볼티모어 등 근처 대도시에 거주하는 사람들은 거리가 먼 캘리포니아나 플로리다 대신 체류 비용이 훨씬 싸면서 비슷한 여가 활동을 즐길 수 있는 이 지역에 관심을 갖기 시작했다. 그래서인지 도시 규모나 다른 상권에 비해 고급 호텔들이 제법 눈에 띄었다.

오랫동안 정체되었던 이곳 솔즈베리에 변화를 만드는 원인은 여행객에만 있지 않다. 12, 13대를 거치며 토착민들이 주류를 형성하던 폐쇄적 공동체였던 이 지역에, 2000년대에 들어와 1년짜리 영주권이 아니라, '정착'을 목적으로 오는 새로운 이주자들이 등장했기 때문이다. 그 첫 번째 새로운 이주자 집단은 백인 중산층 은퇴 노인층이다. 미국 대도시, 특히 동북부 지역의 메트로폴리탄 지역에서 젊은 시절 전문적인, 혹은 상업적 성공을 통해 부유하게 살았던 중산층 노인들이 은퇴 후 솔즈베리 주변 지역으로 이주하고 있다. 조용하고 자연 경관이 수려하면서 인근 대도시와의 인접성 때문에 경제력이 어느 정도 있는 노인층이 노후를 즐길 최적의 공간으로 각광받고 있기 때문인데, 미국 상위 5위권 안에 든다는 반도지역의료센터Peninsula Regional Medical Center가 솔즈베리에 있다는 것 또한 커다란 흡인 요인으로 작용한다. 퍼듀, 지역 주정부, 솔즈베리대학에 이어 지역 고용인 수가 가장 많은 시설이라는 이 병원은 델마바에서 태어나고 자란 조지 토드George W. Todd 박사가 자신의 고향에 시설 좋은 병원을 건립하고자 하는 꿈을 이루어 1897년 반도일반병원Peninsula General Hospital으로 출발, 어느덧 백 년이 넘는 유구한 역사를 자랑한다. 존스홉킨스병원과 협력기관 관계를 맺고 있기도 한 이 병원은 의료혜택이 빈번하게 요구되는 노년층에게 중요한 시설로서 은퇴 노인들의 솔즈베리 선호도를 높이고 있다.

델마바 토박이 베시 잭슨Bessie Jackson은 젊은 시절을 인근 대도시에서 살아오면서도 잊지 못했던 고향 솔즈베리를 떠올리며, 결국에는 노년기에 다시 고향을 찾았다고 회고했다.

> 친구 따라 코네티컷을 갔다가 색다른 모습에 빠져들었죠. 그래서 결국은 친구들과 함께 고향을 떠났고 결국 젊은 시절 그곳에서 살았지만, 그래도 단 한순간도 고향을 잊지는 않았어요. 우리 엄마, 아빠, 언니, 동생들 그리고 친

구들…… 기회라는 유혹이 나를 자꾸 밖으로 밀어냈다면, 고향은 나를 자꾸 잡아당기는 힘이었죠(Marks, ed., 1999: 69-71).

> 여기는 쉬기 원하는 사람들을 끌어들이는 묘한 매력이 있어요. 일단 여기 오면 다들 시계를 보지 않게 될 걸요? 모두들 너무나 여유롭게, 천천히, 일이 늦게 되는 것도 문제 아니고, 심지어 오늘 안 되어도 호들갑 떨지 않죠. 마치 시간이 멈춘 것처럼. 난 토박이 뉴요커예요. 거기는 5분 차이로 사람 여럿 잡는 곳이죠. 여기는 별장이랄 것도 없이 작은 집 하나를 사놓고 그저 쉬고 싶을 때 가끔 들르던 곳이었는데, 은퇴하고 나서는 아예 이리로 내려왔어요. 여기 와서 석양을 보며 책을 읽다 보면, 내가 왜 5분 10분에 그렇게 동동거리며 살았나, 이해가 되지 않아요.

작은 다운타운의 유일한 책방(반스 앤 노블스가 들어와 있었다.)에서 만난 한 노년의 백인 신사가 전해 준 말이다. 그에게 내가 며칠 전 겪었던 황당한 에피소드를 전하니 껄껄 웃는다. 눈발이 살짝 날리기만 하는데도 하루 딱 하나 다니는 필라델피아행 고속버스 운행이 취소되었다. 그런데 정작 버스 회사 솔즈베리 정류장 직원은 버스가 취소되었는지 아닌지 통 모르는 거였다. 선약이 있어 초조했던 내가 버스 회사 중앙본부에 전화를 걸어서야 취소 여부를 확인할 수 있었다. 내 말을 전해 들은 백인 노인은 그게 솔즈베리라고, 너무나 당당히(보기에 따라서는 자부심까지 가지면서) 말했다. 시간은, 솔즈베리에서는 전혀 다른 방식으로 흘러가고 있었고 바로 그 점이 대도시에서 치열한 시절을 보냈던 은퇴 노인층에게 가장 큰 매력으로 다가왔던 것으로 보인다.

은퇴 노인층과 더불어 이 지역에 정착을 꿈꾸며 새로이 유입되고 있는 이방인들은 워싱턴, 볼티모어 등지에서 이주하고 있는 도시 빈민들(흑인과 히스패닉)이다. 이들이 솔즈베리를 찾는 이유는 범죄의 공포로부터 안전한 지역, 그리고 자녀들을 위한 더 나은 교육 환경을 위해서다(DeVencent-Hayes & Gianni, 2008: 29). 2000년대에 들어서면서 지역 인구 구성 및 닭 공장 노동의 인종적 계급 변동이 있었다. 흑인과 히스패닉 등 도시 빈민층은 경기가 좋지 않아 도시에서 일자리를 잃고 복지 혜택의 사각 지대를 살면서 그나마 안정적인 닭 공장 취업에 눈을 돌리게 되었고, 최근 국내외적으로 어려워진 경제 사정에 정부보조금으로 도시 생활을 버텨내는 것이 힘들어지자 생활비가 싸고 환경 좋고 직업(닭 공장, 하버드 등)이 보장되는 인근 지역을 찾다 솔즈베리로 몰려오게 된 것이다.

> 오전에는 청소업체에서 일하고, 오후 4시부터 11시까지는 식당에서 웨이트리스로 일을 했어요. 이렇게 일을 두 개 해도 아이 둘과 한 달 생활을 하기에 불가능한 수입이었죠. 거지 같고 위험한 집인데도 월세가 한 달에 675달러나 하고, 정말 시급이 10달러만 되면 좋겠다 생각하고 있었는데, 이곳은 시급도 시급이지만 일단 집값이 싸요. 트레일러하우스에 사는데 한 달 월세가 300달러에요. 교육 환경도 상당히 좋고. 이사 안 올 이유가 없었죠.

다운타운에 있는 월마트에서 만난 삼십대 흑인 여성 제시는 워싱턴 토박이이지만 3년 전 두 아이와 함께 솔즈베리로 이주를 결심했다고 한다. 최소한의 인간다운 삶을 보장받기 위해서라는 변이었다. 실제로 21세기 하류 계층의 삶의 조건을 파악하고자 플로리다, 메인, 미네소타를 돌며 웨이트리스, 청소부, 간병인, 마트 직원 등의 생활상을 직접 체험하고 그 경험을 바탕으로 책을 쓴 저널리스트 바바라 에렌라이히Barbara Ehrenreich에 따르면, 주로 저임금 서비스업에 종사하는 도시 하층민의 경우 나날이 치솟는 임대료에 비해 임금은 오히려 1973년보다 열악한 상황이었다고 전한다. 시간당 20달러를 버는 사람들의 임금이 106.6% 올랐고, '닷컴류' 인간들이 수천, 수억 배 천문학적 수입을 올리는 반면, 하층민들의 시급은 실제로 줄어들었다는 것이다(에렌라이히, 2002: 242). 도시 빈민으로 분류되기 바로 직전의 삶을 유지하는 저임금 노동자들의 거주 환경을 묘사하며 그녀는 "사람이 산다기보다는 노동력 통조림이 출퇴근 시간 사이사이 직사광선을 피해 보관되고 있는 곳"(에렌라이히, 2002: 54)이라고 표현했다. 이에 비하면 솔즈베리 시에서 노동자들에게 싼 월세로 제공하는 트레일러하우스는 적어도 넓은 거실 공간과 위생적인 화장실, 그리고 독립성을 유지해 주는 방을 가진 집이다.

> 너무 행복해 해요. 남편과 둘이 벌어서 겨우 먹고 살면서도, 한 달 수입 지출 맞추고 살다가 어쩌다 100달러라도 남으면, 많이 남았다고 좋아하면서. 우리 같으면 어떻게 저걸 기뻐하나 싶은데…… 우리는 10년 먹을 것 쌓아놓고도 더 못 벌어서 안달인데…… 처음엔 한심해 하다가 그러다가 반성을 하는 계기가 되었어요. 어쩌면 우리는 불필요한 욕심을 내면서 살았는지도 모르겠다 하는…….

흑인 노동자들과 함께 닭 공장에서 일한다는 한 한인은 그들의 소박한 기대에 기염을 토하지만, 그들이 대도시 번영의 사각 지대에서 겪어 왔을 전투 같은 일상을 보았다면 그 행복감이 충분히 이해되었을 것이다. 한 닭 공장 관계자의 증언에 따르면 불과 몇 년 전부터 닭 공장 내 인종 구성 비율이 현격히 달라졌다고 한다. 한국인 노동자들이 대거 줄어든 이후 최근 들어 한동안은 히스패닉이 60% 정도를 차지하고 흑인이 20~30%, 아시아인들은 5% 미만이었다. 더구나 9 · 11 테러 이후 이민법이 강화되자 외국인들을 유입하는 것이 어려워진 회사들로서는 내수로 방향을 돌리던 정황이 함께 맞물렸다. 그러던 것이 오바마 당선 2년 전부터 이민자 단속이 심해졌는데, 히스패닉은 불법으로 다른 사람의 사회보장번호를 가지고 취업한 사례가 대부분이다 보니 단속 강화로 사회보장국과 이민국이 공동으로 닭 공장을 검사하는 과정에서 대부분 쫓겨났다. 그리고 나서 들어온 것이 흑인 노동력이다. 흑인들은 최소한 이민법에서 자유로운 시민권자들이기 때문이다. 2010년 1월 현재 흑인 노동력이 대부분을 차지하고 있다. 비록 솔즈베리에서도 비숙련 노동자의 삶을 살아가지만, 대도시의 환경과 비교해서 이주 흑인들은 비로소 정서적 안정감을 갖는다. '번 돈으로 먹고 쓰고 남았다'는 사실 자체가 이들에게는 도시 빈민자의 삶을 사는 동안 맛보지 못했던 행복감이다.

솔즈베리를 찾는 한국인들도 최근에는 이전과 다른 유입 동기들을 가지고 이곳으로 이주한다. 즉, 영주권 취득을 위해 잠시 거쳐 가는 곳으로 머무는 대신에, 다른 가치 혹은 비전을 가지고 온 사람들이 늘어가는 추세다. 2000년대에 들어서 한국으로부터 직접 솔즈베리를 찾아 이주한 한국인들의 이주 동기는 자녀들에 대한 관심과 가족적 가치였다. 인터뷰에 응한 한인 학부모들은 메트로폴리탄 도시에서 자영업을 하는 한인들이 일 주일 내내 일하느라 아이들을 방치하는 현실 때문에 아이들이 몰려다니며 어른 세계를 일찍 알아버리는 상황이 싫다고 했다. 그 때문에 임금은 상대적으로 적어도 3교대가 있는 닭 공장에서 부부가 함께 벌면 번갈아 아이들을 돌볼 수 있어서 좋다는 것이다. 또 영주권 취득 후 닭 농장을 하면 전원 생활 속에서 여유롭게 아이들을 키울 수 있다는 지인의 소개로 왔노라고 말한 한인들도 여럿 되었다. 바쁜 도시 일상이 아니라 아이들이 아이답게 크는 모습이 즐겁고, 무엇보다 한국에서 뿔뿔이 제각각 살던 삶이 가족 중심으로 바뀌었다고 좋아했다. 더구나 먹거리가 풍부하고 자연환경이 좋으며 미국의 다른 지역에 비해 생활비가 저렴한 것이 솔즈베리를 거주지로 택하게 한 동기였다고 말했다. 그러나 한 학부모도 지적했지만, 이는 영어 교육 열풍이 부는 한국의 배출 동기를 보여 주는 사례들 중 색다른 선호도 정도일 뿐이다. 학부모로서 이들이 택한 공간은 서울을 닮은 대도시적 경쟁 공간보다는 전원적이고 인간미가 흐르는, 그러면서도 도시적 삶으로부터 너무 떨어지지는 않은 그런 곳이었고, 이러한 이유에서 솔즈베리가 선택된 것이기 때문이다. 비경쟁적 · 목가적 · 가족적 대안을 선택하기 원하면서 하필 미국의 변두리를 선택한 데에는 '중심부의 삶'에의 열망이 잔재함을 부인하지 못할 것이다. 비경쟁적 · 목가적이어도 세계의 심장 미국에서, 비록 주변부라 해도 메트로폴리탄 대도시들의 인근 지역에서 정착하고자 하는 욕망은 분명 '아메리칸 드림'의 연장선상에서 해석 가능하다.

한국에서 솔즈베리로의 직접 이주 사례들보다 더 주목하게 되는 한인 이주자 그룹은 인근 대도시, 즉 중심부에서의 주변인의 삶을 십여 년에서 길게는 30년 이상 겪다가 솔즈베리를 찾은 한인집단이다. 다음은 가장 대표적인 인물인 박갑영 씨의 변이다. 산발적으로, 부분적으로 표현한 다른 한인 이주자들의 정착에의 꿈, 자신들이 더 이상 주변인이 아니라 주인으로 참여하는 고향의 꿈을 가장 집약적으로 표현하고 있다.

> 저는 솔즈베리에 온 지 1년이 안 됩니다. 계기가 있어 이곳으로 이주했어요. 한국인 정서상 고향이 필요하다고 보는데, 내가 태어난 곳에 대한 향수가 있기 마련이죠. 이민 초기, 뿌리내린 곳, 처음 지역이 재미 동포들에게는 고향의 역할을 한다고 봅니다. 그런 의미에서 이곳은 한인 사회에는 친근감이 많은 지역입니다. 정서상…… 비록 영주권을 받고 타지로 갔지만…… 도시 생활이 지칠수록 생각나는 곳이에요. 제가 올해 만 51세. 이민 온 지, 1981년 3월에 왔으니까, 1년 모자라는 30년입니다. 이제는 한국에서 산 시

간보다 미국에서 산 시간이 더 길어요. …… 하지만 볼티모어에서 그 오랜 세월 동안 있으면서도 결국 한국 사람들은 돈은 흑인에게서 벌고 살기는 게토에서 살고, 백인들과는 어울리지 못하고, 그렇게 영영 이방인처럼 지내는 것이 싫었어요. 시간이 갈수록 고향이 자꾸 그리워지는데, 그렇다고 이제 와서 다 접고 한국으로 돌아갈 수도 없고 …… 그러다 생각했죠. 여기다 고향을 만들면 되지 않겠나! 한국까지 갈 수는 없어도, 한국 같은 느낌이 드는 그런 공간을 만들면 되는 거 아닌가! 해서 볼티모어 인근에 관심을 가지다가 솔즈베리를 떠올렸습니다. 여긴 이 근처 한국 이민자들이 미국 땅에서 처음 발을 디딘, 고향과 같은 곳이니까요.

메트로폴리탄 도시에서 경쟁적인 삶을 살다가 나이가 들어서는 닭 농장을 하면서 소일하며 전원 생활을 즐기고자 이주하는 한국 노부부들도 분명 1년짜리 영주권을 획득하기 위해 끔찍한 단순 노동을 인내하는 공간으로서 솔즈베리를 인식하던 이전 한인들과는 다른 동기를 가지고 이주하는 한인들이다. 이들에게는 인근 대도시 중산층 노인 인구들의 이주 동기, 즉 도시에 살던 노령 인구가 고향처럼 찾는 공간으로서 솔즈베리를 찾고 있는 것에 더해, 외로운 타향살이를 접는 이민자로서 정착할 땅을 찾는다는 의미가 중첩되어 있다. 워싱턴 지역에서 20여 년간 세차장으로 큰 사업을 하다가 아들에게 물려주고 은퇴 후 솔즈베리로 이주해서 닭 농장을 경영하는 한 한국 노인은 이렇게 말했다.

도시 근교이면서도 전원 생활이 좋잖아요! 무엇보다 복잡하지 않으니까. 사실 플로리다까지 내려가도 좋지만, 아들네가 워싱턴에서 세차장을 하고 있거든요. 그 아이들 집은 포토맥 강 근처고. 거기서 너무 떨어지면 서로 왕래하기도 힘들고, 그래서 찾다가 여기가 딱 좋다 싶어서 왔지요. 거리도 얼마

안 되는데, 풍경이 확실히 다르니까. 이렇게 조용한 곳에서 집에 삽살개랑 진돗개도 키우면서, 그렇게 한국처럼 지내면 좋으니까. 다른 여한은 없어요. 여기서 이렇게 평화롭게 지내다가 여기서 묻히는 거(60대 중반, 윤**).

역시 최근에 이주해 닭 농장을 경영하는 60대 한인인 김**도 이주 동기에 대해 같은 말을 전했다.

그동안 도시에서 자영업하면서 복잡하게 살다가 여기 내려와서는 퍼듀에서 위탁한 닭을 키우는 중이에요. 잘 키우면 보상이 크다고 하는데, 우리 가손이 복을 받았는지. 우리가 키우는 병아리들이 다 잘 커요. 15만 마리 기르는 중인데. 닭 키우면서 트레일러하우스에서 살고 있지만, 맘은 편해요. 백만 불 하는 집에도 살아봤지만, 그래도 이게 더 평안한 것이. 아휴, 이민 초기에 정말 생고생했어요. 늘 남들이 쓰던 것 사고 아니면 쓰레기통에서 버린 것 주워 쓰고. 이제는 성공했다면 한 거지만. 그래도 한국인들이 미국 대도시에서는 어울리는 데 한계가 있어요. 아무리 돈이 많아도 백인들이 자기들이랑 같이 끼워 주지 않거든. 여기는 자연도 좋고. 또 사람들도 순하고 착하네요. 처음에는 이상하게들 쳐다봐도, 워낙 낯선 사람들을 못 봐서 그런 거 같아요. 같이 지내다 보면 다들 순박하고. 잘 왔다 싶어요.

이렇게 정착을 위해 솔즈베리를 찾은 한국인들은 최근 솔즈베리 지역사회가 놀랄 만한 일을 벌였다. 늘 주변인, 외부자, 곧 떠날 사람들로 인식되던 한인들이 힘을 모아 땅을 사고 교회 건물을 단독으로 건립한 것이다. 솔즈베리한인연합감리교회Salisbury Korean United Methodist Church가 그것인데, 1988년에 설립된 교회로서 그동안 미국 교회를 빌려 오후에 예배를 드리다가, 2008년 단독 교회 건물을 완공했다. 이는 단순히 신앙심의 표현만이 아니고 이 지역에 정착하고 기댈 공간을 만들고 싶은 한인들의 열망의 결과였다. 담임 목사는 이 일에 대해 이렇게 설명했다.

> 한인들의 힘으로 했다는 것에 대해 지역 주민들이 놀라고 있어요. 주류 사회는 놀라고 대견해 하기도 하고. 와이코미코 카운티에 거주하는 한인들 중 우리 교회에는 한 130~150명 정도 나옵니다. 이동성이 1년 단위인 솔즈베리 특성상 교인의 이동 폭이 큰 편이죠. 어느 교회의 이민 정착 서비스가 더 좋으냐가 교회를 정하는 기준이 될 정도니까. 이러다 보니 교회끼리는 경쟁 구도도 심하고, 서로 교인 빼내기 작전도 벌이고. 닭 공장 영주권 기관과 긴밀하게 맞물려 세워졌다가 1, 2년 안에 목사 부부만 남는 교회들도 많아요. 하지만 전 다른 목회 방침을 가지고 있습니다. 교회는 교회 본연의 역할을 해야 한다고 믿거든요. 어쨌든 그러다 보니 처음에는 불만들도 많고 그랬지만, 자연스레 우리 교회에는 솔즈베리에 정착한 교인들이 많이 오게 되었죠. 처음으로 독립 교회 건물을 건축할 수 있었던 것도 정착하고 여기서 기반을 잡겠다는 결심이 있으니까 가능했지 싶어요. 많은 사람이 여기 뼈를 묻겠다는 생각을 하니까.

한국에서 중간층 이하의 삶을 살았고 배운 바도 많지 않은 채, 언어도 설고 땅도 낯선 미국의 대도시 볼티모어에서 자영업으로 잔뼈가 굵은 재미 한인 박갑영 씨가 솔즈베리로 이주하면서 품은 비전, 그리고 그가 속한 교회의 구성원들이 뜻을 모아 적은 인원으로 솔즈베리에 한인들의 공간을 건설했다는 것은 분명 새로운 고향 만들기가 이미 이 땅에 시작되었음을 시사한다. 물론 뉴욕이나 워싱턴, LA 등 안정된 상권을 가진 재미 한인들이 집약적으로 모여 있는 대도시에서도 한인들만의 단독 교회 건물을 짓는 일이 빈번하게 일어나고 있고, 이는 '익숙함' '고향의 정서'를 추구하는 재미 한인들의 열망이라는 점에서 유사성을 갖는 실천으로 볼 수 있다. 그러나 카운티를 모두 합쳐봐야 2천 정도의 작은 '이방인' 집단에서, 그것도 1년 안에 떠나는 것이 소원인 이들이 솔즈베리를 '잠정적으로 머물다 떠나는 땅'이 아닌 주체적 참여와 익숙함의 공간인 '고향'으로 간주하며 이루어낸 일이라 지역 사회의 주목을 더욱 집중시키고 있었다.

5. 낯선 곳에서 고향 만들기, 전례로부터의 교훈

'와이코미코'라는 말은 원래 한 토착 미국인 부족의 이름이었다. 1608년 유럽인 탐험가 존 스미스John Smith가 강을 따라 탐험을 하던 중에 만난 부족이라 강의 이름도 그리 지었다 한다(Corrdry, 1981: 1). 부족 언어로 와이코미코는 'wik(pleasant)'와 'accocomico(village, home)'의 합성어로서 풀이하면 "즐거운 집" "행복한 고향" 쯤 되겠다(Corrdry, 1981: 26). 그러나 스미스가 만났다는 이 부족은 수년 내에 전멸하고 말았다. 버팔로도 못 가는 천연의 요새에 영국 이주자들은 용케도 들어가 그들이 믿는 신의 이름으로 이 토착민들을 멸살시킨 것이다. 1987년부터 멕시코와 미국에서 토착 인디언들과 함께 거주하며 선교 활동을 하고 있는 한국인 남창식 선교사가 전하는 미국 청교도들의 '인디언 잔혹사'는 끔찍할 따름이다. "항복을 받지 마라. 다만 쓸어버려라. 인디언은 땅 위에서 사라져야 할 인종들이다. 오늘 하나 더 죽이면 내일 하나 덜 죽여도 된다"고 외친 믿음의 사람 조지 워싱턴George Washington 대통령으로 시작해, "한평생 그의 주께서 그의 손에 붙이신 인디언 98명을 죽인" 뉴욕주의 린 러브Lynn S. Love의 기념비에 "삶이 끝나 그의 본향에서 주의 팔에 안겨 잠들기 전에 100명을 채우기 바랐다"고 당당히 적을 수 있었던 것이 첫 이주민들의 종교심이었다. 하나님께서 이교도들의 땅에 신정 성서국을 세우기 바라신다고 믿었던 이 오만한 주체들은, 본토 미국인들을 타자화시키면서 그들을 그들의 고향으로부터 제거해 버렸다. 1620년 영국 플리머스 항을 떠나 케이프 코드Cape Cod에 도착한 첫 청교도들을 돌보고 옥수수 재배법을 알려 주었던 토착 미국인들의 후예는 점차 몰려오는 유럽 이주민들에 의해 결국 "더럽기 짝이 없는 짐승"이라는 팻말과 함께 사살되어 미국의 플리머스 거리에 전시되었다(남창식, 2009: 140-148).

미국 민중의 시각에서 방대한 미국사를 저술한 하워드 진Howard Zinn 역시, 미국의 출발이 정복과 죽음, 노예삼음으로 얼룩져 있음을 증언한다. 이 땅에 이주한 첫 번째 디아스포라 집단인 유럽인들은 분명히 "침노하는 자들"이었으며 이들의 침노 방식은 전부석이고 폭력직이며 제국주의적이었다. 매사추세츠 만 식민지 총독 존 윈스러프John Winthlop(1588~1649)는 미국 땅이 법적으로 '공지空地'라고 선포했다. "인디언들은 땅을 정복하지 않았으므로 땅에 대한 자연권만 소유할 뿐 시민권은 지니고 있지 않다"는 주장이다. 사유 재산이라는 개념에 입각한 근대법의 옹호자로서 그는 '자연권'은 법적 효력을 가질 수 없노라고, 자신들의 정복을 합법화한다.[16] "내게 청하여라. 뭇 나라를 유산으로 주겠다. 땅 이 끝에서 저 끝까지 너의 소유가 되게 하겠다"(시편 2장 8절)는 성구는 합법화를 넘어 그들의 행동을 신성화하는 근거로 사용(오용)되었다(진, 2009: 39). 청교

16 신실한 청교도 목회자요 정치가인 존 윈스러프의 이러한 주장은, 조르조 아감벤Giorgio Agamben이 말하는 '벌거벗은 생명' 호모 사케르*homo sacer*를 연상시킨다. 정치적 목소리를 가지고 법적 권한을 누리는 생명인 '비오스bios'와 달리, 생물학적 삶인 조에zoe는 법적 효력이 발생하지 않는 삶, 모든 생명체들의 살아 있는 자연 상태를 의미한다. 자연 상태는 문명화된 세계, 법에 의해 통치되는 세계의 시각에 의해 내동댕이쳐진, 법적 보호로부터 배제되고 추방된 상태다. 조에의 삶으로서 호모 사케르에 대한 논의는 아감벤(2008: 저자 서문 부분, 33-52)을 참조하라.

도들의 땅에 대한 욕구는 토착민들의 문화적 유산(지역성)과 사람들을 말살시키며 그들의 시각에서는 아주 성공적으로(종교적 언어로는 하나님의 은혜로) 디아스포라 공간을 그들의 고향으로 만들었다. 자신들이 이 공간의 주인임을 선포하면서.[17]

사실 그들이 낯선 땅 솔즈베리에서 고향 만들기에 성공할 수 있도록 그들이 타자화시킨 집단이 하나 더 있다. 바로 흑인들이다. 그들의 고향은 인종 차별적 법으로 아프리카 흑인들을 자신들의 체제 안으로 복종시킨 결과였다. 흑인들은 식민 초기부터 이 지역에 정착했었다. 1635년 세 명의 흑인 이민자 이름(John Price, Mathias Tousa, Frances 성이 밝혀지지 않았음)이 기록되어 있으며 이후 꾸준히 자유로운 노동자들free workers과 일정 기간에 한정된 계약 하인indentured servants이 유입되었다. 이들은 배 만드는 일, 마차, 구두, 바퀴 등을 만드는 목수 일, 이발사, 푸줏간, 도살업, 방앗간, 어업 등의 일을 주로 했다(Marks, ed., 1999: xii). 문제는 1664년 메릴랜드 의회가 노예법을 통과시키고 노예제를 합법화하게 되면서 발생했다. 노동력 부족에 시달리던 백인 이주자들은 흑인의 노예화에 주력하게 되고 이를 위해 백인 하인들과 계급적 동질감에 기반한 공동체성을 나누던 흑인들 사이를 갈라놓는 이데올로기로 '인종'이라는 개념을 창출해 내었으며, 흑인의 계약 하인제를 없애고 평생 노예제로 전환했다.[18] 심지어 백인 여성과 흑인 노예 남성 사이의 자녀는 노예

17 그러나 이 이방인들이 멸절시킨 토착 미국인의 문화는 과연 그들의 주장대로 이교적이고 열등하며 사악한 것이었을까? 하워드 진은 평등한 공동체를 이루고 땅을 공동으로 소유하고 공동으로 노동, 분배한 이들, 어린이들이 스스로 돌보는 법을 천천히 배우도록 양육한 이들 토착 미국인들이 만든 북아메리카 지역은 "남자 여자, 어린이, 자연 사이의 관계가 아마 세계 어느 곳보다도 아름답게 이루어진 공간"이었다고 평가한다(진, 2009: 43-51).

18 이정덕에 따르면, 미국의 '인종' 개념은 역사적 과정을 거쳐 사회적으로 창출된 개념이다. 17세기 초 흑인과 백인의 구분은 생물학적 차이로 고정되어 있지 않았다. 오히려 고용주와 채무 노동자의 구분이 더 확연했다. 그러나 18세기 초 노예제가 일반화되면서 일종의 인종적 범주화를 전개하게

가 된다는 법을 제정해 영국 법에도 상반되는 인종 차별적 태도를 취하게 되었다. 일이 이리 되자 델마바 지역에서는 흑인들을 유괴하는 행위가 성행했는데, 자유로운 흑인들조차 자신의 거주지를 떠나 여행하거나 자유인임을 증명하는 여행허가증을 소지하지 않았을 경우 안전을 보장받지 못했다. 자유 흑인들조차 거주지를 제한하고, 무기와 땅, 식품을 사고파는 것을 금지했고, 이런 흑인 억압적 정책으로 인해 점차 자유 흑인 인구가 감소했다(Marks, ed., 1999: xiii-xiv).

델마바 지역은 자유 흑인이 제일 많은 지역이었는데 더 이상 그렇지 못하게 되어버렸고, 종교단체들, 특히 퀘이커와 감리 교도들의 반발이 심했으나 대세를 역전할 힘은 없었다. 그러다가 노예해방선언(1863)이 발표되었고, 메릴랜드도 1864년, 1867년 주 헌법에서 노예 해방을 인정하고 흑인의 법정증인권, 부상 공교육 대상권을 인정하게 된다. 그럼에도 농업 중심 지역이다 보니 노예제의 도움을 크게 받고 있었기에 19세기 말까지도 개인적 차원에서는 노예를 거느린 사람들이 상당수 존재했다(Coddry, 1981: 51, 55). 메릴랜드가 흑백이 섞여 교실에서 함께 교육받을 수 있음을 허용하는 법을 통과시킨 것은 1954년에 와서였다. 그러나 이 시기까지도 흑인들에 대해 델마바의 정서는 북동부의 자유주의자들보다는 남부의 정서와 비슷했다. 흑인들을 대상으로 한 폭행 사건들이 있었으며, 전개 과정에서 경찰이나 간수, 의사 등 법적 보호를 제공해야 하는 사람들조차 방관하거나 참여하는 일들이 종종 발생했다.[19]

된다. 현지에서 거주하는 다양한 종족의 미국 토착민들을 '인디언'이라는 단일 범주로 동일화하고, 아프리카에서 온 다양한 종족들을 '흑인'이란 획일적 범주로 통일했다. 이들 범주는 "유럽인들이 미국 대륙을 식민지화하면서 자신들이 지배한 민족들을 알맞게 재편성하는 과정"에 나타난 것으로서 "다양한 민족들의 독자적인 정체성을 파괴하면서 백인들과의 관계 속에서 형성된 새로운 지배/피지배 관계를 중심으로 새로운 정체성을 부과"했다(이정덕, 2006: 131-134).

19 예를 들어 1931년에 이 지역 저명한 가문 출신의 엘리엇D. J. Elliott을 총으로 쏴 죽이고 자신도 총상을 입은 흑인 매튜 윌리엄스Matthews Williams는 병원에 입원해 있는 기간 동안 백인 군중들의

이번 현지 조사에서 흥미로웠던 점은 지역 토박이로서 유럽인들에게 '길들여진' 흑인 농노예 출신의 후손들이, 같은 흑인이면서도 백인들을 향해 다른 태도를 가지고 있는 새로운 동료들, 즉 메트로폴리탄 대도시에서 새로운 꿈을 꾸며 솔즈베리를 찾은 도시 빈민 출신 흑인들을 대면하게 되었다는 사실이다. 새로운 흑인 이주자들의 이질성이 만들어내고 있는 새로운 '흑인성'이라고 할까? 새로이 도시로부터 유입된 도시 빈민 출신 흑인들은 토박이 흑인들과 어울리면서, 또 솔즈베리 지역의 토박이 백인들에게 새로운 유형의 흑인상을 심어 주면서 정서적으로, 문화적으로 이질적인 흑인 정체성을 형성하고 있는 중이다. 흑인들이 주요 고객인 "세이브 어랏Save A' Lot"이라는 미국 슈퍼마켓에서 매니저로 일하고 있는 박갑영 씨는 그간 겪어온 도시 빈민 흑인과 백인의 차이를 설명하면서, 비슷한 시기에 같은 공간으로 이주해 온 흑인들과의 연대 가능성을 지적했다.

> 백인과 흑인의 의사소통 방식은 상당히 달라요. 흑인은 원시적 표현 방식이라고 해야 하나. 직선적이고 즉흥적이에요. 그래서 상점에서 싸우는 경우도 많죠. 물건 가격이 안 맞거나 하면 싸우지만, 다음 날 웃으며 인사합니다. 반면 백인은 절대 언성을 높이지 않아요. 지적이고 조용하다고 할까. 하지만 한 번 토라지고 나면 다시는 오지 않아요. 한인들은 흑인 사회가 아니었으면 이민 생활에서 성공하지 못했을 겁니다. 주요 고객이 흑인이니까. 아이러니는 한국 사람들이 제일 무시하는 고객이 흑인이라는 점이에요. 다 우리 잘못

손에 끌어내어졌다. 산 사람을 나무에 매달아 교수형을 시키고, 이미 죽은 시신을 차에 달아 끌고 다니고, 훼손된 시신을 다시 나무에 달아두는 과정을 저지한 경찰은 없었다. 또한 1968년 한 흑인 소년은 귀머거리였기 때문에 경찰의 "멈추라"는 명령을 못 듣고 계속 내달린 결과 머리에 총을 맞고 죽었다(Corddry, 1981: 57-65).

이에요. 같이 어울려 살려는 태도를 우리가 갖지 않은 거니까. 빨리 벌어 빨리 빠지려는 자세로 흑인들을 대하니 진정한 소통이 힘든 거 아니겠어요? 백인들은 이민자들이 노력해도 넘지 못할 벽입니다. 그러나 흑인은 달라요. 연대의 가능성이 있다고 봅니다. 충분히 도전 가치가 있어요. 흑인과 한인들이 연대하면 뭔가 이 지역을 새롭게 만들어 낼 수 있을 거예요.

순종적이고 저항할 줄 모르는 토박이 흑인들에 비해 볼티모어에서 겪었고 솔즈베리에서 최근 겪고 있는 도시 빈민 출신 흑인과의 연대 가능성을 꿈꾸며 박갑영 씨는 같은 비전을 가진 40, 50대 한인들이 생각보다 많다고 전했다. 미국 땅에서 고향 만들기의 꿈을 꾸고 솔즈베리로 오면서 그 기반을 잡는 데 적어도 10년을 예상했는데, 와 보니 같은 비전을 가진 한인들이 이미 많이 터를 잡고 있더라는 이야기다. 한인들뿐만이 아니라 새로운 유입 집단들, 즉 백인 은퇴 노인들이나 도시 흑인 노동자들이 '새로운 정착'(다시 고향 만들기)이라는 같은 목적을 가지고 솔즈베리로 모여들고 있는 현상에 대해 상당히 긍정적인 전망을 하고 있었다. 적어도 메트로폴리탄 대도시들보다는 생활이 단순하고 규모가 작은 공간이니, 비록 지금은 이방인이요, 비주류인 한인들이지만 새로운 유입자들과 연대해 주류 사회를 향해 열심히 문을 열고 나간다면 '백인들이 주인이고 자신들은 객인 그런 곳'이 아니라 '함께 만들어가는 솔즈베리'가 가능하지 않겠냐는 희망이었다. 비록 큰 가문을 형성하고 10대를 넘겨오며 솔즈베리를 지키고 있는 토박이들 중에 땅을 가진 소수 백인들이 배타적인 것은 인정하지만, 이들은 꼭 한국인이어서 싫어하는 것이 아니고 같은 백인이라도 새로 오는 사람들을 싫어하는 것이라 이미 사회적 관계망이 다양하게 형성되는 현 상황에서는 도태되고 말 존재들이라 평한다. 한편 토박이라 해도 다른 부류, 즉 정치가나 사회지도자들은 솔즈베리 사회가 변화하길 갈망하는데, 이들은 자신들만으로는 변화가 불가능하다는 것을 아는 사람들이라며 새 경험과 새 아이디어, 새 자본을 가지고 지역 사회를 변화시킬 외부인들에게 호의적일 수밖에 없는 상황임을 지적했다. 이러한 시점에 한인 사회가 지역 형성과 변형에 참여 가능한 주체적 집단이 될 수 있다는 주장이었다. 적어도 솔즈베리라는 작은 지역에서는 여러 가지 조건이, 한인(특히 인근 대도시에서 어느 정도의 경제적 성공을 통해 자금을 가지고 솔즈베리로 들어온 한인)들로 하여금 다른 이방인들과 연대해 긍정적으로 소통하고 지역적 특성을 함께 창조할 수 있도록 펼쳐져 있다는 판단이었다. 그가 말했다.

> 미국은 참 재미있는 곳입니다. 이민자들의 땅이니까요. 누구든 정착하고 뿌리내리고 자기 색깔을 내면 거기가 내 땅이라고 믿는 거 같아요. …… 천국은 침노하는 자의 것이라는데, 미국도 침노하는 자의 것이다. 내가 살아오기에는 그렇게 믿어집니다.

6. 이방인들의 꿈과 '델마바 정신'의 만남, 함께 만드는 고향의 가능성

"미국도 침노하는 자의 것이다. 내가 살아오기에는 그렇게 믿어집니다." 이 말만큼 미국의 역사를 잘 요약한 문장이 있을까. 분명 미국에 도착한 첫 디아스포라 집단은—자신들은 고국에서 더 큰 힘에 의해 배척받고 제한받아 쫓겨오듯 이주를 감행했으면서도—처음 도착한 이방인으로서 땅과 토박이 사람들에 대한 인사와 예의도 저버린 채 자신들이 가진 힘으로 이 지역을 침노해 들어왔다. 오죽했으면 '와이코미코'의 어원이 되었다는 토착민들이 아예 부족 차원에서 전멸을 했을까. 그러나 아이러니하게도 이 땅에 정착한 이 무례한 이방인들은 체사피크 만 주변의 자연이 부여하는 힘에 의존하는 삶을 살아가는 동안(어업과 농업), 그리고 미국 근대 발전사의 주변부로 소외되는 동안(델바마 반도의 지리적 고립성), 자신들도 의도치 않았던 어떤 지역적 정서(지역성)를 형성하게 되었다. 실은 바로 이 정서가 21세기 초반에 접어들어 새로운 디아스포라 집단들(은퇴 노인들, 도시 빈민 흑인들, 정착을 목적으로 한 한인 이주자들)을 끌어들인 가장 핵심적인 동인이었는지도 모른다.

동부 해안 도체스터 카운티Dorcester County에서 태어나 가족 농장에서 자랐고, 워싱턴대학, 메릴랜드 대학원을 나온 학자 필립 윙게이트Phillip J. Wingate는 자신의 자전적 책 『다리가 생기기 전*Before the Bridge*』에서 자신의 고향 델마바의 지역성을 "델마바 혹은 동부 해안 정신Delmarva Spirit, the Spirit of the Eastern Shore"이라 부르고 있다. 윙게이트는 자신의 고향이 주변부의 시각을 가장 잘 보유하고 있는 지역이라고 평가한다(Wingate, 1985: 14). 무엇보다 자연과 더불어 사는 삶이 일상인 고향 사람들은 그래서 인간 중심적 시각을 뒤집는 새로운 시각과 가치관을 가지고 산다는 것이다. 남부 도체스터 지방의 유일한 의사였던 패트릭 타우스 박사Dr. Patrick Tawes와의 어린 시절 일화들을 소개하며 윙게이트는 타우스 박사의 가치관이 "델마바 정신"을 가장 극명하게 보여준다고 주장한다.

동부 해안의 모기들은 너무나 막강해 방문객들은 한 번 물린 경험 뒤에 "날아다니는 방울뱀"이란 이름을 붙일 정도라 한다. 그러나 정작 타우스 박사는 "모기가 지구상에서 가장 고귀하고 강한 동물이라고, 심지어 미국 국조인 독수리보다도 용감하다"고 칭송했다. 독수리도 못하는 것인즉 "모기는 자기보다 만 배는 더 커다란 몸집인 사람을 향해 아무런 주저함없이 돌진해 들어오는 용감무쌍한 생물"이라는 것이다. 이는 황소도 못할 일이라고 목소리를 높이던 타우스 박사에 따르면 "주께서 모기를 만드신 이유는 두 가지"라고 생각된다고 풀이했다. "첫째는 인간이 가진 겁쟁이 기질을 그 피에서 뽑아내고, 둘째는 인간 안에 모기의 용기를 주입하기 위해서라고, 그래서 모기 물린 것이 그토록 아픈 거라고, 용기는 쓰라림을 동반하는 법이기 때문"이라고 말이다(Wingate, 1985: 15-19).

이런 식의 이야기를 듣고 자란 저자가 고등학교 2학년 생물 시간에 비로소 '먹이사슬'에 대해 배웠고, 모기는 피라미드의 가장 밑바닥에 속한다는 과학적 사실을 접하자마자 타우스 박사에게 가서 따진 적이 있었다 한다. 그러자 타우스 박사는 이렇게 대답했다.

> 모기가 먹이사슬의 맨 꼭대기여야 해. 바로 인간 위에…… 오직 모기만이 정규적으로 인간을 먹고 사는 야생 동물이니까. 상어나 호랑이가 어쩌다 사람을 먹을 수는 있지만, 그 녀석들은 항상 사람을 죽여서 먹지. …… 하지만 모기는 필요한 만큼 피를 빨아먹고 말 뿐이야. 우리가 젖소에게서 우유를 먹듯 말이지. 모기는 제 먹이를 죽일 의사가 전혀 없어. 사실 모기는 이 세상에서 가장 신사적인 식인 동물일 거야. 모기는 필요한 만큼만 먹지 더는 먹지 않으니까(Wingate, 1985: 19).

제비가 모기의 천적이기에 사람에게 유익한 새라고 이야기하는 사람들을 비웃으며, 타우스 박사는 익조라는 개념은 인간의 입장에서 그럴 뿐이지 사실 제비들은 모기군단이 건강히 유지될 정도의 수를 만들어 주고 있는 것일 뿐이라고도 설명한 적이 있다(Wingate, 1985: 20-21). 타우스 박사는 깊은 산 속에서 열리는 블랙베리에 대해서도 남다른 해석을 가지고 있었다.

> 블랙베리는 사람들에게 먹히기 싫었을 거야. 왜냐하면 사람들은 보통 블랙베리를 불로 조리하고 씨를 다 죽여 버리거든. 날걸로 먹을 때조차, 사람들은 역겨울 정도로 위생적이어서 블랙베리의 번식을 위해 땅에다 똥을 누는 행위 따위를 하지 않지. 그러니 적어도 블랙베리의 시각에서는 사람보다 새에게 먹히는 것이 나을 걸?(Wingate, 1985: 22-23)

언젠가는 델마바 농부들이 조개 껍질, 게 껍질을 토마토 비료로 주는 바람에 똥파리들이 급증하자 지역의 지식인층에서 다른 비료를 권장했던 일이 있었다. 그러나 농부들은 "하나님이 게 껍질을 남겨 주신 까닭은 토마토를 잘 자라게 하기 위해서예요. 그래서 토마토가 크게 잘 자라고 있는 것이죠"라고 응수하며 계속 조개 껍질과 게 껍질을 비료로 사용했다. 이 이야기를 전해 들은 타우스 박사는 껄껄 웃으며 농부들의 '델마바 정신'을 칭송했다. 하나님은 사람들만이 아니라 토마토와 똥파리까지 다 염려하시는 법이라고 덧붙이면서. 윙게이트의 고향이 현대화되고 나일론 공장 등 유해 물질을 내는 시설들이 들어서면서 모기들, 똥파리들은 점차 사라졌는데, 타우스 박사가 "보호자들"이라고 불렀던 이들이 사라지는 모습을 보며 안타까움을 느꼈다고 기술했다. 현대 의학을 배운 의학도이면서도 이런 안타까움을 느끼게 된 것은 델마바 토박이로서 배우게 된 어떤 시각 때문이었을 것이라는 해석과 더불어, 윙게이트는 다양한 견해, 시각의 존중, 무엇보다 소수자의 시각에 대해 생각하게 했던 어린 시절의 환경과 사람들을 그리워했다(Wingate, 1985: 21-23).

델마바 지역 사람들의 평범한 일상적 경험을 담아 놓은 책, 『우리 이야기를 말하자*Lift Every Voice*』에 실린 한 흑인 여성 카트리나 애덤스 Katrina Adams—그저 보통의 교육을 받았고 흑인 노예 집안 출신인, 어촌에서 굴을 따며 살던 집 딸이라 세간의 주목을 받아본 적 없었던 여인—

의 시 역시 자신의 몸에 비유해 지금껏 중심부의 시각에서 바보처럼 여겨져 왔던 지역, 델마바(좀 더 구체적으로는 솔즈베리)의 비전을 노래한다.

내 눈을 보아요, 내 눈썹이랑 Look into my eyes, my brows
내 뺨이랑 입술 my cheeks, and my lips
나의 얇은 갈색 다리 그리고 풍만한 갈색 가슴 my thin brown legs, my full brown breast
그리고 잘빠진 나의 갈색 엉덩이도 and my shapely brown hips.
이게 바보의 형상인가요? Is this the figure of a fool?
당신이 진정으로 보고 있는 것은 바보인가요? Is a fool what you really see,
당신은 당신 기준에서 굴 따는 인부로 안성맞춤일 사람(혹은 멍청이)을 찾으며 나를 떠올리고 있나요? and when you search through your roll-a-hoe for a sucker do you think of me?

그래, 당신은 여전히 바보를 보고 있나요? So, do you still see a fool?
글쎄 그렇다면 내 친구여, 당신은 문제가 있는 거예요. well you've got problems my friend.
젊은 형제들이여, 젊은 자매들이여, Young brothers, young sisters
우리의 미래는 우리가 무엇을 보는가에 달려 있어요. our future depends on what we see,
당신들이 나를 무시한다면, 그건 당신 자신을 무시하는 거예요. and if you degrade me, you degrade your own,
[왜냐하면] 우리의 공공성은 거기서 시작되는 것이니까요. and that's where our public begins(Marks, ed., 1999: 160-161).

전문가적인 시인도 아니고, 고도의 은유적 기술을 부렸을지도 의문일 카트리나가 자신의 시에서 흑인인 자신의 몸과 굴 따는 촌부의 삶을 무시하거나 평가 절하하지 말라고, 우리(당신들과 나)는 별개의 존재들이 아니라 서로 연결된 공공의 존재이기 때문이라고 선포하며 '우리'가 함께 만들어 가는 공적인 공간으로서 '고향'을 노래할 수 있었던 것은 바로 그녀가 이 지역에서 사는 동안 스며들어 체득되었을 '델마바 정신'을 소유했기 때문이었으리라. 지금까지는 별 볼 일 없었던 지역, 그런 지역에 걸맞은 별 볼 일 없는 삶을 살았던 사람들, 그저 풍부한 자연 환경과 더불어 자연에 묻혀 굴을 따며 그렇게 자연의 일부가 되어 살아온 델마바의 지역성이 몸에 배고 정신에 배어 나온 시적 고백이 아니었을까? 어쩌면 그녀의 선언은 주변성으로서 델마바의 삶을 '바보'들의 삶으로 평가 절하하고 있는 전 지구적 자본주의적 중심부를 향한 목소리일 수도 있다고, 나는 그리 확대 해석해 본다.

이것은 분명 주변부의 시각이다. 그러나 보편성을 주장할 만한, 그 때문에 중심부도 배워야 할 가치를 지닌 정신이다. 자연과 환경을 유기적으로 이해하고, "필요한 만큼"만 사용하는 삶의 방식을 찬양하고 존중하는, 인간의 생체 리듬을 자연의 시간 흐름과 맞추어 가며 건강하게 여유 있게 사는 '델마바 정신'은 결코 무시해서는 안 되는 공동의 역사, 더불어 사는 삶의 미래적 힘이 담긴 그런 역사를 창조해낼 시각이기 때문이다. 그 시각에서 공공의 삶은 시작되는 거다. 지방을 찬양하고 싶은 지역 엘리트의 상상력의 산물일 거라고? 천만에. 이 정신을 노래한 지역적 주체는 델마바 토박이 무지랭이 흑인 여성 카트리나이고 엘리트들의 과학적 방식에 씩 웃으며 하나님의 방법은 다르다고 말하는 토마토 농장 농부들이다.

고향은 '익숙한 공간'이다. 사는 사람들이 낯익고, 그들의 사고 방식과 행동 방식이 익숙한, 그래서 편안한 그런 공간의 이름이 '고향'이다. 그

익숙함이 공동체에 속한 이들에게 유대감을 형성하고 하나의 집단으로서 행동하게 만드는 법이다. 그것이 민족 단위이면 애국자가 되는 것이고, 지구 단위이면 세계시민주의자가 되는 것이리라. 그 어떤 단위이든 핵심은 '익숙해지기'다. 애피아Kwame A. Appiah의 세계시민주의에 내가 전적으로 동의하는 것은 아니지만, 적어도 공동체로서의 사랑과 헌신, 유대와 참여를 불러일으킬 수 있는 힘은 공동의 기억을 만드는 것이라는 것, 서로 공존의 습속을 길러야 할 필요가 있다는 것에는 공감하는 바다. 결국 공동체란 공동의 이야기와 공동의 상상력을 공유하는 집단이니 말이다.[20] 결국 지정학적 이유로 인해 400여 년 간 폐쇄적 공동체로 살아오는 동안 이 지역의 사람들이 만들어내게 된(아파두라이Arjun Appadurai적 표현으로라면 "문맥으로부터 생산된 지역성"인) '델마바 정신'은 적어도 처음의 정착자들에게는 '관행'이요 '습속'이 되어버린 그런 것이겠지만, 바로 그러한 정신이 뿜어내는 고향에의 향수가 다양한 집단들이 비슷한 동기에서 솔즈베리를 찾게 만든 동인이 되었다고 본다. 솔즈베리는 프랑스 인류학자 마르크 오제Marc Auge가 말한 '인류학적 장소'—"유기적인 사회 작용의 일상적 반복이 거주자들을 지역의 역사와 묶어 주면서, 문화정체성과 기억을 제공하는 곳"(톰린슨, 2004: 158)—에 살고 있거나 살고 싶어 이주한(비非장소가 넘쳐나는 대도시적 상황이 싫어 떠난) 사람들이 함께 삶의 공간을 나누는 장소다.

물론 다양한 디아스포라 집단들이 솔즈베리로 들어오면서 그들의 존재와 함께 가지고 왔을 이질적인 문화적 요소들이 이 '델마바 정신'에 긍정적이든 부정적이든 영향을 미칠 가능성은 얼마든지 있다. 비록 그들이 신

20 애피아의 믿음을 대변하는 문장을 소개한다: "통상 행위가 먼저다. 원리가 아니라 관행이 우리가 평화롭게 모여 사는 것을 가능하게 해준다." "우리가 하는 일은 대부분 우리가 '평소에 하는 일이기' 때문에 하는 것이다"(애피아, 2008: 148, 165).

자유주의적 무한 경쟁의 삶에 지치고 뒤처지고 의미를 잃어, 주변부의 시각에서 살아가는 델마바 지역을 선호해 이주했다 할지라도 이 새로운 이주자들이 수십 년 간 관행으로, 습속으로 몸에 각인했을 외부적 정서들이 분명 실존하니 말이다. 재미 한인들이 '솔즈베리에 한국'을 만들겠다는 열망은, 다른 거주자들과의 소통 속에서 커다란 지역 공동체 안에서의 소속감, 정서적 안정감을 배제하는 것은 아니지만, 그러나 한편으로는 그들이 믿는 바 한국적인 것을 그 지역 안에 체화하고자 하는 열망이 더욱 크게, 그리고 효과적으로 발현될 것이기 때문이다.

또한 델마바 정신의 변형, 혹은 전환 가능성에 원인을 제공하는 것은 문화적 이질성 그 자체와 더불어 그 이질적 문화를 보유하고 있는 집단들 간의 권력의 위계일 것임도 간과할 수 없는 사실이다. 물론 현재 정치적 · 경제적 힘을 소유하고 있는 백인 지도층의 다수가 델마바 지역의 성장(주로 경제적 성장)을 위해 다양한 이주집단을 환영하고 있고 이들의 사회 참여를 적극 권장하고 있다는 것은 새로운 이주자들이 자신들의 비전과 의미 부여한 가치를 이 지역 내에 심어가면서 정서적 · 생활적 '익숙함'을 만들어내는, 그래서 진정 고향을 확보할 가능성을 열어 주는 희소식이기는 하다. 그러나 정치적 · 경제적 엘리트들이 이질적 디아스포라 집단을 환영하는 동기가 솔즈베리의 물질적 성장, 즉 신자유주의적 자본주의 경제라는 중심 질서에 속하고자 함임을 고려한다면, 그리고 두 개의 베이 브리지Bay Bridge로 대변되는 바 중심의 가치를 지닌 대륙과의 교류가 빈번해지게 되었다는 현실을 상기한다면, 이들이 생산해낼 새로운 고향, 새로운 지역성에 대해 그저 낙관만 하기는 힘들지도 모르겠다.

또한 새로운 이주자들 중 다수가 1980~90년대 중반까지 비숙련 단순 노동직을 담당했던 한국 이주민들의 대체 인력으로 들어오고 있다는 사실 또한 새로운 이주를 낭만화시키기 힘든 요인 중 하나다. 도시 빈민 혹인이나 히스패닉이 솔즈베리에 와서 하는 일들의 대부분이 바로 닭 공장의 단순 노동직이다. 이들은 이변이 없는 한 지역 사회에서 하층부를 구성하면서 지역의 힘의 위계 변화에 거의 변화를 초래하지 못할 테니 말이다. 여전히 지주이고 공장주인 백인 토박이들이 이들의 경제권을 틀어쥐고 있는 고용주인 한은 이들이 가지고 들어온 이질적 문화 요소의 긍정적인 부분들이 창조적으로 지역성에 영향을 끼칠 힘이 제한될 수 있기 때문이다.[21]

그러나 문화란 것이 언제나 중심부의 기획대로, 힘 있는 자의 의도대로 형성되는 법은 아니라는 사실이 희망을 갖게 한다. 최소한, 이미 존재하면서 이 지역인들의 일상을 지배하는 델마바 정신의 힘과, 다양한 디아스포라 집단들이 바로 그것을 사모해 모여들었다는 공동의 기반이, 그리고 또 솔즈베리라는 지역이 공동체의 비가시성을 보여 주는 메트로급 대도시가 아니라는 사실이, 그리고 재미 한인 박갑영 씨의 목소리로 대변되었던 바 "백인이 주인이 되고 한인들은 객이 되는" 그런 공동체가 아니고 "우리 모두가 참여하여 이루어내는 고향"을 열망하는 사람들이 그 지역을 공동의 삶의 공간으로 나누고 있다는 사실이, 내게 10년 뒤, 20년 뒤의 솔즈베리를 기대하게끔 만든다. 21세기의 시작에, 중심의 질서를 벗어나(그것이 자발적이었든 비자발적이었든) 주변의 삶을 살아가는 한 지역을 고향삼고자 모여든 이 다양한 디아스포라 집단의 공동의 꿈과, 솔즈베리에 편만한 '델마바 정신'의 현존이 삶의 공간을 같이 나누면서 공동의 상상을 하는 가운데 만들어낼 새로운 공동의 습속, 공동의 기억은 어떤 모습일지, 그 모습이 아직 사회적으로 실체화되지 않았는데도 이리 성급하

21 마냥 긍정적이고 낭만적인 전망만을 할 수는 없는 사회, 정치, 경제적 요인들에 대해 날카로운 의문을 제기해 준 본 연구단의 〈공간 세미나〉 연구팀과 〈지구지역성〉 주제팀 동료들에게 감사함을 전한다.

게 학문적 언어로 그려 보고 요청하는 것은 사회학자의 욕망보다는 윤리학자로서 나의 욕망이 더 크기 때문이리라. 그들의 가치와 꿈에 정당성을 부여해 주고 격려하고 부추기며 상상력을 실재화하는 언어의 힘으로 작용하고 싶은 욕망 말이다.

7. 나오는 말: 중심을 침노하며 주변부가 만들어내는 고향의 가치

'고향'과 '침노.' 분명 쉽게 짝지어지지 않는 단어 조합이다. 고향은 이미 나의 기원이며 내가 속하고 내게 속해 있는 공간이기에 침노할 필요가 없다. 그리고 내가 침노해야만 가질 수 있는 공간은 낯선 곳이요 이질적인 공간이기에 결코 고향일 수 없다. 그러나 미국을 감히 고향이라고 부르는 사람들의 역사를 떠올려 본다. 그곳 원주민들을 타자화시키면서 처음부터 그 낯선 디아스포라 공간을 자신들의 것으로 만들어 버렸던 처음 이주민들의 역사 말이다. 길을 잃고 아메리카 대륙에 도착한 주제에 "이 이방인들은 누구인가?" 물었다는 그 오만불손하기 그지없는 주체였던 처음 이주민들의 역사. 그러나 델마바 지역이라는 주변적 공간에서, 미국 개발사에서 주변화된 채 살아가는 동안 이 첫 번째 이방인들은 본인들은 필시 의도하지 않았을(못했을) 지역성인 델마바 정신을 낳았다. 그리고 그들의 델마바 정신은 이제 새로운 시각과 새로운 문화적 가치를 가지고 유입되고 있는 은퇴 노인들, 흑인들, 그리고 한인들이 꿈꾸는 새로운 고향, 솔즈베리를 위한 지역적 상상력의 기반이 되었다.

물론 이 복합적 주체들의 고향은 자연스레, 평안히 만들어질 리 없다. 이들을 비주체로, 주변인으로 분류하고 낯선 시선으로 바라보는 토박이 백인들이 힘을 갖는 한, 결국은 침노해야만 새로운 고향, 새로운 익숙함이 만들어질 터이니 말이다. 그러나 그 '침노'는 과거 첫 이주민들이 행했던 제국주의적이고 일방향적인 폭력적 침노여서는 안 된다. '새로운 고향 만들기'는 적극적이고 주체적이어야 하겠으나 동시에 다양한 이주자들과의 상호 소통을 인정하고 추구할 정도로 지혜롭고 겸손해야 한다. 17세기부터 땅을 점유해 온 토박이들을 향해 이렇게 말을 걸면서 : "이 낯선 디아스포라의 땅을 다시 고향삼으려 하는 '나'(새로운 이방인)의 모습을 '바보'라 업신여긴다면 그건 바로 이 땅을 공유하고 함께 살아가고 있는 '너'조차 경멸함이야." 미국에 영국의 고향을 닮은 공간을 만들고 싶었던 영국 이주자들의 열망이 만든 솔즈베리, 미국에 한국을 닮은 공간을 만들고 싶어 땅을 사고 집과 교회를 짓는 한국 이주자들의 열망이 만드는 솔즈베리, 거기에 더해 생의 마무리를 아름답게, 관계적으로 만들려는 은퇴노인들의 열망, 안전하고 안정적인 가정을 다시 꿈꾸는 도시 빈민 흑인들의 열망, 히스패닉, 그리고 아주 최근의 아이티 난민들…… 이렇게 수많은 너와 나의 다른 열망과 차이를 존중하면서, 그러나 한 공간을 삶의 공동 터전으로 나누는 지역 공동체, 즉 더 큰 '우리'라는 공공의 삶을 만들어 가고자 서로에게 말을 거는 사람들, 그들이 결국에는 솔즈베리에 새 고향, 공동의 기억과 역사를 만들게 될 것이라 희망해 본다. 그리고 그들이 델마바 정신, 그 주변부의 시각을 기본 질료로 만들어 가는 새로운 고향은, 무한 경쟁을 최고의 가치로 여기며 벼랑 끝으로 내달리는 동안 돌아갈 곳, 머물 곳, 쉴 곳(고향)을 잃어가는 중심부의 사람들에게 무엇을 '잃어버렸는지' 일깨워 줄 것이다. 그리고 어쩌면 이들의 주변부적 삶으로서 새 고향은, 온 밭을 초토화시키며 번져가는 겨자풀처럼 그렇게 중심부를 침노하게 될지도 모른다.[22] 제국주의적 무력의 열망으로 인함이 아니라, 그 생명력과 의미를 주는 삶의 방식이 가진 본연의 힘으로 인해.

참고 문헌

남창식, "청교도와 인디언," 새길 논단 열린 문화, 『새길이야기』, 도서출판 새길, 2009, 겨울호.

민경희, 『미국 이민의 역사 : 이론과 실제』, 개신, 2008.

브라이도티, 로지, 『유목적 주체』, 박미선 옮김, 여이연, 2004.

서경식 · 김상봉, 『만남』, 돌베개, 2007.

스미스, 앤터니, 『국제화 시대의 민족과 민족주의』, 강철구 옮김, 명경, 1996.

아감벤, 조지, 『호모 사케르, 주권 권력과 벌거벗은 생명』, 박진우 옮김, 새물결, 2008.

아파두라이, 아르준, 『고삐 풀린 현대성』, 차원현 · 채호석 · 배개화 옮김, 현실문화연구, 2004.

애피아, 콰메 앤터니, 『세계시민주의』, 실천신학연구회 옮김, 바이북스, 2008.

에렌라이히, 바바라, 『빈곤의 경제』, 홍윤주 옮김, 청림출판사, 2002.

윤인진, 『코리안 디아스포라 재외 한인의 이주, 적응, 정체성』, 고려대출판부, 2004.

이선주, 「미국 이주 한국인들의 디아스포라적 상상력 : 이창래의 『네이티브 스피커』」, 『미국소설』 15권 1호, 2008. 6.

이정덕, 「재미 한인의 다민족 관계, 뉴욕을 중심으로」, 문옥표 외, 『해외 한인의 민족관계』, 아카넷, 2006.

진, 하워드, 『미국민중사, 1492~현재까지』 1권, 이후, 2009.

22 수많은 지역성이 서로 보편의 지위를 차지하고자 경쟁하는 세계라는 큰 공간을 살면서, 제국주의적 열망과 역사적 과오를 잠재우는 가장 쉽고 널리 보급된 '문화상대주의'적 입장에 반대하는 나로서는 델마바 지역이 가진 이 주변적 지역이 (재)생산해 내는 지역성이 보편성의 자리를 놓고 다른 지역성들과 경쟁하게 되기를 희망한다. 새로운, 열린 보편성 논쟁에 대해서는 논문 지면상 발전시키지 못했지만 그 가능성과 필요성을 놓고서 지속적인 고민을 해보고 싶은 주제다.

톰린슨, 존, 『세계화와 문화』, 김승현 옮김, 나남출판, 2004.

Carl, Bode, *Maryland*, Oregon: Bodine & Associates, Inc., 1968.

Cooper, Richard, *Profile of a Colonial Community Salisbury Town and Wicomico County on Maryland's Eastern Shore*, Baltimore: Gateway Press, 1986.

_____, *Salisbury in Times Gone By*. Baltimore: Gateway Press Inc., 1991.

Corddry, George H., *Wicomico County, History*, Salisbury, MD: Peninsula Press, 1981.

DeVencent-Hayes & Andy Nunez Gianni, *Images of America Wicomico County*, Chicago: Arcadia Publishing, 2008.

Evans, Middleton, *Maryland in Focus*, Baltimore: Middleton Press, 1988.

Foley, A. M. & Freddie T. Waller, *Elliot's Island: The Land Time Forgot*, Elliot Island, MD: Dogwood Ridge Books, 1999.

Marks, Carol, ed., *Lift Every Voice*, Wye Mills, MD: Chesapeake College Press, 1999.

Wingate, Phillip J, *Before the Bridge*, Centreville, MD: Tidewater Publishers, 1985.

구술생애사 방법을 통한 이주자의 사회경제 계층 이동의 제한 연구*

이선주

1. 연구의 목적과 구술생애사 연구방법론

20세기 마지막 십 년부터는 전 지구적 자본주의와 세계화라는 말이 더 이상 학문의 장에서 현실을 비판적으로 점검하기 위한 과장 섞인 용어가 아니다. 지극히 있는 그대로의 현실을 말하는 용어다. 일반인들이 자신이 가지고 있는 주식의 변동에서, 환율이나 수입품과의 가격 비교에 따른 생업에서의 이득 변동 등에서 매일매일 세계화를 피부로 느끼며 산다. 그냥 느끼면 되는 게 아니라 그 안에서 자신이 살아갈 방법을 머리를 싸매며 짜내야 하는 생존의 현장이다. 자본과 물자와 정보가 국가의 경계를 수시로 넘나들고 각각의 개인은 한 국가가 아닌 세계를 대상으로 자신의 위치 정하기를 하며 살아가야 한다. 그럼으로써 자유 의지가 있는 생명이기에

* 이 글은 이화여자대학교 『탈경계인문학』 제6집(2010)에 실린 논문을 수정 · 보완한 것이다.

앞의 다른 것들보다 이동이 쉽지만은 않은 사람들까지도 현 터전의 기반과 정을 떼어내며 더 나은 일자리를 찾아 국경을 넘는다. 아르준 아파두라이Arjun Appadurai도 확장해 가는 현대성에 따라 사람들의 풍경 즉 에스노스케이프ethnoscape가 여행자, 이주민, 임시 노동자, 여타의 이동 중인 집단들과 개인들로 현저히 달라졌음을 지적한다(아파두라이, 2004: 61). 물론 출생과 거주, 부모 · 자식 관계에 대한 전통적인 형태들이 여전히 존재하지만 더 많은 사람과 집단이 이동하지 않을 수 없는 현실을 대면해 유동의 흐름을 만들어내고 있다. 이러한 현실에서 근대 이래로 인간의 삶과 상상력의 틀로서 막강한 위력을 발휘하던 국가의 위상 약화가 두드러진다.

세계화 속에서 정말 국가는 그 위력을 상실하고 있는 것일까? 자본 증식을 위한 맹렬한 운동과 초국가적 차원에서 대응의 필요성이 국가의 위상을 예전 같지 않게 만든 것은 부인할 수 없는 사실이다. 그러나 사람의 이동과 관련해서는 국가의 위력이 별로 약화되지 않았다. 이민 정책과 국경 강화를 통해 국가들은 사람들의 국제적 흐름에 핵심적 영향력을 계속 행사하고 있다. 어느 나라 출신의 사람을 받아들이고 몇 퍼센트까지 받아들일 것인가, 어떤 직종에 효율적으로 배분해 자국인이 회피하는 부족한 업종의 인력을 보충할 것인가는 모두 국가의 긴요한 정책 사안이다. 국가들은 이주를 통제하려는 노력을 전혀 포기하지 않고 있고, 특히 국가들은 잃어버렸던 국가의 위력을 국가 안보를 내건 이민 정책을 통해 다시 확보하려 하고 있다. 우리나라와 일본은 이주 노동자에 대해 엄격한 법 규정을 적용하는 통제 정책을 쓰고 있고 이민자의 나라여서 다른 어느 나라보다 이주민에 대해 좀 더 신축적이었던 미국도 9 · 11 테러 이후 이민 정책의 빗장을 잠그기 시작했다. "부시 행정부는 '국경 보안 강화 및 비자입국개혁법'을 제정해 이주를 엄격히 통제하기 시작했다"(황혜성, 2009: 341).

이주를 통해 새로운 땅과 국가에서 사람들이 새롭게 인생을 시작하려 할 때 능력에 따라 직업을 선택하는 것이 어느 정도 가능할까? 필자는 이화여자대학교 탈경계인문학연구단에서 진행하는 구술 아카이빙 중 이주자에 대한 구술 작업을 틈틈이 2년 정도 진행해 왔다. 이주의 경험을 한 탈북자, 중국 조선족 이주 노동자 혹은 혼인 이주자, 그리고 미국 이민자, 미국에 이민 갔다가 어른이 되어 한국으로 다시 돌아온 경우, 또다시 미국으로 돌아갈 사람 등 다양한 사람들을 구술해 왔다. 구술의 일차적 목적은 이주에 대한 연구를 할 사람들이 우리 연구단의 아카이빙 자료를 이용할 수 있도록 하는 채록에 있었고, 나 자신이 어떤 논문 주제를 가지고 구술 대상을 찾거나 질문지를 작성한 것은 아니었다. 그렇게 특정 연구 주제를 가지고서 접근한 것이 아닌 구술 채록이었는데도 20명 이상을 2시간 정도씩 이야기를 나누고 녹취와 검독을 하느라 다시 읽어보는 과정을 거치면서 이주한 이들 모두에게 해당되는 공통점을 발견하기 시작했다. 이들은 이주한 이유도 각기 다르고 송출국이나 유입국이 같지만은 않은데도 어쨌든 이들이 본국을 떠나 이주국에서 어떤 직업을 갖고 어떤 사회적 신분에 위치하게 되느냐는 바로 출신국 즉 본국의 정치경제적 위상에 따라 크게 달라진다는 것이다. 이들은 본국을 떠났다고 떠날 수 있는 게 아니다. 떠날 수 있는 정도가 아니라 본국은 도착한 나라에서 자신의 직업과 사회적 위치가 정해지는 데 가장 막강한 영향력으로 작용한다. 개인의 능력이 아니라 세계 구도 속에서 본국의 경제력과 정치력과 위상이 이주자의 사회경제적 틀을 결정하기 때문이다. 떠난 사람의 타국에서의 사회경제적 위치까지 결정짓는 데서 국가의 흔들림 없는 위력을 보게 되고, 이는 다시 개인이 살아내야 할 현장인 세계 속에서 경제의 위계화를 확인한다.

이 글은 필자가 구술한 사람들 중 이주자의 사회경제 계층에 미치는 출신국의 영향이라는 주제와 연관되는 사람들을 선별해 자료로 사용했다. 탈북자의 경우는 이주를 하지 않을 수 없게 북한의 정치경제적 상황이 강제한 측면이 강해서 난민refuge에 더 가깝다고 할 수 있기 때문에, 그리고 대상을 조선족과 미국 한인으로 한정해 논의를 좀 더 집중하기 위해 여기에서는 다루지 않았다. 이 연구는 조선족과 미국 한인에 집중해 이주자의 사회경제 계층에 미치는 출신국의 영향을 다루고자 한다. 중국 조선족에서는 한국으로 일을 찾아 이주한 이주 노동자 두 사람(손명자, 김순정), 한국 남성과 결혼해 온 조선족 혼인 이주자 두 사람(이애숙, 이영희), 이렇게 네 가지 사례를 다루었고, 미국으로 이민한 사람으로는 이민 초창기인 1970년대에 이민을 간 사람 위주로 5명(이정윤, 김정미, 조자룡, 이영미, 이혜순)을 다루었다.[1] 미국 한인 중 김정미 씨와 이정윤 씨는 어렸을 때 부모를 따라 미국으로 이민 가서 둘 다 한국 유학생과 결혼했고, 김정미 씨는 남편과 한국으로 돌아와 결혼 생활을 하는 경우이고, 이정윤 씨는 미국에서 직장 생활을 하는 남편이 한국에 주재원으로 파견되어 현재 함께 나와 있는 경우다. 그래서 두 사례는 미국 한인의 경우이면서도 'return migration' 즉 순환 이주[2]에 해당하는 경우다.

필자가 중국 조선족과 미국 한인을 연구 대상으로 선택한 데에는 몇 가지 이유가 있다. 첫째, 조선족과 미국 한인이 한국인이 관련된 이주 중 가장 많은 부분을 차지하고 있기 때문이다. 둘째, 중국의 힘없는 소수 민족 중 하나로서 위치하는 조선족이 한국으로 이주한 경우와, 1970년대 미국으로의 이주가 활성화되면서 가난한 제3세계인 한국에서 이민을 간 한인들의 경제적 입지는 매우 비슷한 열악한 계층 구조를 보여 주고 있기 때

1 구술자와 구술 내용에 대한 안내는 이 글 말미에 [부록]으로 첨부했다.
2 'return migration'은 귀환 이주라고도 번역되나 영원히 본국으로 돌아온 것이 아니라 대부분 본국과 이주국을 오가는 형태를 취하기 때문에 순환 이주라고 하는 게 더 타당하다.

문이다. 셋째, 중국 조선족은 자신의 할아버지나 아버지가 만주로 이동해 중국에 정착했다가 현재 일자리를 찾아 본인이 조상의 모국으로 다시 돌아온 경우로서 1990년대에 일본으로 일자리를 찾아 돌아온 일본계 브라질인들의 경우와 똑같이 순환 이주다. 미국으로 가족 이민을 갔다가 결혼이나 일 때문에 성년이 되어 다시 돌아온 김정미, 이정윤 씨의 경우가 순환 이주다. 똑같이 다시 모국으로 돌아온 순환 이주이지만 조선족과 미국 한인에 대한 모국인 한국에서의 대우는 현격히 다르다. 그 차이는 일본이나 유럽에서 다시 돌아온 한인과 조선족을 비교하는 경우보다 훨씬 격차가 큰 경우여서 출신국에 따라 이주자의 사회경제적 입지가 어떻게 크게 달라지는지를 잘 보여 줄 것이기 때문이다.

세계 구도 속에서 본국의 경제력과 위상이 이주국에서 이주자의 사회경제 계층에 크게 영향을 미친다는 것을 시사하는 문헌 연구들은 있어 왔다. 전 지구적 자본주의라는 거시적인 틀에서 연구를 한 사스키아 사센 Saskia Sassen의 『노동과 자본의 이동*The Mobility of Labor and Capital*』과 『세계화와 그 불만*Globalization and Its Discontents*』, 설동훈의 『노동력의 국제이동』이 이 글과 연관된 연구다. 이 주제를 직접 연구한 것은 아니나 샤론 할리Sharon Harley가 편집한 『글로벌 경제에서 여성의 노동*Women's labor in the Global Economy*』과 동숙 질스Dong-Sook Gills와 니콜라 파이퍼Nicola Piper가 편집한 『글로벌 아시아에서 여성과 노동*Women and Work in Globalising Asia*』에서 여성 노동의 국제적 흐름은 이주자의 이주국에서의 계층에 미치는 본국의 영향력을 짐작하게 해준다. 필자가 이 주제를 사람들을 만나 심층 면접을 한 구술생애사 방법을 통해 하는 것은 앞에서도 언급한 것처럼 연역적인 방법이 아니었다. 이주 문제를 공부할 연구자들을 위한 채록의 목적으로 시작한 이주 구술을 상당 기간 해오면서 많은 이주자의 생애에서 바로 이 끈질긴 출신국의 영향력을 귀납적으로 발견하게 되었다. 그런 만큼 그 사실성이 더 크게 부각된다. 아울러 필자는 중국과 미국으로 이주해 간 한국인들의 후손이 한국 사회로 돌아왔을 때 어떠한 삶의 경험을 하며, 그 차이점은 어디에서 오는 것일까라는 아직 문헌 연구가 거의 되어 있지 않은 부분을 순환 이주자들에 대한 구술을 통해 할 수 있었다. 구술생애사 방법은 개인의 일상적 삶 속에서 노동의 위계적 세계화를 읽어내게 하며 증거 수집과 일반화를 위한 시간 지체가 필연적인 문헌 연구보다 앞서서 현재 이동 중인 사람들의 생애 구술을 통해 순환 이주를 다룰 수 있는 장점이 있었다.

질적 연구 방법은 "연구자가 연구 대상의 행위와 개념이 놓여 있는 맥락인 연구 대상의 일상적 삶에 참여하거나 관찰하면서 연구 대상이 가지고 있는 경험 세계와 가치관을 당사자의 주관적 시각으로 이해하는 연구 방식을 말한다. 질적 연구 방법에는 현지 조사fieldwork, 문화기술지 ethnography, 민속학, 민속방법론ethnomethodology, 구술사, 생애사, 현상학, 텍스트 분석, 초점집단 연구focus group interview 등이 있다"(윤택림, 2005: 18). 구술사와 생애사는 각각 질적 연구 방법에 속한다. 구술사는 응답자가 연구자의 질문에 문자가 아닌 말로써 풀어나가며 답변을 한 것으로 특정 역사적 사건에 대한 증언일 수도 있고 자신의 생애를 자연스럽게 이야기해 나간 생애사일 수도 있다(Popular Memory Group, 1982: 207). 생애사는 자서전과 같이 자신의 생애를 글로써 쓴 경우도 있고 말로 구술한 경우도 있다. 이 글이 구술생애사라 함은 조선족과 미국 한인들을 만나 그들의 생애를 자연스럽게 얘기해 나아가도록 하면서 중간중간 질문을 하여 그냥 평이한 인생 이야기가 아닌 사회경제적 맥락 속에서 살아나가는 한 개인의 생애가 압축적으로 드러나게 하는 구술을 말한다. 그런 의미에서 윤택림은 구술생애사는 특정 개인의 주관적 · 개인적 경험을 역사화할 수 있는 연구 방식이며, 심층 면접을 통해 구술자의 삶의 과정을 사회의 역사적 과정 속에 위치시키고, 그 의미를 도출해내는 작업"이라 했다(윤택림, 2009: 7).

구술생애사는 개인의 목소리로 개인의 성장과 삶을 이야기하는 것이다. 구술생애사는 개인의 주관적 경험을 회상을 통해 현재로 불러내는 작업이기 때문에 지극히 주관적이고, 또한 개인적일 수밖에 없다. 이러한 특성 때문에 대표성과 신뢰성을 요구하는 역사 연구나 다른 사회과학 연구에서 역사적 자료로서의 가치가 종종 논란의 대상이 되기도 한다(안병직, 2002: 37). 그러나 역설적으로 구술 자료의 가치는 바로 그 주관성과 개인성으로부터 온다. 구술생애사는 바로 개인을 통해 사회와 구조를 바라보는 연구 방식을 제공하기 때문이다. 어떻게 개인적이고 미시적인 구술생애사가 사회와 구조를 바라보는 방식이 될 수 있는지는 클리퍼드 기어츠Clifford Geertz가 민족지 기술이 갖고 있는 미시적 특성의 사회적 함축성을 설명하는 다음의 말에서 알 수 있다.

> 민족지 기술이 미시적이라는 말은 인류학자들은 자신이 지극히 밀접하게 파악하고 있는 작은 일들로부터 시작해서 점차 더 넓은 해석으로 더 추상적인 분석으로 나아가는 특징이 있다는 의미일 뿐이다. 인류학자들도 역사가나 경제학자 등이 좀 더 숙명적이고 중대하게 보이는 상황에서 부딪히게 되는 권력, 변동, 신앙, 억압, 노동, 정열, 권위, 아름다움 같은 거창한 현실과 직면하게 된다. 그러나 인류학자들이 그러한 것들과 만나게 되는 상황은 그렇게 거창하다고 볼 수 없는 즉 모호한 상황에서다. 우리 모두를 떨게 하는 그러한 거창한 낱말들도 이처럼 인간적이고 평범한 상황에서는 평범한 형태로 나타난다(Geertz, 1978: 35).

개인의 삶 속의 어떤 계기나 결정이 매우 개인적인 일이면서도 필연적으로 사회적 연관성과 함축성을 가지고 있다. 예를 들어 조선족과 미국 한인의 구술을 들으면서 필자는 그들이 그냥 상황에 밀려서, 혹은 자신이 선택해서 이주를 하게 되었다고 지극히 개인적으로 말하는 그 결정적 이주의 순간에서 그저 한 개인의 힘만 작용한 것이 아닌 매우 큰 사회경제적 요인들이 함께 작용했음을 보았다. 연구자의 역할 중 하나는 바로 개인의 삶의 사회적 위치나 의미를 해석해내는 것이라고 생각한다. 연구자만이 아니라 구술자들도 비록 거창한 추상적 용어로는 아니지만 자기를 에워싼 환경의 요인을 구술하면서 더욱 깨닫고 자신의 삶에 해석을 부여한다. 이 때문에 구술생애사가 어느 한 사람의 생애 이야기에 머물지 않으려면 구술자와 연구자 공동의 해석 작업이 필요하다. 구술생애사의 첫 번째 특징은 그러므로 해석적인 연구라는 것이다. 구술자는 구술을 하는 과정에서 자신의 인생을 의미화하는 해석 작업을 하는 것이며, 연구자는 구술자에게서 들은 생애에서 개인적 · 사회적 의미를 해석해낸다.

구술생애사의 두 번째 특징은 사회적 맥락을 되짚어보는 연구라는 점이다. 아모스 해치Amos Hatch와 리처드 위스니스키Richard Wisniewski는 생애사가 다른 형태의 서사narrative와 구별되는 점으로 개인의 생애 사건과 사회적 사건과의 연관성을 든다. "그 사람의 생애가 단순히 사건들의 집합으로서 보여지는 것이 아니라 특정 시간과 장소에서 살아온 존재로서 보여진다는 점이다"(Hatch & Wisniewski, 1995: 115). 바로 사회경제적 컨텍스트와의 연결 때문에 생애사는 서사를 한 단계 더 깊이 데려간다. 생애사의 힘은 개인들의 독특한 경험과 넓은 사회적 · 정치적 경제적 구조의 구속 사이의 상호 작용에 있다(이희영, 2005: 126). 이들 구속을 생애 이야기 속으로 예술적으로 짜넣어 이 구속들이 눈에 가시화되지는 않지만 그래도 그 존재가 아주 중요한 본질적인 것이 되도록 하는 데 있다. 윤택림도 "구술사는 다른 사회과학 연구에서 다루기 힘든 개인의 사적 · 주관적 경험을 드러나게 하고, 그 개인의 삶은 바로 그 개인이 위치하고 있는 특수한 역사적 상황 속에서 이루어지고 있기 때문에, 개인의 삶은 단순히 개인적인 것이 아니라, 정치적이며 또한 역사적인 것이 된다"(윤택림, 2009: 7)고 말한다. 아울러 구술생애사의 사회적 맥락 방식은 다른 학문 연구와 달리 독특하다. 다른 연구들이 대부분 문화나 사회와 같은 큰 개념을 가져와서 한 특정 아이디어를 이해하는 데 사용하는 데 반해서, "구술생애사 연구는 문화와 사회 같은 커다란 개념이 어떻게 한 개인에 의해 정의되고defined 만들어지는지를 이해하고자 하는 연구"다(Hatch & Wisniewski, 1995: 117). 즉 구술생애사 연구는 구술자 개인이 살아온 인생에 방점이 찍히며 그 인생 속에서 사회경제적 맥락이 어떻게 연결 · 작용하는지를 이해하게 되는 귀납적 작업이다.

셋째, 구술생애사는 심층 면섭으로 이루어져 이떤 다른 질적 연구 방법보다도 구술자와 연구자 간의 우호적 친밀감rapport 형성이 중요하다. 자신의 삶을 제3자에게 이야기하고 더군다나 기록에 남기도록 허락한다는 것은 웬만한 믿음이나 당위성이 없으면 이루어지지 않는 일이기 때문이다. 우호적인 친밀감 형성을 위해서는 구술 전 사전 예비 접촉을 하고 연구의 성격과 목적에 대한 상세한 설명이 있어야 한다. 구술자의 긴 인생 여정 속에서 어떤 부분의 이야기를 얼마나 깊이있게 풀어낼 수 있게 하느냐는 두 사람 모두에게 달려 있다. 면담을 한 연구자가 바뀐다면, 그 면담자의 관심사나 성향에 따라 구술자의 생애사도 다르게 나올 수 있다. 그런 면에서 구술생애사는 구술자와 연구자가 공동으로 만들어 가는 작업이다. 연구자의 질문은 구술이 나아가는 방향에 영향을 미치고 연구자의 반응은 구술자의 답변에 파장을 미친다. 예를 들어 연구자는 공감의 표현으로 구술자의 더 깊은 얘기를 끄집어낼 수도 있고, 너무 단정적 언급이나 성급한 맞장구로 구술자의 이야기가 계속되지 못하고 멈추게 하기도 한다. 구술자와 연구자의 관계가 구술 텍스트의 속성을 만들어 가기 때문에 구술생애사는 공동 작업의 성격을 띤다.

구술생애사 연구 방법과 관련해 학자들이 많이 논의와 논란을 거듭하는 이슈는 생애사에서 '훌륭한' 작품이라는 판단 기준의 문제와 윤리적인 민감성의 문제다. 생애사 연구 학자인 해치와 위스니스키는 같은 분야의 학자들 약 80명에게 설문 조사를 한 결과 학자들은 이 두 가지 이슈를 생애사 연구에서 중요하면서도 어려운 문제로 꼽았다(Hatch & Wisniewski, 1995: 120). 생애사에서 훌륭한 작품이라는 것을 판단하는 기준의 문제는 정말 쉽지 않다. 무엇이 '좋은' 생애사일까? '좋은' 이야기만으로 충분할까? 무엇이 진정한 생애사를 만드는 것일까? 생애사를 학문적 자료로 만들기 위해 이야기에 무엇이 더해져야 할까? 이 질문은 필자가 이 글을 작성하면서 많이 듣던 질문이었고 아마도 구술 면담을 해본 사람들은 대부분 자신에게 되묻는 질문일 것이다. 하지만 이 대답은 현재 필자의 역량을 넘어서는 것이고, 이 글에서 다루려는 부분도 아니다. 다만 한 가지 분명한 것은 학문적 자료로서 좋은 구술생애사가 되게 하기 위해서는 연구자 측에서 선행 지식을 가지고 적합한 구술자를 섭외하고 적합한 질문지를 작성하고 면담자와의 열린 관계 형성을 위해 시간과 노력을 많이 들여야만 가능하다는 것이다.

왜 구술생애사를 비롯한 질적 연구 방법에서는 유난히 윤리적인 문제가 민감하게 다루어지는가? 문헌 자료를 읽을 때와는 달리 녹음된 구술을 받아쓴 녹취록을 읽을 때면 그때 그 얘기를 하던 당시의 정황이 또렷이 떠오르고 논문과 관련된 녹취의 해당 부분을 발췌할 때에도 혹시 그릇되게 도용하는 것은 아닌가 항시 조심스러운 마음이 들게 된다. 그 이유는 질적 연구는 연구 대상이 통계 숫자 뒤에서 익명성을 유지할 수 있는 양적 연구와 달리 연구자와 연구 대상이 서로 직접적이고 대면적인 관계

맺기를 통해 이루어지기 때문이다(Kirk & Miller, 1986: 15). "연구자가 구술자와 어느 정도 라포르 즉 신뢰성과 상호 이해를 확보해야 (구술사) 연구가 가능하다"(윤택림, 2005: 180). 자기 자신을 다른 사람의 연구 과정에 노출한다는 것은 진실을 말하기, 신뢰, 공정성, 존중과 같은 예민한 이슈에 자신을 내놓는 것이다. "구술자가 자신들이 생애사 연구자와의 관계망에 들어오기로 동의하면서 취약해vulnerable지게 된다는 것에는 의심의 여지가 없다"(Hatch & Wisniewski, 1995: 119). 생애사 작업에서 중요한 이슈는 우리가 비판하고 있는 바로 그 불평등한 권력 관계를 만들어내지 않도록 구술자들을 공정하게 연구에서 다루는 문제다(메이슨, 1999: 71). 윤리적 딜레마에 대처할 수 있도록 하기 위해서는 연구 목적을 명확히 밝히고 연구 결과가 어떻게 사용될 것인가를 분명히 해야 한다. 또한 구술자에 대한 정보를 보호해 연구자와 연구 대상의 권력의 비대칭을 보완하도록 노력해야 한다.

2. 이주자의 사회경제 계층에 미치는 출신국의 영향

나나 오이시Nana Oishi는 아시아에서의 노동 이주를 다룬 책에서 "유입국에서 이주자의 수요와 임금 수준의 결정은 개인의 능력에 의해서가 아니라 국가별 스테레오타입에 의해 결정된다"(Oishi, 2005: 49)고 말한다. 한 국가의 이민 정책에서 식민지였다거나 같은 종교라거나 하는 이유 등으로 국가들에 대한 선호도가 있다. 정부가 세운 범위 안에서 고용주와 직업소개소들은 이주자를 선택하는 데 핵심 역할을 한다. 이주자들의 임금은 고용주의 선호도에 따라 각 국가별로 결정된다. 오이시는 아시아 여러 나라에 유입한 이주자들을 비교해 본 결과 필리핀인들이 아시아 전체에서 가장 높은 임금을 받는다고 말한다(Oishi, 2005: 51). 필리핀인은 세계 지배 언어인 영어로 의사소통이 가능하고 다른 나라 이주자에 비해 교육 수준이 높기 때문이다. 이주자의 시장 임금은 그러므로 각 개인의 능력에 의해서라기보다는 오히려 특정 국가의 전반적인 자격에 기댄 스테레오타입과 편견에 의해 결정된다. 이 글에서는 출신국에 따라 이주자의 경제 수준과 사회적 입지가 상당히 크게 결정지어져 버리는 상황을 조선족 노동 이주자와 혼인 이주자, 그리고 미국으로 이민 간 한인들을 통해 살펴보고자 한다.

노동이나 혼인 이주로 한국으로 들어온 조선족의 사회경제 계층

1980년대 후반 즈음부터 우리나라는 외국인 노동자들을 필요로 하는 유입 요인이 매우 커지게 된다. 일본과 함께 한국은 경제가 급속히 성장하고 있었고 많은 일자리가 창출되었다. 그즈음 노동자 투쟁으로 임금이 크게 상승해 노동력 송출국과 임금 격차가 확대되었고 원화는 아시아 국가들의 통화와 비교할 때 강세를 유지했다(설동훈, 2000: 153). 또한 급속한 도시화로 국내의 농촌 인구를 통한 노동력 충원은 고갈되었고 저출산과 고령화가 진행되고 있었다. 더욱이 경제 발전에 따라 사람들의 생활 양식이 변화하면서 노동 시장에서 육체 노동에 해당되는 3D 업종에 대한 기피가 두드러지게 되었다. 우리나라의 이와 같은 사회경제적 상황들이 외국인 노동력을 필요로 하는 유입 요인이었다. 이에 반응해 경제 수준이 낮은 나라 사람들은 높은 임금과 높은 통화 차이와 많은 일자리에 유혹되어 한국으로의 취업을 열망하게 되었다. 이에 한국은 일본과 마찬가지로 같은 혈통이며 같은 언어를 사용하는 조선족을 우선적으로 받아들이게 된다. 옌볜延邊에서 일자리를 찾아 한국으로 온 손명자 씨는 1990년도 즈음에 한국 바람이 불었던 상황을 이렇게 말한다.

> A : 1989년, 90년도부터 이 한국 바람이 불었어요. 그때 우리 올케가 처음에 나왔어요 한국을. 우리 시동생이랑 그때 다 나오고 그래 올케가 야, 지금 나오면 넌 엄청 번다 그러는데 그때는 이 한국땅이라는 게 돈을 버는 거 몰랐죠. 그때 우리 생각에. 우리 생활이 박하면 막 한국 가고 싶고 그러는데 그때 생활이 또 넉넉한 편이라 내가 쉽더랬고 신랑이 공무원 생활 해서 그 월급 갖고 살고 아들 대학 공부는 저희 또 뭐 신랑이 월급도 타고 마트 시장 하면서 거기서 나오는 돈으로 공부시키고 이 한국에 대한 미련은 그땐 정말 생각도 안 했댔어요. 그러다 차차차차 불어갖고 진짜 많이 나오고 우리 올케도 돈 엄청 번 거예요.
>
> Q : 근데 중국하고 한국하고 그렇게 차이가 많이 나요? 여기서 와서 번 차이가?
>
> A : 그때 당시에는 10 대 1이 비례됐댔어요.

1990년대 초에 브로커를 통한 입국 경비로 수백만 원 빚을 지고, 심지어 위장 결혼을 해서라도 한국 취업을 나오려는 배경에는 한국과 중국 간의 소득 수준 격차가 큰 역할을 했다. 손명자 씨도 임금 차이가 10 : 1이라고 하듯이 1990년 초에 한국에서 한 달 일해 번 돈이 중국에서 1년 버는 돈과 비슷한 수준이었다. 한국으로의 취업 동기를 보면 손명자 씨의 경우는 아들을 다른 지역의 사립대학에 보내기 위한 것과 노후 대비책이었고, 김순정 씨의 경우도 두고 온 아이 네 명의 교육비가 그 이유였다. 송출국의 주요 배출 요인은 '한국 바람'과 '자식에 대한 교육열'이었다. 그리하여 손명자 씨는 남편을 두고 단신으로, 김순정 씨는 아이 넷을 친정 엄마에게 맡기고 남편과 함께 한국행을 택한다.

조선족 이주에서 나타나는 특징은 한국 바람이 불 때 들어온 사람들의 경우 대부분 중국에서 가난한 계층이 아니라는 점이다. 한국 취업을 위해서는 상당한 비용이 들기 때문에 극빈층은 생각할 수 없었기 때문이다. 하층민이 아닌 중산층 사람들이 움직였다는 것은 더 나은 생활을 위해 이주를 감행하는 현상이 매우 보편화되었음을 보여 준다. 손명자 씨의 경우는 남편이 평생 공무원을 하고 있고 자신은 농사도 좀 짓고 마트도 운영하고 있어 경제적으로 어렵지 않았다. 한국에 이주 노동으로 온 사람들의 생활 수준을 묻는 필자의 질문에 손명자 씨는 최근 취업 비자를 받아 오는 경우는 가난한 사람들이 더 많이 나오나 그전까지는 모두 괜찮게 살던 사람들이 나왔다고 말한다. "경제력이 있는 분들이 그때는 왔지요. 그때는 남의 돈을 진짜 드텼[빌려] 써도 그거 물 능력이 없는 사람은 아예 이거 생각도 못했죠. 그래도 사람이 어느 정도 좀 똑똑해야잖아요. 남의 나라라는 게 좀 험한 일이 아니잖아요. 진짜 얼빤[어수룩]하고 하면 와서 일도 못하고 그런 처지잖아요. 일반적으로 다 생활이 괜찮은 사람들이 왔죠."

조선족 이주의 경우 가난한 층에서 이주를 시작한 것이 아니었기 때문에 한국에 와 사회적 신분에서 상당한 전락을 경험한다. 같은 동족임에도 '조선족'이라고 부르는 용어에 이미 편견과 멸시가 스며 있듯이 한국 사회에 와서 조선족이라는 이질성 때문에 겪는 차별과, 또한 생전 해보지 않은 남의 집일이나 식당일을 하면서 겪는 사회적 강등의 경험을 한다. 이러한 수모를 겪으면서도 계속 오게 되는 것은 한국에서 단기간에 압축적으로 돈을 벌 수 있다는 경제적 요인 때문이다. 경제적 이점은 기본적으로 인정하면서도 한국에서의 고된 생활을 모든 조선족 여성이 한결같이 토로했다. 다음은 김순정 씨의 말이다.

A: 벼룩시장 보고 수원에 무슨 함바식당에 가 일 했어요. 그때는 80만

원 받고. 진짜 막막막 눈물이 매일 울다시피 했고, 애들 넷 놔두고 온 게 가슴이 아프고 그래서 이 집에 애들하고 이 전화 걸면 울어가지고 아저씨가 전화를 못하게 했어. 애들 보고 싶고 그 너무 어린것들 놔두고 오고 한참 엄마 손 이제 바라는 애들인데 이제 저 어머니한테 이제 거기 맽겨놓고 나오니까 가슴 아프고…….

Q : 그때 아저씨도 나와서…….

A : 아저씨도 나와 계시죠 그래가지고 함바식당에서 한두 달도 안 돼요 하다가 안 그러면 계속 할 건데 제가 너무 스트레스 받아가지고 막 안하겠다고 막 울면서 나왔어. 그래 나와 갖고 봉급도 한 3, 4개월 걸려서 안 줘 가지고…….

조선족 이주에서 또 두드러진 특징은 여성이 많다는 점이다. 필자가 구술을 하려고 소개받는 사람들도 대부분 여성이었고 실제 "통계상으로도 혼인 이주 여성까지 합하면 조선족 중에서 여성이 남성의 2배가 넘는다"(이혜경 외, 2006: 259). 한국에 온 외국인 노동자의 1/3 이상을 차지하는 조선족 중 여성이 압도적으로 많은 데는 조선족 노동의 수요가 여성들이 하는 일에 집중되어 있기 때문이다. 대부분 식당이나 가정집, 혹은 병원 간병인으로 취업했다. 이들은 처음에는 매우 낮은 수당을 받으며 식당에서 힘겹게 일하고 점차 병원의 간병인으로도 일하다가 나이가 더 들면 육체적으로는 좀 더 편안한 가정부로 입주하는 경향을 보였다. 오이시는 홍콩과 싱가포르를 중심으로 외국인 노동자 중 국가가 유독 외국인 가사 노동자의 수요를 확충하는 정책을 펴고 있다고 말한다. 외국인 가사 노동자의 유입을 확충한 데에는 자국의 여성 노동력의 필요성이 증대해 여성의 취업을 장려하면서도 육아 복지에 장기 투자하기보다는 육아와 가사를 저렴한 이주 여성 노동자에게 전담하게 하는 정책과 맞물려 있다고 본다(Oishi, 2005: 32). 최근 특히 한국에서 가사도우미로 입주한 조선족 여성의 수가 크게 증가하고 있는데, 이 수요 증가는 저렴한 비용으로 국가 경쟁력을 고양하는 정책과 연결되어 있다.

이주의 여성화를 촉발하는 또 한 양상은 혼인 이주다. 1990년대 들어 일본처럼 한국도 아시아 여성들을 결혼을 위해 받아들이기 시작했다. 낮은 출산율 때문에 특히 농촌 지역에서 신부 구하기가 어려워졌기 때문이다. 여성들은 힘든 농사일과 시골 거주나 낮은 생활 수준과 같은 열악한 요인 때문에 시골 사람과 결혼하기를 기피했다. 신부 부족과 농촌 인구 감소를 개선하려고 지역 당국은 미혼의 중년 농부와 외국인 신부를 나서서 연결했다. 출신국에 따라 이주자의 사회경제적 위치가 결정되는 현상은 노동 이주만이 아니라 혼인 이주의 경우에도 그대로 나타났다. 조선족 여성과의 결혼이 현실적으로 연애 결혼이라기보다는 한국인 남성이 단체로 가서 단기간 머물며 선을 보고 오는 형태이기 때문에 그러한 현상이 그대로 반복되었다. 강원도 횡성으로 시집 온 중국 조선족인 이애숙 씨는 고등학교를 옌볜을 떠나 상하이上海에서 다녔고, 상하이에서 한국인 회사에 3년 동안 취업해 한족과 한국인을 통역해 주는 일을 했다. 의사인 한족까지도 지원한 한국인 회사였다고 하니 그녀는 매우 좋은 직장 경력을 가지고 있었다. 옌볜에 선보러 온 현재 남편을 친척 소개로 만나 결혼한 뒤 한국에서의 첫날을 다음과 같이 말한다.

A: 적응하는 데 남들은 어렵다고 그러는데 저는 와갖고 시골에 딱 내렸는데 진짜 캄캄한 거예요. 우천면이 또 면 단위라 불 하나 없잖아요. 밤 비행기로 와갖고 늦게 떨어졌으니까 횡성 들어가는데 산 많잖아요. 옛날 좁은 길로 들어가면 다 산이잖아요, 가도가도 끝이 없는 거예요.

Q: 속이 답답했겠네요?

A： 예. 어디로 가냐고? 집으로 간대(함께 웃음).

나는 오면서 제일 처음에 물어본 게 집에 버스 와서 서냐 앞마당에, 차가 다니냐 물어봤어요. 차가 다니게 되면 너무 시골은 아니잖아요. 그랬더니 차가 문 앞까지 온다는 거예요. 솔직히 차가 문 앞까지 오는 건 맞잖아요. 몇 개 안 돼서 그렇지.

집으로 간다면서 한없이 불도 안 켜진 산골로 들어가던 황당한 기억, 일정한 일자리도 없이 "노가다 뛰고" 있는 남편 얘기를 그녀는 담담히 구술한다. 마을 사람들이 보았을 때도 그녀가 조선족이라는 이유로 상당히 불리한 결혼을 했다고 여기는 모습이 "그녀가 언제 돌아가느냐"가 마을 사람들의 관심사였다는 데서도 엿보인다.

A： 예 그냥 포기 상태에서, 또 이런 들려오는 얘기들 있잖아요. 누구는 갔다 뭐 누구는 신랑한테 맞아서 뭐 어떻게 됐다, 이게 그게 빅 뉴스였어요. 그렇게 시골 동네에 그런 사람들 또 더 많잖아요. 그러니까 관심사가 다 쏠리는 거예요. 그러다 보니까 우리 동네에서 지금 나하고 또 다른 분이 있었어요. 나는 젊어서 온 거고 그 아줌마는 재혼으로 온 거였어요. 근데 나가서 밭일이랑 많이 했나봐. 그래 하다가 끝내는 못 견디고 나간 거예요. 근데 또 나가니까, 저희 신랑 문씨거든요, 문씨네 며느리는 또 언제 갈까, 막 소문이 그냥 쟁쟁한 거예요. 나가서 아줌마들하고 수다를 못 떨어요. 나가서 한 마디 하면 이게 퍼져가지고 동네에 또 이게 빠르잖아요. 소문에 소문이 (웃음) 뭐 어쩌지도 못하고 그냥 집에만 있으니까 시부모들은 딱 그런 스타일 좋아하잖아요. 그냥 가만히 얌전히 살림만 해라, 그니까 밭일 안 한다 뭐 안 한다 이런 얘기를 아예 안 하는 거야. 그냥 집에 살림만 내가 다 도맡아서 하니까 그냥 시부모들 같은 경우에는 진짜 백 점짜리 며느리였었던 거지.

마찬가지로 중국 옌벤에서 고등학교를 나오고 1997년 강원도 횡성으로 시집 온 이영희 씨는 2000년대 초반에 들어서서는 이제 혼인 이주가 필리핀이나 베트남 여성으로 이전되었음을 보여 주는 이야기를 한다. 자신이 온 지 몇 년 후부터는 동남아에서 온 신부들을 주변에서 가끔 보게 되었다고 말한다.

> 외국인 주부 그런 모임에 가보면 좀 안됐죠. 말이 안 통하니까 일단은. 그리고 외모적으로도 딱 봐도 표가 나잖아요, 표가 나고 애들한테도 마이너스잖아요. 나이 차이가 너무 많은 사람이잖아요. 50대? 50대 된 아저씨가 20대 막 된 필리핀이나 그런 애를. 그런 거 보면 저는 그런 건 진짜 싫거든요.

한국인들이 기피하는 노동들을 훨씬 저렴한 비용에 조선족들에게 떠맡기는 현상은, 시골로의 결혼을 지극히 기피하는 한국인 여성을 대체해 조선족 여성들이 시집오는 데서 똑같이 반복된다. 짧은 기간 안에 그 자리는 다시 언어도 모르고 경제 상황이 더 열악한 동남아 국가의 여성들로 채워지고 있다. 노동이든 결혼이든 이주는 이주자의 개인의 선택이나 능력에 따라 좌우되는 부분보다 유입국과 송출국 간의 정치경제 권력 관계가 훨씬 막강하게 작용하고 있음을 조선족의 사례들에서 보게 된다.

한국에서 미국으로 이주한 사람들의 사회경제 계층

필자가 다루고자 하는 미국 이민자는 5명(조자룡, 이영미, 이혜순, 이정윤, 김정미)이며, 이들은 모두 미국으로의 첫 이민 활성기인 1970년대

3 이혜순 씨만 1985년에 30대 말에 이주했는데 그녀의 형제자매들 4명이 이미 미국으로 이주한 상태여서 그녀의 생활 방식이나 생각은 1970년대에 이민한 사람들과 비슷해 여기에서 다루었다.

에 이민을 갔다.[3] 70년대의 합법적 이민자로만 연구를 집중한 이유는 이주국에서 불법 이주자가 어려운 처지에 놓이는 것은 기정 사실이어서 제외했고, 1990년대 즈음 재산을 처분해 부유하게 이민 간 사람들이나 IMF 이후 실직 상태에서의 열악한 이민은 논지의 입증에 타당성이 부족하다고 여겨져서다. 이 글은 1970년대 한국의 다양한 직업과 계층에서 그야말로 할당된 만큼의 돈만 가지고 이민을 갔던 당시의 사람들을 다루었다. 한국인의 미국 이민은 1970, 80년대에 아주 집중적으로 이루어졌고, 현재도 한국 이민자가 많지만 그 당시에 한국은 필리핀 다음으로 아시아에서 가장 많은 미국 이민자를 내었다. 1965년 개정이민법은 이민 차별 정책을 폐지하고 선착순으로 이민 비자를 발급하기 시작했고, 국가별 할당제를 반구별 할당제로 고쳤다. 또 미국 시민의 친척과 미국이 필요로 하는 기술과 능력을 가진 이민자들에게 우선권이 주어졌다. 1970년대 4백만, 1980년대 6백만 이상의 합법적 이민이 미국 땅에 들어왔다(황혜성, 2009: 336). 미국은 이 개혁안이 시민들의 친지를 우선적으로 허용하므로 유럽 백인들이 많이 유입될 것이라고 예상했다. 그러나 예상과는 전혀 다르게 이 중 약 40%가 아시아인이었고 약 39%가 멕시코를 비롯한 중남미 출신이었다. 즉 약 80%의 이민이 이전 미국에서 잘 대변되지 않았던 제3세계 국가로부터의 이민이었다.

그런데 1970년대의 이민 물결과 이민자의 인종 분포 변화는 그냥 이민법이 개정되어서 생긴 것이 아니다. 미국 내의 이주자 유입 요인과 제3세계 국가에서의 유출 요인이 맞물려 이민법 개정을 이끌어낸 것이다. 1960년대부터 미국 내에서 저임금 노동 인력이 많이 부족해졌다. 미국의 이주 유입 요인은 앞에서 살펴본 1980년대 말 한국에서의 외국인 노동자 유입 요인과 매우 흡사하다. 사스키아 사센Saskia Sassen은 1960년대 초반에 몇 가지 연관된 발달 사항들이 미국인 내에서 저임금 노동력을 하는 사람들의 현저한 축소를 가져와 저임금 노동력의 수요가 팽창되었음을 지적한다(Sassen, 1988: 55). 지금껏 다량의 저임금 노동의 공급원이었던 시골 농부들의 도시로의 이주가 이제 거의 끝물로 가고 있었고, 흑인 · 치카노 · 여성 · 청소년과 같은 전통적인 저임금 노동층들이 이즈음부터 정치 세력화되어 임금 상승이나 근무 조건에 대한 권리를 요구하기 시작했다. 멕시코 이주자들은 서남부에서 저임금 일을 기꺼이 계속했지만 북동부에서는 미국인 저임금 노동자들이 현저히 감소했다. 이제 3D 업종을 미국 시민들, 특히 백인들이 기피했기 때문이다. 이와 같은 미국 내 다량의 저임금 노동 공급에 힘입어 식민지나 미군 주둔 등으로 미국과 관련성이 있던 개발도상국에서 이민 신청의 봇물이 터졌다. 당시 아시아와 라틴아메리카 국가들의 경제 상황은 매우 열악했고, 선진국의 대명사인 미국은 선망의 대상이었기 때문에 이들 국가 국민들은 다양한 계층과 직업의 사람들이 이주를 희망하고 나서게 된다.

당시 아시아 국가에서는 필리핀과 더불어 단연 선두를 차지하던 한국인들의 미국 이주가 넘쳐날 때, 한국인들은 이주국 미국에서 어떤 일들을 시작하게 되었는가? 필자가 인터뷰를 한 한인 중 세 사람의 사례가 이 주제와 관련해서 좋은 비교 연구 대상이 된다. 이영미 씨는 1946년생으로 대학병원에서 간호사를 하다가 1973년에 결혼 직후 이민을 갔다. 그해 미국에서 정식 간호사 자격증을 따고 간호사로 오랜 동안 근무하다 현재 주유소와 카센터 등 큰 사업을 운영하고 있다. 9세 때 가족 이민을 간 이정윤 씨의 어머니는 한국에서 약사로 근무하다가 40세 즈음에 약사라는 전문직 때문에 가족과 함께 취업 비자가 나와 남편과 네 자녀와 함께 미국으로 간다. 똑같이 전문 직종으로 비자가 나온 경우이지만 아직 20대여서 영어도 빨리 익히고 바로 간호사 자격을 딴 이영미 씨의 경우와는 달리 이미 40대에 들어섰고 책임져야 할 가족이 많았던 이정윤 씨의 어머니는 병원의 잡역부로 취업해 모든 허드렛일을 하고 남편은 야채 장수 등으로 힘겨운 생활을 해간다. 조자룡 씨는 이영미 씨와 한국에서의 경제적 수준만 다르고 나이나 이주 시기나 자녀 상황이 모두 비슷해 좋은 비교 대상이다. 조자룡 씨는 북한에서 남하한 가난한 실향민으로 대학 졸업 후에 한국에서도 아무런 기반이 없는 상황이므로 차라리 미국에서 새로 시작하는 편이 낫겠다고 생각해 같이 대학 졸업한 아내와 결혼 1년 만에 미국 이민을 떠난다. 그는 1947년생이고 결혼 직후인 1977년도에 이민을 갔고 이영미 씨처럼 두 아들은 모두 미국에서 태어난 시민권자다. 매우 흡사한 시기에 흡사한 형태로 이민 생활을 시작했지만 이영미 씨는 간호사라는 전문 직종으로 갔고 조자룡 씨는 미국에서 필요해 정한 직종으로 비자를 받기 위해 자동차 정비와 가발 공장에 다녔기 때문에 미국에 가게 된다. 먼저 이영미 씨가 간호사로 미국에 정착하게 되는 상황을 보자.

A : 간호원이나 의사에게 이민이 개방된 거가 미국에서 한 1971년도서부터. 그래요, 1972년도서부터 완전히 개방이 돼 가지고 그때 의사들이며 간호원들이며 하여간 졸업하면 뭐 대부분이 왔다고 해도 과언이 아니었어요.

Q : 그 당시는 그랬군요. 가장 오기 쉬웠던, 여기서 필요로 하는 직종의 사람들이었군요.

A : 쉬웠던 식이에요. 그래가지고 굉장히 오기가 쉬워서 오자마자 뭐 그러니까 하와이를 거쳐서 이렇게 논스톱으로. 그때는 그 KAL 에어라인이 LA에는 없었어요, 그래서 이제 하와이에서 스톱바이하면서 거기서 영주권을 발행해 주는 거예요.

[……]

A : 그해 말에 자격증을 따고 소아과 병동에서 일을 시작했죠. 근데 뭐 아무래도 영어가 딸리니까, 그래도 뭐 소아과 병동이니까 제가 한국에서 3년이

나 대학병원에서 일을 하다가 왔으니까 그렇게 큰 불편은 없었고 이제 좀 영어가 약간 모자란다 그거지 뭐. 그래서 그렇게 힘들게 살았거나 그런 거는 뭐 없었어요. 사실 처음에 그때 당시에는 우리가 돈을 들고 여기를 올 수가 없었어요. 진짜 빈손으로 온 거나 마찬가지야. 법적으로 우리가 아메리칸 달러를 바꿀 수 있는 그 제한이 300달러 정도밖에 안됐었다고, 그때는. 와가지고서는 이제 뭐 그래도 직업이 전문 직업이니까 그렇게 뭐 힘들거나 그런 건 없었어요.

1970년대는 말할 것도 없고 현재까지도 미국은 만성적인 간호사 부족으로 계속적으로 외국 간호사의 유입을 촉진하는 정책을 쓰고 있다(촘스키, 2007 : 190). 미국 오기 전부터 영어 공부를 해두고 대학병원 간호사 근무 경력이 있던 이영미 씨만이 미국에 와서 바로 간호사 자격증을 땀으로써 필자가 만난 사람 중에 거의 유일하게 같은 직종으로 수평 이동을 했다. 비슷한 의학 계통의 전문직인 이정윤 씨의 어머니의 경우가 오히려 미국 이민자들의 일반적인 사례다. 9세 때 이민해 십대 내내 부모님의 갑작스러운 사회 계층의 '전락'과 경제적 압박을 지켜보던 심정을 이정윤 씨는 다음과 같이 토로한다.

저희 엄마가 그때 약사가 안 되니까 그래도 아는 사람이 너싱 홈nursing home에 취직을 시켜 주신 거예요. 근데 거기에 간호사로 들어간 게 아니라 잡역부maid로 가니까 너무 힘든 일만 하는 거예요. 근데 엄마는 공부를 사실 그때라도 좀 몇 년 했으면 약사가 됐을 수 있을지 모르지만 그때는 너무 나이도 있고 영어로 공부해야 되니까 엄두도 안 났지만 또 뭔가 몇 년 먹고 살게 있어야 되잖아요. 그러니까 빨리 어떤 가게든 뭐를 해가지고 먹고 살 거를 만들어 놔야 했어요. 그게 중요했기 때문에 일단 아빠가 장사를 알아보고 다니는 동안에 엄마라도 돈을 벌어야 되잖아요. 그러니까 거기 취직을 한 거예요. 우리 엄마 처음으로 진짜 막노동을 하는 거예요. 우린 너싱 홈 근처에 살았어요. 그리고 아빠는 이제 여기저기 다니면서 일을 해보시는 거예요. 이것저것. 말이 안 통하니까. 한국 사람들이 제일 많이 하는 장사들이 다 막노동이잖아요. 생선가게, 야채장사 다 이게 새벽에 가서 떼와 가지고 파는 그게 몸이 완전히 몇 년은 곯는다는 그런 장사들이거든요.

이정윤 씨는 이민 가서 부모님의 어려운 처지를 마음 아프게 바라보며, 경제적 압박과 공부로 부모님께 보답하려는 심리적 부담 등으로 자신이 결국 조울증에 걸려 병원 신세를 한동안 지기도 했다고 말한다. 조울증에 걸리게 된 이야기를 하기까지 가장 비중을 두고 한 얘기도 바로 부모님이 막노동층으로 하락한 데 대한 고통이었다.

A : 굉장히 큰 충격이었던 것 같아요. 엄마 아빠도 충격이었겠지만 어렸을 때 그걸 바라보는 저도 말로는 표현을 못하고 이게 뭔지는 모르지만 굉장히 엄마 아빠가 희생하니까 불쌍하다고 하면서도 저도 두렵고 또 한편은 또 왜 우리가 여기 왔을까라는 그런 생각도 많이 들었고. 어려서 표현은 못했지만 나중에 내가 커서, 보니까 저의 이런 힘든 문제나 제가 좀 안 풀리는 것들을 보면 그런데서 시작한 것 같아요. 특히 말씀드렸지만 저는 어렸을 때부터 너무 이렇게 우리 엄마 아빠 편하게 잘사는 그런 모습만 보다가 와서 이러니까 너무 이게 이해가 안가는 거예요. 왜 우리가 이렇게 살아야 되는지 그리고 또 한 가지는 말이 안 통하니까 엄마 아빠가 바보 같아요.

한국에서 북한 실향민으로서 살았던 조자룡 씨의 경우나 가정주부였던 이혜순 씨의 경우는 사회 계층의 하락 같은 경험은 상대적으로 덜했지만 어쨌든 이정윤 씨의 부모님과 똑같이 장사부터 시작했다. 현재도 두 분은 LA 카운티에 있는 히스패닉 커뮤니티에서 히스패닉계 사람들을 상대로 각각 신발가게와 옷가게를 하고 있다. 조자룡 씨는 "저를 조자룡이라고 그래요"라고 『삼국지』의 조자룡이라는 가명으로 스스로 소개하며 자신의 인생을 함축했다. 그는 처음 시카고에 도착해 본래 비자받은 직종대로 가발 공장에서 한 1년 일하다가 흑인 99%인 그 부근에서 조그만 가발가게를 내었고 그 뒤로도 계속 장사를 하되 장사의 부침에 따라 동부에서 서부까지 오며 아홉 번 업종을 변경하게 된다.

A : 지가 이제 살면서 내가 잡job을 몇 번이나 바꿨나 하고 어저께 그 말씀을 듣고 한 번 내가 세어봤어요. 그랬더니 지금 이 운동화가게까지 아홉 번이나 바꿨더라구요.

Q : 네, 업종이?

A : 네, 업종이. 그런데 이제 그것도(클리블랜드 야구장 앞에서 야채장사) 그렇게 계속했으면 아마 더 나았을지 어쨌을지는 아직 끝까지 안 돼봤으니까 모르는데 그것도 한 삼 년 하고서 끝났어요. 왜냐하면 지가 그거 하기 전부터 거기에 야구장을 짓는다고 그런 계획이 있어서 뭐 한 십 년을 끌었답니다. 그런데 결국은 그게 시 재산이었구 그거를 이제 야구장으로 바꿔갖고. 추신수 선수 아시죠? 바로 그거 지었어요. [……]

경기장 옆에다가 차렸죠. 그냥 중국 음식 테이크아웃만 하는 음식을 팔았죠. 홀은 별로 없고. 의자 몇 개 있는 테이크 아웃집.

Q : 어떠셨어요, 그 경기는요?

A 근데 그것도 처음에는 괜찮았어요. 그러니깐 이게 아홉 번을 바꾸는데 이게 다 내가 바꾸고 싶어서 바꾼 게 아니에요. 그 뭐 믿음이 좋으신 분은 하느님이 길을 인도하사 이렇게 말씀을 하시겠지만 이게 다 내 뜻하곤 거의 무

관하게 이렇게 자꾸 밀려난 그런 게 있었죠. 그것도 한 5년 하니까 그때 당시에 또 이 국제 정세가 그 왜 홍콩 반환 있었죠?

네. 홍콩 반환이 된다고 그래갖고 홍콩에서 돈을 좀 버는 사람들이 겁을 먹고 아, 중공이 된대니깐요, 예 그래갖고 그 홍콩 반환은 그 이후지만 그 몇 년 전에 벌써 빨리 도망 오는 사람들은 돈 싸들고 오더라니까요. 그래갖고 인제 미국 전역으로 막 흩어지는데 이게 이제 여기까지 불똥이 튄 거예요. 홍콩서 온 친구들이 우리 길 건너 그쪽에 하나둘 내는데 당할 수가 없는 거예요. 왜냐, 그러니까 일본 사람이 김치찌개 파는 거예요. 내가 (함께 웃음) 그러니까 이게 게임이 안 되는 거야. 그니까 가발가게 그러죠, 그 저 과일가게 그러죠, 이 식당 그러죠, 그러고서 또 계속 또 모든 게 아홉 번째 이게 그렇게 된 거예요.

조자룡 씨의 구술은 영어가 안 되어 잘 파악할 수도 없는 미국에서 주변 경제 상황의 변동에 따라 지역과 업종을 바꿔가며 생존해 가야 되는 1970년대 평범한 한인 가장들의 이주사였다. 70년대 다양한 직종을 갖고 한국에서 일하던 이민자들이 미국으로 이주해 갔을 때 대체로 점포도 없이 길거리에서 장사로 시작했다. 간호사로 근무한 이영미 씨의 수평 이동의 경우는 매우 드문 경우이고 거의 대부분 아니 거의 전부라고 할 정도의 미국 한인들이 사회 계층상의 하락을 크게 경험한다. 경제적인 면에서는 조선족이 한국에 왔을 때의 10 : 1, 5 : 1과 같은 차이와는 비교가 안 될 정도이지만 워낙 열심히 일하는 한국인의 특성상 열심히 몸으로 노동을 한 만큼 자신의 인건비만큼은 충분히 벌었던 것으로 보인다. 사센은 1970년대 이민국INS의 자료에 따르면 이주자의 직업 분포도가 두 봉우리성bimodal의 소멸로 특징지어졌다고 말한다. 대부분 아시아계와 라틴계가 주로 들어왔던 1970년대에 출신국에서 들어올 때 이주자들의 직업 분포는 고위 직종과 하위 직종으로 두 봉우리성 형태를 띤다. 그런데 일단 미국에 오면 두 봉우리성의 정도는 현격히 감소해 교수나 전문 기술직과 같은 고위 직종은 사무직이나 직원과 같은 더 낮은 직종으로 가고, 주부나 농사 노동자와 같은 저임금 직종은 봉급은 조금 나은 서비스나 비농업 노동으로 옮긴다고 말한다(Sassen, 1988: 56). 한국에서의 다양한 보통의 직종에 근무하던 대부분의 사람들이 미국으로 이주해 대부분 장사나 공장 직공 일을 함으로써 두 봉우리가 크게 하향되고 평준화되어 두루뭉실하게 깎이는 양상을 보이는 것이다. 이렇게 많은 1970, 80년대의 아시아와 라틴계 이주자들이 대부분 대도시 주변의 허름한 작업장이나 시장에서 서비스와 장사에 종사한 것이다.[4] 이는 이주자들의 능력이나 실패나 성공에 따른 것이라기보다는 출신국과 미국 간의 사회경제적 역학관계에 따라 미국이 필요로 하는 노동군에 이주자들이 크게 분포하도록 구조화되어 있기 때문이다.

3. 순환 이주에 나타난 출신국에 따른 차별 대우

지난 10년 동안 이주가 사람들의 일상 문제가 되면서 학계와 사회에서 관심이 부각되었고 그런 움직임 속에서 이주의 좀 더 복합적 양상인 순환 이주return migration에 대한 관심도 최근에 일고 있다. 순환 이주는 특히 일본에서 많이 논의되고 있는 문제다. 19세기 말부터 시작해 1960년대까지 대규모로 일본인들은 남미로 이주를 했는데, 특히 브라질로의 이주가 백만을 넘는 큰 규모로 이루어졌다. 브라질에 일본인들은 본국의 문화

4 1970, 80년대에 이민자와 원주민의 직업 분포가 확연히 달라지는데 특히 여성의 경우가 더욱 차이가 났다. 이주자에게서 직공과 서비스업의 몫이 증가하여 히스패닉 여성 중 70%, 아시아 여성 이주자의 40%가 이러한 도시의 하위 직종에서 일했다. 이민이 가장 많은 다섯 개 주의 직공의 경우를 보면 미국 원주민 여성은 8%인데 반해 이주 여성은 25%가 직공으로 일했다(Sassen, 1994: 50).

적 · 경제적 탁월성과 브라질에서의 그들의 괄목한 성과에 힘입어 매우 '긍정적인 소수 민족positive minority'으로 자리를 잡았다(Tsuda, 2003: 65). 그들은 브라질 시민보다도 더 우월한 제1시민으로서의 입지에 서 있었다. 그런데 첫 일본인 이민자들이 브라질에 발을 디딘 뒤 약 80년 뒤에 테이블은 뒤집어져서 일본계 브라질인들은 얄궂은 운명에 처한다. 1980년대부터 브라질은 경제 파동으로 높은 외국 채무와 실직에 허덕이게 되고 반면 일본은 경제 기적을 이루어 세계 제2 경제대국으로 부상한다. 대부분 브라질에서 중산층 이상에 속하던 일본계 브라질인들은 일본과의 임금과 통화 가치의 차이로 브라질보다 5~10배 더 벌 수 있는 모국으로 외국인 노동자가 되어 간다(Tsuda, 2000: 55). 일본에서 이 니케이진日系人, nikkeijin[5]들은 이번에는 혹독한 "부정적인 소수 민족"이 된다. 그들의 몸에 벤 브라질성은 멸시와 편견의 대상이 되고 브라질에서 중상층이었던 그들은 비숙련 외국인 노동자로 급격한 사회 계층의 전락을 경험한다. 최근 이들 니케이진 자신들의 적극적인 자기 주장과 함께, 같은 일본인이면서 경제적 수준이 더 낮은 나라에서 살다 왔다는 이유 때문에 이들 순환 이주자에게 차별과 지위 강등을 혹독히 부과하는 데 대한 반성적인 논의가 활발히 이루어지고 있다.

한국에서 일본계 브라질인과 같은 순환 이주자는 바로 중국 조선족이다. 그들의 선조가 한국인이고 모국의 경제 상황이 더 높아 더 많은 돈을 벌 수 있기 때문에 조선족들은 한국에 이주 노동자로 들어와서 공사판, 식당, 가정집 등 온갖 궂은 일을 도맡는 하층 노동자가 되었다. 그런데 한국에서는 이들을 조선족이라고 하지, 같은 한민족이 고국으로 되돌아온

5 일본은 해외에서 특히 남미에서 태어나 그곳에서 살던 일본계 자손을 니케이진이라 부른다. 유명한 일본계 미국 작가로 미국에서 태어나 브라질로 인류학 연구를 갔다가 브라질 남자와 결혼하여 십 년 넘게 브라질에서 살았던 카렌 타이 야마시타Karen Tei Yamashita는 *Circle K Cycles*에서 일본으로 순환 이주를 간 니케이진들의 심각한 문화적 · 경제적 갈등을 다룬다.

순환 이주로 언급하고 있지 않다. 조선족이 하위 노동층에 밀집 분포된 것이나 한국 업주에 의한 육체적 학대 등에 대한 연구는 상당히 많이 진척되어 있다. 하지만 앞서 살펴보았던 것과 같은 한국에서 외국인 노동자 수요의 필요성 때문에 외국인 노동자를 유입해야 했을 때 언어가 같아 이질성이 덜하는 조선족을 집중적으로 받아들여 3D 업종의 부족 인력을 메꾸고 있는 국가 경제 운영에 대해 순환 이주자 관점에서의 분석은 거의 이루어지지 않고 있다. 이들을 순환 이주라는 관점으로 보게 되면 이들이 당하는 부당한 대우가 그냥 외국인 노동자에 대한 부당한 대우로만 보지 않게 된다. 순환 이주라는 관점은 같은 민족인데 다만 경제적 상황이 더 나쁜 나라 출신이라는 근거로 이들을 마치 우리와 다른 '부정적 소수 민족'인 양 '조선족'이라 칭하며 한국의 맨 하층 밑바닥 경제를 떠받치도록 구조화하고 있음을 명료하게 한다.

일본계 브라질인과는 달리 우리나라에서 조선족에 대해 순환 이주 관점에서의 조명이 적은 이유를 두 가지로 추측해 볼 수 있다. 브라질에서 일본인들의 우월한 입지와는 달리 조선족은 중국에서도 미약한 소수 민족의 위치에 있었다는 점, 즉 출신국에서 그 민족의 입지의 차이를 생각할 수 있다. 둘째로는 일본에서는 일본계 브라질인들에게 어찌 되었든 정주권을 부여하나, 우리나라는 조선족에게 정주권을 부여하지 않아 불만의 싹을 미리 차단할 수 있었다는 측면을 생각할 수 있겠다. 조선족에 대한 차별 대우는 미국으로 이민 갔다가 개인적 상황으로 다시 한국으로 돌아와서 살고 있는 미국 한인들의 한국 생활을 보면 분명히 대비된다. 조선족과 다시 한국에 온 한인은 둘 다 순환 이주에 해당된다. 필자가 만난 구술자 중 이정윤 씨와 김정미 씨가 이 경우다.

한국에서 약사를 하던 부모님이 미국에서 온갖 장사를 하며 힘겨운 노동생활을 하는 데 무척 심리적 압박을 받았던 이정윤 씨는 미국 주재원의 아들이었던 남편과 결혼해 미국에서 생활하다 남편이 다시 한국 주재원으로 나와 한국에서 현재 생활하고 있다. 7세 때 가족 이민으로 미국에 갔던 김정미 씨는 대학 때 한국 유학생을 만나 결혼을 해 한국으로 나와 살게 된 경우다. 두 사람 다 자녀가 미국 시민권이 있어 한국에서 국제학교에 보내고 있다. 이정윤 씨는 주재원의 자격으로 경제적으로 매우 윤택한 생활을 한국에서 하고 있고 자녀들의 국제학교 교육에 대해서도 만족하고 있다.

> 한국 딱 나오니까 일단 일을 안 해도 돼요. 돈을 버는 게 좋겠지만 안 해도 되어서 좋아요. 두 번째는 우리 남편이 여기 오니까 이렇게 잘 벌고 이렇게 여유가 있게 살게 되고 국제학교도 보내 주고 다 해결이 되니까 큰 프레셔pressure가 없거든요. 제가 여태 경제적인 면에서 굉장히 눌렸던 것 같아요. 어렸을 때부터 부모님 보면서 내가 책임져야 된다는 그런 생각에, 돈을 꼭 많이 벌어야 된다기보다도 뭐랄까 경제적인 안정이 매우 필요했던 것 같아요. 그런데 한국에 오니까 그런 힘들었던 게 이제 지나간 과거past일 뿐이에요. 그래서 인제 많이 도움이 됐는데 그 참 이상한 게 이렇게 이민을 갔다가 다시 한국 와서 주재원 생활을 하면서 정말 저는 많이 회복된 것 같아요. 그런 많은 것들을 메꾸어 주니까요.

김정미 씨의 아이들도 같은 국제학교에 다니고 있다. 이정윤 씨가 국제학교 학부형들과 어울리려 노력하며 국제학교가 자녀에게 좋은 교육 기회라고 만족하는 데 반해 김정미 씨의 경우는 아들이 그 학교에서 따돌림을 당해 결국 다시 미국으로 조기 유학을 보내게 된다. 2년 동안 기러기 가족을 하고 아들을 미국에 다시 정착시키고 돌아와 동생을 다시 국제학교에 보내는 김정미 씨는 이민 1.5세대인 자신은 토박이 한국인이며 상류층인 국제학교 학부형과 융화되기가 참 힘들다고 토로한다.

A : 근데 그 강남을 넘은 게 국제학교래요. 그니까 그거를 몰랐어요. (웃음) 넘은 거야. 그니까 거기 못 들어가면 강남이지 정말 국제학교 들어가려면 별 짓을 다한다고 들었어요. 처음부터 뭐 다 준비해서 들어가는 게 꿈이래. 나는요, 내가 미국에서 커서 그런지, 나는 사실 요번에 우리 딸을 한국 학교 보낼라고 마음먹었어요. 내가 진짜 누가 보면 미쳤다고 말해도. 근데 난 우리 아들 땜에. 너무 상처가 커서.

Q : 그런 좋은 기회를 또 있으니까 보내라 하겠죠.

A : 근데 나는 좋은 기회라고 생각 안 해요. 솔직히 그니까 나는 내가 겪어봤을 때 좋은 것도 있지만 나쁜 게 더 많다는 부분이 보여요. 뭐 사치하니 뭐 있잖아요. 여자애들이 사실 거기 장난 아니거든요. 무슨 말인지 알죠? 막 엄마들 잘사니까. 근데 나는 그렇게 키우고 싶지가 않았어요. 솔직히 왜냐면 난 평범하게 컸고 내가 좀 부잣집에 시집은 갔지만 그래도 우리 아버님 워낙 구두쇠라서 나는 부잣집 며느리같이 산 적 한 번도 없거든요. 나는 맨날 일하고 이래서 그런 느낌을 못하고 내가 거기 들어가서 어울리지를 못하겠어요.

김정미 씨는 자신은 가족 이민 가서 보통의 이민 가정처럼 애써서 살다가 유학생과 결혼해 한국으로 왔는데, 원정 출산까지 해서 특권층 교육을 받게 하려는 상류층 국제학교 학부형과 같은 울타리 안에 놓이면서 느끼는 이질감을 비판적으로 말한다. 미국에서 겪은 비슷한 이민 상황과 한국에서 사회 계층의 상승을 경험하면서 이 두 사람은 상당히 다르게 반응하고 있다. 그럼에도 미국에서 한국으로 다시 순환 이주를 했을 때 한국 사회에서 아이들의 교육이나 직업면에서 상당히 큰 이점이 주어지고 있음은 두 사람의 구술 모두에서 분명하게 드러난다. 미국 한인들이 한국으로 왔을 때 미국에서 살다온 것이 매우 유리한 입지 조건이 되는 데에는 영어를 자유롭게 구사할 수 있다는 문화적 자산도 크게 작용한다. 김정미 씨는 한국에서 원어민native 자격으로 서울의 모 대학에서 영어 전임으로 일하는 큰 혜택을 받는다. 이정윤 씨가 남편이 한국에 오자 좋은 조건으로 회사들이 스카웃하려고 하는 이유를 설명하는 데서 한인들의 영어 구사 능력의 이점이 부각된다.

> 저희 남편이 한국 와서 잘 풀렸어요. 미국에서도 잘하기는 했었지만 한국 와서 보니까 더 이렇게 'valuable'하게 된 거예요. 영어를 잘하니까. 미국에서도 한국하고 미국하고 하는 일을 많이 했는데 한국 와보니까 자기 초이스가 더 넓어지더라구요. 남편이 그래서 중간에 직장을 바꿔가지고 다른 데서 일하다가 지금 또 다른 데로 잘 가게 되었어요. 그래서 남편 생각에는 여기에서 몇 년 더 있어야 될 것 같아. 가긴 가는데 언제 가야 될지 모르겠다. 원래는 정말 2년만 나 좀 회복하면 다시 들어가려고 했는데, 지금 생각에는 우리 딸이 아마 대학교 간 다음에나 갈 것 같아요.

영어가 세계 지배어로서 위력을 발휘하는 것은 나라나 직종을 망라해 모든 것에 적용되고 있다. 홍콩이나 싱가포르 등 아시아의 여러 국가에서 필리핀 여성이 가사 노동자로 가장 인기가 좋은데 그 이유도 필리핀이 미국 식민지였기 때문에 대체로 영어를 자유롭게 구사할 수 있기 때문이라 한다(Oishi, 2005: 51).[6] 마찬가지로 미국 한인의 순환 이주 사례를 혼인으로 조상의 모국으로 돌아온 이애숙 씨와 이영희 씨의 경우를 비춰보

6 라셀 파레나스Rhacel Parrenas는 『세계화의 하인들*Servants of Globalization: Women, Migration and Domestic Work*』에서 자신과 같은 민족계인 필리핀 여성들이 로마와 로스앤젤레스와 같은 세계 대도시에서 가사 노동자로 모든 민족 중 가장 많이 일하고 있는 상황에 대해 심층적인 연구를 한다. 다만 나나 오이시는 이주 연구에 영어 변수를 고려하는 데 비해 파레나스는 필리핀인들이 다른 나라의 이주자들과는 달리 영어 구사 능력이 있다는 특성에서 나오는 유리한 고용 관계나 세력화 관계에 대해서는 간과하고 있는 측면이 있다.

면 그 격차가 자명하다. 두 사람은 다 한국 여성들이 기피하는 시골로 시집갔고 남편은 안정된 일자리가 없고 가계에 보탬이 되려고 두 사람 다 대우가 열악한 중국어 가정 방문 학습지 회사에 한때 다니기도 했다. 이와같이 출신국의 정치경제적 입지나 언어적 이점에 따라 한국에 다시 돌아왔을 때 속하는 사회경제적 입지가 상당히 큰 격차를 보이고 있음은 미국 한인과 조선족의 경우에서 뚜렷하다. 미국 한인과 조선족은 똑같은 우리 민족이지만 그들이 이주해 간 나라의 경제적 · 문화적 입지에 따라 많은 부분 결정된 채 한국에서의 생활을 시작하게 된다.

4. 구술생애사와 주체의 행위성

지금까지 필자는 국가 간의 불균등 관계 속에서 이주자가 본국을 떠나 이주국에서 살기 시작할 때 그 사회경제적 위치는 출신국의 사회경제적 입지에 의해 아주 많이 결정되어 버린다는 것을 구술자들의 생애를 통해 제시했다. 마치 자연주의 소설의 세계에서처럼 이렇게 이주자들의 사회경제적 반경이 결정되어 버리기만 한다면 이는 매우 통감할 일이나 필자가 만난 구술자들의 삶은 그 뒤 5년, 15년이 지나면서 다채롭게 변화되고 그들의 인생의 풍미는 자신들의 주체성과 행위에 따라서 상당히 달라짐을 보게 된다. 구술사 방법의 장점이며 감동은 바로 인간의 주체적인 행위로 만들어 가는 삶을 보여 준다는 데 있다(Personal Narrative Group, 1989: 38). 이주 생애사의 감동은 이주자들의 상당히 결정화된 조건 속에서 하루하루 열심히 살아나가며 자신만의 독특한 인생을 만들어 가는 데서 배어난다.

주체의 행위성이 각 개인의 인생을 모양짓는다. 미셸 푸코Michel

Foucault는 「주체와 권력」에서 자신이 지난 20년 간 해온 작업의 목적은 권력 현상들을 분석하는 것이 아니라 인간을 주체로 변형시키는 대상화 양식, 즉 권력의 형식을 연구해 왔다고 말한다. 권력의 형식을 연구한 목적은 개인을 주체로 만드는 것이 무엇인가를 연구하는 데 있었다고 말한다(푸코, 1994: 86). 개인들은 자신을 고착시키고 억압적인 방식으로 자신을 정해진 정체성에 묶어두고, 개인들을 분리시키고, 다른 이들과의 연계를 깨뜨리는 그 모든 것들에 대해 반응하며 공격을 가한다. "개인을 주체로 만드는 것은 권력의 형식이다. 권력의 통제에 구속되어 있는subject to 존재이면서 권력의 형식에 대한 저항의 모든 부단한 행동과 의식이 개인을 주체로 만드는 것이다"(푸코, 1994: 92). 한편 한스 요아스Hans Joas는 행위 주체와 사회 관계의 형성에 대한 설명을 행위이론적으로 제시한다. 요아스에 따르면, 행위는 존재의 한 부분적 양태가 아니고 행위는 존재 자체다. "우리는 한순간도 순수하게 '존재'로서만 있지 못한다. 오직 '존재함' 속에서만 '존재'는 가능해진다. 그 '존재함'을 가능하게 하는 것이 바로 행위다"(요아스, 2002: 13). 즉 요아스는 사회와의 역동적 관계 속에서의 인간의 행위가 주체를 형성하는 것으로 보았다. 필자가 만난 구술자들은 출신국과 유입국 간의 사회경제적 맥락에 구속되어 있는 존재이면서 푸코의 용어를 사용하자면 "권력의 형식에 대한 저항"을 하거나 요아스의 용어를 사용하자면 "행위의 창조성"으로 주체의 삶을 만들어 간다.

이주자들의 이주 정착 기반은 어느 나라 출신이냐가 거의 결정적인 영향력을 미치면서도 그 사람의 행위성에 따라 풀어나가는 삶의 형태가 달라진다. 이 글에서 다루는 구술자들은 모두 이주를 잘한 선택이라고 최종 긍정적으로 평가를 내렸다. 어떤 경우는 자기 합리화가 포함된 것일 수도 있겠지만 그들의 인생을 두 시간 동안 다 듣고 나면 필자도 그러한 평가에 수긍이 갔다. 모든 사람이 노동 때문이든 결혼 때문이든 이주를 선택하고 그 힘든 노동을 수행해내고 있는 자신을 대견스럽게 생각했고, 특히 언어와 풍토가 전혀 다른 미국으로 이주한 한인의 경우는 새로운 언어와 문화를 습득하는 스스로에 대해 자부심이 있었다. 미국으로 이주한 경우는 특별한 경우가 아니면 영구 이민이기 때문에 "미국에서 계속 살고 싶은가요?"라고 묻는 것은 유익한 질문이 되지 않는다. 그런데 조선족 이주 여성의 경우에는 두세 번씩 중국으로 갔다가 다시 나오는 형태를 취하기 때문에 "그러면 한국에서 영주권을 따고 싶나요?"라는 질문을 했다. 조선족 노동 이주에 해당되는 손명자, 김순정 씨 모두 한국에서 계속 살고 싶은 마음은 없다고 했다. 이들의 경우에 이주를 잘한 선택이라고 하는 것은 돈을 벌러 몇 년씩 오는 것에 대해 잘한 선택이라는 의미다. 특히 손명자 씨는 늙어서까지도 일하는 한국인들의 고단한 삶이 오히려 안쓰럽다는 인상적인 말을 했다.

A : 체류 기간이 끝나면 가야 돼요.

Q : 예. 그것도 그렇지만 만일에 가야 된다 하더라도 여기서 계속 살 생각은 없는 건가요?

A : 없어요, 진짜예요. 나는 이런 생각도 해봤어요. 만약에 우리 집에 중국에 신랑이 없다 해도 살고 싶은 생각이 없어요. 너무 피곤하단 말야, 여기 생활은. 왜냐하면 내가 첨에 와서 집도 없고 이렇게 시누이 집에 다니고 시동생네 부부 간에 와 있어 거기 가서 놀고 자고 아침에 일찍이 올 때 있잖아요. 아침에 지하철을 타면 사람들이 지하철 타고 출근하는 모습을 보면 너무 가슴이 아픈 거야. 평생 어떻게 이렇게 피곤하게 살겠냐고 여기 사람들은. 그런 측은한 마음이 들 때 많죠. 살고 싶다는 이런 생각을 한 번도 못해 봤어요.

진짜 그래요. 그니까 제 나라에 가 돈 벌어야, 자기 나라가 맘이 편해도 편하잖아요. 벌써 차 있어요. 뭐 누가 뭐이라 해서가 아니라 벌써 압박이라는 게 있어요. 그래요, 뭐 누구에게 구박받아 그게 아니죠. 이 평상시 생활에서 사는 거 너무너무 피곤하게 살고 이렇게 벌어갖고 평생 여기서 산다는 게 얼마나 피곤한 생활인가. 우리 친정 오빠가 그래요. 야 여기 사람들이 이 늙은 사람들이 다리 한내 꼿꼿한 사람 어딨는가 봐라, 다 다리 휘었대. 야, 여기 할머니들은 벌써 5, 60대 되면 다리 꼿꼿한 사람이 없대, 다 휘어갖고. 너무 일해 갖고. 야 우리 중국은 어드매 그렇게 70이나 벌써 한 60 넘으면 다 어느 정도 자식이 있는지라 다 놀잖아요.

손명자 씨나 김순정 씨처럼 한국의 국적을 회복하거나 한국에서 살려고 하는 마음은 없는 단기 이주인의 경우는 한국 사회를 심적으로 거리를 두고 비판적으로 바라볼 수 있는 시각이 더 생길 수 있는 것 같았다. 혼인 이주를 한 이애숙 씨 경우에는 상하이에서 한국 기업에 취업한 3년 동안 중국 한족과 한국인들을 보며 느낀 빈부 격차와 개개인의 소중함이라는 생각을 통해 현재의 자신의 낮은 경제 상황이나 사회 계층 하락을 다소는 초연하게 자연인처럼 바라보는 특징을 보였다. 이는 이주국에서 정착하기로 마음먹은 경우이기 때문에 좀 더 운명론적으로 바라보는 것일 수도 있고, 아니면 자신이 손해 본 거라는 그러한 타산적 계산이 다른 사람들보다는 덜 중요한, 주변 사람에게 소중한 그런 존재라는 생각이 들었다. 미국 한인 중에서 주체의 행위성이 특히 두드러져 보이는 사람은 1970년대 영어도 못한 채 '몸뚱이' 하나로 시작한 많은 한국인 가장의 꿋꿋한 모습을 보여 주는 조자룡 씨였다.

Q : 지금은 그럼 살기나 이런 거는 다 어떠세요? 대체로 만족하고 계신

건가요?

A : 뭐 만족이야 없겠죠. 만족이야 없지만 만족할라 그럽니다. 왜냐면 이게 뭐 30대 초반에 처음에 여기 이민 올 때는 그런 생각을 하고 왔어요. 와이프한테도 야, 내가 환갑 때까지만 부지런히 벌면 당신하고 나하고 한국 가서 여생을 편히 보낼 수 있어. 걱정하지 말고 여기다 집 하나, 한국에다 집 하나 이렇게 왔다 갔다 하며 살면 좋잖아? 이러고 왔죠. 근데 그게 헛꿈이었습니다. 그 꿈 깨야 돼요. 빨리 깨는 게 우리 건강상 좋고,

제가 1970년대 말에 왔잖습니까. 내 사고 방식이 그때 그 사고 방식에 고정된 느낌이 있어요. 그러니까 뭐랄까, 지금은 이렇게 너무 물질만능 아닙니까. 돈돈. 근데 이제 그거보다는 우린 그 정, 예의, 염치, 이런 걸 더 좀 높이 치죠. 그리고 사람을 사귀든지 해봐도 뭐 출세한 사람보다는 아, 저 사람 그, 뭐랄까 정신 상태 이런 걸 보죠. 그래서 더 존경을 하고 친교를 하려 하고 이런 면이 더 강하죠.

이주자들을 인터뷰하면서 필자는 이주 구술생애사는 행위 지향의 형식이라는 생각을 했다. 이주자들은 본국에서의 삶을 접고 다른 나라로 떠나기로 하는 결단, 이주국에서 맨몸으로 일어서는 지난한 행위, 사회에 적응하려는 노력, 소속감을 찾기 위한 분투, 투지와 노력, 좌절과 순응을 수없이 겪는 삶을 보여 주기 때문이다. 이들은 이주하지 않은 사람보다 훨씬 강한 강도와 큰 안목으로 삶을 살게 되며 역지사지나 상대주의, 자신의 한계나 가능성에 대해 훨씬 깨어 있는 삶을 살 수밖에 없게 된다.

지금껏 필자는 영문학 전공자로서 이주 문제를 소설이나 이론서를 통해서만 작업해 왔다. 그러다 최근 2년 여에 거쳐 구술생애사 작업을 처음 해보면서 자신의 능력이나 자질과는 상관없이 떠나온 나라의 세계 경제 속의 입지가 이주국에서의 자신의 사회경제적 위치를 크게 결정짓는다는

사실을 구술자의 삶 속에서 명확히 확인했다. 현재의 세계화는 노동의 세계화를 포괄함을, 그 노동의 세계화는 불균등한 국가 경제력 간의 위계화에 따라 진행됨을 이주자의 삶 속에서 보았다. 동시에 이주자들은 5년, 15년 이주국에서 몸으로 부딪히며 살아나가는 행동을 통해 자신의 삶을 개성 있고 후회 없는 삶으로 만들어 나가고 있었다. 자신이 몸담고 있는 사회경제적 조건에 종속되어 있으면서도 그 틀에 한정되지 않으려는 주체적 존재를 행동으로 만들어 나가는 것이다. 이 글의 자료가 구술 아카이빙이기 때문에 소설에서는 볼 수 없었던 힘겨움 속에서의 웃음을 수시로 목격했다. 이는 인간의 실제 삶이 주는 절대 포기 안 되는 희망 때문이다.

소설의 경우는 이주자의 정착 단계의 상당히 결정화된 삶이나 사회적 위치의 강등이나 인어적·문화적 불통과 같은 상황에서 인물들이 다분히 불행한 삶으로 마감한다. 똑같은 이주를 다룬 소설인 김재영의 『폭식』의 단편들에서도 한국에서 실직한 후 미국에서 여러 단발마적인 직업을 전전하는 사람이나 미국 사회와 차단된 채 살아가는 외로운 영혼의 인물들은 결국 슬픈 결말로 끝을 맺고 만다.

그러나 사람들의 실제 삶인 구술생애사는 이주국에서 자신의 계층을 결정짓는 본국의 끈질긴 영향력을 구술자들이 수년 동안 몸으로 부대끼며 절감하는 모습을 보여 준다. 소설 속의 인물들이 압축적으로 보여 주는 절망과 분투를 구술자들은 오랜 세월에 걸쳐 살아나온 것이다. 그러면서도 사람은 행동으로 자신의 인생을 아주 조금씩이나마 바꿔 나갈 수 있는 주체이기 때문에 그 어려움을 넘기고 새 문턱으로 다시 들어선다. 구술생애사는 그러므로 사회경제적으로 위치지어진 주체의 노력 행위를 담은 역사다.

[부록]

구술 내용 자료

조선족	구술일	구술자 가명	성별	면담자	내용
조선족 (이주 노동)	2009년 3월	손명자	여	이선주	1958년생. 중국 옌볜. 남편은 세무서 공무원이고 자신은 농사, 마트 등을 함. 2000년 아들 대학 교육비를 위해 혼자 노동 이주. 한국에서 9년 일함. 식당-간병인-현재 가정집
조선족 (이주 노동)	2009년 6월	김순정	여	고유경	1954년생. 중국 옌볜. 아버지와 남편 모두 철도청 직원. 남편과 결혼 10년차 사별. 농사짓는 남편과 재혼. 양쪽의 자녀 4명 양육. 아이 양육 문제로 남편과 1999년도에 한국 노동 이주. 식당-가정집
조선족 (혼인 이주)	2009년 8월	이영희	여	이선주	1976년생. 중국 옌볜. 1997년도 21세에 한국인 남편과 결혼해 횡성으로 이주. 학습지 중국어 방문교사. 가정주부. 아들 2명
조선족 (혼인 이주)	2009년 8월	이애숙	여	이선주	1975년생. 중국 옌볜. 아버지는 공무원. 고등학교는 상하이에서 공부. 상하이의 한국 기업에서 통역사로 3년 근무. 고향에서 한국인 남편을 소개받아 1996년 횡성으로 이주. 남편은 일일 노동자. 아들 2명

미국 한인	구술일	구술자 가명	성별	면담자	내용
미국 한인	2010년 2월	조자룡	남	이선주 김은령	1947년생. 어린 시절 북한 피난민. 결혼 1년 후인 1977년 30세 때 이민. 아들 둘 미국 태생. 시카고에 가발 공장-야채-음식-잡화점-신발, 현재 LA 거주
미국 한인	2010년 2월	이영미	여	이선주 김은령	1946년생. 대학병원 간호사로 3년 근무. 결혼 직후 1976년 간호사 우대로 이민. 10년 걸쳐 친정 자매, 시부모, 시동생 모두 이민. 미국 간호사-현재 카센터, 주유소 운영
미국 한인	2010년 2월	이혜순	여	이선주 김은령	1985년도 30대 말에 가족 이민. 가정주부였고 아이는 3세, 8세. LA 코리아타운에서 옷가게. 현재 히스패닉 커뮤니티에서 옷가게. 자녀들은 좋은 대학 장학생
미국 한인 (순환 이주)	2009년 6월	이정윤	여	이선주	1976년 9세 때 가족 이민. 약사인 엄마의 취업 이민. 한국에서 중산층 이상. 부모님이 미국에서 병원 잡역부-야채장수-다양한 장사 경험. 한국 유학생과 결혼. 미국 생활 후 3년 전부터 남편의 한국 주재원 자격으로 한국 생활. 자녀 국제학교. 생활 윤택
미국 한인 (순환 이주)	2009년 7월	김정미	여	이선주	1976년 7세 때 가족 이민. 중산층, 미국에서 부모님 장사. 대학에서 한국인 유학생과 결혼. 한국으로 순환 이주. 자녀는 국제학교. 대학에서 원어민 전임 경력

참고 문헌

김재영, 『폭식』, 창비, 2009.

메이슨, 제니퍼, 『질적 연구방법론』, 김두섭 옮김, 나남, 1999.

설동훈, 『노동력의 국제이동』, 서울대학교출판부, 2000.

아파두라이, 아르준, 『고삐 풀린 현대성』, 차원현 외 옮김, 현실문화연구, 2004.

안병직, 「'일상의 역사'란 무엇인가」, 『오늘의 역사학』, 한겨레신문사, 2002.

요아스, 한스, 『행위의 창조성』, 신진욱 옮김, 한울아카데미, 2002.

윤택림, 『문화와 역사 연구를 위한 질적 연구방법론』, 아르케, 2005.

_____, 「1970년대 여성 노동자의 일상생활과 노동운동의 의미: 여성 노동자의 구술생애사를 중심으로」, *Journal of Women's Studies* 17(2002).

_____, 「탈경계와 질적 연구 방법」, 이화여자대학교 탈경계인문학연구단 특강 발표문. 2009년 4월 10일.

이혜경 · 정기선 · 유명기 · 김민정, 「이주의 여성화와 초국가적 가족: 조선족 사례를 중심으로」, 『한국사회학』 40.5(2006).

이희영, 「사회학 방법론으로서의 생애사 재구성: 행위이론의 관점에서 본 이론적 의의와 방법론적 원칙」, 『한국사회학』 39.3(2005).

촘스키, 아비바, 『그들이 우리의 일자리를 빼앗고 있다: 이민에 대한 미국사회의 편견과 신화』, 전략과문화, 2007.

파레나스, 라셀 살라자르, 『세계화의 하인들』, 문현아 옮김, 여이연, 2009.

푸코, 미셸 외, 「주체와 권력」, 『미셸 푸코의 권력이론』, 정일준 편역, 새물결, 1994.

황혜성, 「미국: 센센브레너 법안과 이민법 논쟁」, 『현대 서양사회와 이주민』, 박단 편, 한성대학교출판부, 2009.

Dunaway David K., *Oral History: An Interdisciplinary Anthology.* New

York: Altamira, 1996.

Geertz, Clifford, *The Interpretation of Cultures*, New York: Basic Books, 1978.

Gills, Dong-Sook & Nicola Piper(eds.), *Women and Work in Globalising Asia*, New York: Routledge, 2002.

Harley, Sharon(ed.), *Women's Labor in the Global Economy*, New Jersey: Rutgers Univeristy Press, 2007.

Hatch, Amos & Richard Wisniewski(eds.), *Life History and Narrative*, London: The Falmer Press, 1995.

Kirk, J. & Marc L. Miller, *Reliablility and Validity in Qualitative Research*, London: Sage Publications, 1986.

Oishi, Nana, *Women in Motion — Globalization, State policies, and Labor Migration in Asia*, Stanford: Stanford University Press, 2005.

Personal Narrative Group, *Interpreting Women's Lives: Feminist Theory and Personal Narratives*, Bloomington: Indiana University Press, 1989.

Popular Memory Group, "Popular Memory: Theory, Politics, Method," *Making Histories*(ed.), R. Johnson. Minneapolis: University of Minnesota Press, 1982.

Sassen, Saskia, *The Mobility of Labor and Capital*, Cambridge: Cambridge University Press, 1988.

_____, *Cities in a World Economy*, New York: Pine Forge Press, 1994.

_____, *Globalization and Its Discontents*, New York: The New Press, 1998.

Tsuda, Takeyuki, "Acting Brazilian in Japan: Ethnic Resistance Among Return Migrants," *Ethnology* 39.1 (2000).

_____, *Strangers in the Ethnic Homeland: Japanese Brazilian Return*

Migration in Transnational Perspective. New York: Columbia University Press, 2003.

Yamashita, Karen Tei, *Circle K Cycles*, Minneapolis: Coffee House Press, 2001.

제3부

탈경계 시대의 문화 소통: 자연 · 인간 · 매체

샐리 맥페이그와 해월 사상에서 살펴본 자연과 인간의 소통 불가능성의 가능성 _ 차옥숭

"강물아 흘러 바다로 가거라": 인간과 자연 사이의 지속가능성 경계 _ 장윤재

샐리 맥페이그와 해월 사상에서 살펴본 자연과 인간의 소통 불가능성의 가능성*

차옥숭

1. 들어가는 말

인간과 자연의 소통이라는 제목이 편안하게 느껴지지 않는 것은 왜일까? '인간과 자연의 소통'이라고 할 때조차도 자연은 인간의 필요를 충족하기 위한 자원으로 대상화되고 물상화되어 있는 것 같다는 느낌 때문일까? 그동안 자연을 바라보는, 다른 생명체를 대하는 인간의 태도는 대부분 완전한 불연속성의 전제에 따라 소통의 불가능성으로 이어졌다. 그러나 때로 우리 안에서 풍부하고 독특한 방식으로 나타나는 초월의 행위는 인간과 자연, 혹은 인간과 다른 생명체와의 연속성을, 소통 가능성을 입증한다. 여기 그 가능성을 여는 경험담을 소개하면서 글을 시작하겠다.

* 이 글은 한국종교학회, 『종교연구』 제59집(2010년)에 게재된 논문을 수정 · 보완한 것이다.

> 아까 저녁 물때에 갯벌을 나갔는데, 용석이 형 경운기 타고 한참을 들어갔어. 거기서 백합을 많이 잡았어. 근데 용석 형은 일이 있어 먼저 마을로 돌아갔고, 나중에 나 혼자서 갯벌을 걸어 나왔지. 저 멀리, 계화마을 불빛만 보고 걷는 거야. 주위가 깜깜해서 아무것도 안 보이는데, 근데 무슨 소리가 들리는 거야. 멈춰 서서 들어보니, 형, 정말 놀라웠어. 아주 작은, 말로 표현할 수 없는 소리들이 온통 가득한 거야. 한참 가만히 서서 그 소리를 들었어. 소리가 점점 커지더니 나중엔 귀가 멍멍할 정도였어. 그게 다 뭐겠어. 구멍마다 생명들이 소리를 내는 거잖아. 대합창이야. 새만금 갯벌이 밤에는 거대한 노래발인 거야, 나 진짜 너무 놀랐어(김곰치, 2004: 260).

한 젊은이가 새만금 갯벌에서 조개를 잡고 돌아오는 길에 자연의 소리에 귀 기울여 들은 경험담이다. 갯벌은 수없이 많은 생명들이 살아 숨쉬는 곳이다. 드넓은 갯벌의 펄 1그램에는 10억 마리 이상의 식물성 플랑크톤이 있어 생물 밀도가 매우 높고 따라서 산소 생산량도 엄청나다. 식물성 플랑크톤만이 아니다. 펄을 조금만 뒤집으면 바지락, 동죽, 대합, 상합들과 같은 조개 무리와 꽃게, 칠게, 밤게, 콩게와 같은 크고 작은 게들과 각종 새우들이 어우러진다. 이들은 대개 탄산칼슘 $CaCO_3$ 껍질을 가지고 있어 대기 중의 이산화탄소 CO_2 를 효과적으로 제거해 준다. 신선한 산소를 늘 공급해 주는 갯벌의 정화 능력은 놀랍다. 1제곱킬로미터의 갯벌은 대형 하수종말처리장 하나의 정화 능력과 맞먹는다고 한다. 서해에 서식하는 각종 어류가 새만금 갯벌을 산란장으로 이용한다. 새만금 갯벌은 기후와 계절적 영향을 받으면서 역동적으로 변화하고 있는 생태계로, 갯벌 스스로 물리적 환경에 따라 침전물과 영양 물질의 퇴적과 배출을 지속할 뿐 아니라, 수질을 정화하고 생물 다양성의 저장고가 된다(최미희, 2004: 112).

사람의 소리가 잦아드는 밤이면 생명의 노래밭으로 변하는 새만금 갯벌은 개발이라는 명목으로 매립되어 지금은 사라지고 없다. 생태적으로 중요한 새만금 갯벌은 그동안 다양한 저서 생물을 먹이로 하는 각종 철새, 특히 도요, 물떼새류는 호주에서 시베리아를 오가면서 이동 경로를 따라 중간 기착지로 새만금 갯벌까지 온다. 철새들은 새만금까지 오는 동안 체중이 절반으로 감소하고 감소된 체중을 새만금에서 보충해서 다음 경로로 이동을 하는데, 새만금 갯벌이 없어져 수만 마리가 떼죽음을 당했다는 소리도 들린다. 인간 이외의 생명들의 죽음에 우리는 아무 책임이 없는 걸까?

무모한 개발로 인한 생태계의 파괴로 많은 종류의 동식물이 멸종되었다. 지구에서 생명 표현의 안전성은 복합적 생명 공동체의 다양성에 달려 있다. 다양성이 감소하는 순간 사 생명의 안진성이 악화된다(베리, 2009: 193).

이러한 생명 파괴의 바탕에는 모든 가치의 중심에 인간을 두고 자연과 인간의 불연속성을 전제로 한 세계관이 있다. 모든 가치의 중심에 인간을 두는 것은 우주의 구조 안에서 인간의 지위와 역할을 왜곡하는 것이다. 인간과, 우주의 나머지 존재들 사이에 커다란 격차가 있다는 생각은 인문학자들이나 과학자들 양편 모두에서 키워온 사상이다. 과학자들은 철두철미하게 우주의 나머지 존재들을 기계 혹은 객체라고 묘사함으로써 그런 사상을 부추겼고, 인문학자들은 인간의 정신과 영혼의 철저한 독특성을 강조함으로써 그렇게 했다(버치 · 캅, 2010: 227). 그 결과 이원론적 사고 방식이 널리 수용되었고, 자연과 인간의 경계 강화는 자연에 대한 폭력으로 이어졌다. 그러나 그 폭력은 그대로 인간에게 되돌아온다. 지구의 주요한 생명 체계들이 지구 안에서 제대로 기능할 수 없는 최종점에 직면하고 나서야 비로소 인간의 윤리성에 문제가 있음을 알아차리게 된 것이다. 지구의 생명 체계가 멸종되는 생명 살해와 지구 살해의 문제는 그야말로 속수무책이다. 자연계가 황폐해진 원인은 경제적 이득을 취하거나 인간 상황을 진전시키기 위해 지구 전체를 파괴하는 산업 경제에만 있는 것은 아니다. 자연계를 위한 법적 보호 장치가 전혀 없다(버치 · 캅, 2010: 107).

지구 변화의 위기 속에서 사라져 가는 숲, 세계 빈곤의 증가, 지구 온난화의 위협, 생물다양성의 감소 등과 같은 암울한 오늘날 현실에서 하나의 통합적 공동체로서 지구를 소생시키기 위해서는 인간과 다른 생명 사이를 연속성에 토대하여 이해해야 한다. "또한 오늘날 인류가 직면하고 있는 가장 도전적인 과제는 지속 가능하며 바람직한 사회에 대한 공동의 비전을 창출하는 과제일 것인데, 그 비전은 이 세계의 생물물리학적 압박 속에서도 모든 인류, 모든 생명체, 그리고 미래 세대들에게 공정하며 형평성을 갖춘 방식으로 영구적인 번영을 제공할 수 있는 비전이어야 한다" (버치 · 캅, 2010: 63).

이러한 의미에서 자연과 인간의 경계를 허물고 소통하려는 새로운 패러다임 전환의 요청에 대해 샐리 맥페이그Sallie McFague와 해월 사상을 통해 논의해 보려고 한다. 맥페이그는 이원론적인 세계관인 그리스도교 전통에서, 해월은 일원론적인 세계관을 바탕으로 한 동학사상에서 이론을 전개한다. 맥페이그는 현재 살아서 활동하는 사람이고, 해월 최시형海月崔時亨(1827~1898)은 1863년 수운水雲 崔濟愚(1824~1864)에게서 도통을 이어받고 동학운동을 이끌어 온 사람이다. 두 사람은 100년이 넘는 시대 차이에도 불구하고 생명 해방과 온 우주를 포함하는 구원에 대한 통전적 지평을 모색하고 있다. 생태계가 위기에 처해 있는 현실에서 생명의 그물망과 생명의 다양성, 그리고 만물의 내연 관계가 존중되는 새로운 대안 문화를 두 사람의 생각을 좇아가면서 알아보고자 한다. 인간이 자연의 나머지 존재들과 연속선상에서 소통할 수 있음을 인정하는 것이 인간의 이해에 어떠한 영향을 미치는가를 살펴보겠다.

2. 샐리 맥페이그

샐리 맥페이그는 저서 『하느님의 몸』 서문에서 "나는 백인이고 중산층이고 미국 그리스도교 여성이면서 제1세계 특권을 가진 주류 그리스도교인에게 이 글을 쓰고 있다."라고 밝히고 있다(McFague, 1993: viii). 그녀는 현재 세계 인류의 상위 계층 15%가 86%의 개인적 소비를 차지하는데 그 15%의 상당 부분을 이루는, 현재 지구를 파멸시킬 방향으로 나아가는 인간의 삶의 모델로 귀결되는 중산층 북미인들에게 특별히 자신의 메시지를 전한다고 밝히고(McFague, 2001: 206), 상위 계층 15%가 누리는 편리함이 자연의 안녕과 다른 사람들의 안녕을 희생시킨 대가로 얻어지는 것이라며 그런 방식의 삶을 지속해야 하는가를 묻는다. 그리고 그것은 현실적으로 불가능하다고 말한다. 만약 지구의 모든 사람이 북미인들처럼 산다면, 그에 필요한 에너지를 생산하기 위해 4개의 지구가 더 필요하다는 것이다(맥페이그, 2008a: 308). 따라서 맥페이그는 그리스도인들이 인간 중심적인 패러다임에서 우주론적 패러다임으로—모든 생명의 안녕을 돕는 세계에서의 존재 방식으로—전환의 필요성을 강조한다. 그리고 '세계는 하느님의 몸'이라는 메타포를 도입한다.

자연 세계: 하느님의 몸

세계를 하느님의 몸으로 보는 모델은, 말씀이 육신이 되었으며 하느님이 이 세계 안에 성육신해 계신다는 그리스도교의 주장에 기초해서 초월을 이 세계 너머에 따로 분리된 것으로 보는 인습적인 의미를 뒤집어서, "초월 너머의 초월"은 철저한 내재로 이해하도록 만든다(맥페이그, 2008b: 162).

세계를 하느님의 몸으로 보는 모델에서 우주는, 자연은 하느님의 현존의 성례전이다. 그러므로 하느님에 대해 가장 철저하게 초월적으로 이해하는 것은 동시에 가장 철저하게 내재적으로 이해하는 것이다. 하느님은 항상 성육신적이기 때문에, 항상 구체적으로 구현되기 때문에, 하느님의 초월성을 내재적으로 볼 수 있다. 하느님을 만나는 것은 순간적인 "영적인" 사건이 아니다. 하느님은 실재(존재)이시다. 존재를 지닌 모든 것은 하느님으로부터 존재를 얻은 것이다. 하느님은 하느님의 몸을 구성하는 수십억의 다른 몸들에게 생명을 부어 주는 그런 영이며 숨이기 때문이다. 왜냐하면 창조가 하느님에게 전적으로 의존하기 때문에 하느님은 존재하는 모든 것의 원천이면서 힘이며 모든 것의 목적이기도 하다(McFague, 1993: xi.). 따라서 하느님의 몸은 삼라만상 모든 피조물이며, 자연 모두이며, 존재하는 것 모두다. 세계를 이런 식으로 하느님 안에 있으며 하느님에 속한 것으로 상상하고, 하느님을 만물의 모체로 상상하는 것은 세계와 하느님 사이의 분명한 경계선이 사라진다는 뜻이며 인간과 자연의 소통이 이루어진다는 뜻이다(맥페이그, 2008: 179).

여기에서 중요한 것은 하느님의 몸으로서 세상이라고 하는 은유는 우리가 모든 다양한 종류의 몸들의 영광과 위대한 정교함에서 느끼는 경이로움과 동시에 고통받는 인간의 몸 혹은 동물의 몸에 대해 느끼는 아픔을 함께 겪게 된다는 점을 시사한다는 것이다. 몸들의 아름다움을 통해 신을 찬양하는 것은 지구상에 있는 모든 몸들의 가장 기본적인 필요에 대해 돌보아 주는 것을 의미한다(McFague, 1993: 132).

여기에서 내재성이라는 것을 단순히 초월성이 가지는 공간적인 거리를 극복하는 것만을 의미하는 것이 아니라, 취약한 존재들과 억압받는 존재들에 대한 사랑의 혁신성을 의미한다. 즉 다시 말해서 모든 고통받는 몸들과 동일시하는 몸이 된 신을 의미하는 것이다(McFague, 1993: 161).

하느님의 몸으로서 우주라고 할 때 하느님은 한 장소에서만 우리에게 현존하는 것이 아니고 모든 몸들을 통해 그 안에서 태양과 달, 나무와 강, 동물과 인간의 몸을 통해 우리에게 현존하시기 때문에(McFague, 1993: 133) 강과 산이 오염되고 파헤쳐서 고통당하면 하느님도 고통당하신다. 즉 하느님도 고난 속에, 악에 의해 발생한 고난의 깊은 곳에, 손으로 만질 수 있을 만큼 인격적으로 관계하신다는 점이다. 악은 하느님의 몸 안에서, 하느님의 몸에 일어난다. 악에 감염된 피조물의 그러한 부분들이 느끼는 고통을 하느님도 느끼며 몸으로 느끼신나. 우리만 홀로 고통을 당하는 것이 아니다. 이렇게 볼 때 십자가에서의 하느님의 고난은 2000년 전의 사건으로 끝난 것이 아니고 지금까지 지속되고 영속된다. 피조물의 몸이 고난당할 때 하느님 역시 고난당하시므로, 세상의 몸으로서 하느님은 영원히 "십자가에 못 박히신다"(맥페이그, 2006: 139).

따라서 세계를 하느님의 몸으로 보는 모델 속에서는 우리의 이웃을 사랑하는 것 역시 평범한 일상적 사건이 된다. 그것은 다른 사람들과 다른 생명체들의 필요, 일차적으로 몸의 필요, 육체적 필요, 세속적 필요를 배려하는 것이다. 사랑이란 그들을 먹이고 입히는 것이며, 그들의 고통과 억압을 줄이기 위해 노력하는 것이며, 그들이 번창하도록 돕기 위해 필요한 길이 무엇인지 모색하는 것이다. 우리가 하느님을 만날 수 있다면, 이 세계 안에서 그리고 이 세계를 통해 만난다. 초월을 이 세계 안에서 그리고 이 세계를 통해 발견한다는 것은 타자들을 배려한다는 뜻이다. 우리 밖에 있는 무엇이 실재한다는 것을 처음 인식하는 것은, 우리가 자기 비움의 행동kenotic action이 가능하게 되어, 끊임없이 달려드는 우리의 자아ego가 뒤로 물러남으로써, 하느님의 영광과 이웃의 필요가 우리 자신을 채울 수 있게 되었을 때다(맥페이그, 2008b: 176-177).

맥페이그는 다른 생명체들, 곧 굶주린 사람의 몸이나 완전히 벌목한 숲 혹은 멸종 위기에 처한 종자들의 몸 속에 있는 초월성이 공간을 갖도록 할 수 있는 것은 바라봄으로써, 자기를 비움으로써, 하나의 눈을 가짐으로써 가능하다고 한다(맥페이그, 2008b: 184). 다른 몸들의 필요성을 채우기 위해 자신의 몸을 내놓음으로써 하느님을 만나는 일, 이것이 철저한 내재로서의 초월을 비추는 일이다. 우리는 우리 자신의 몸을 타자들을 위해 내려놓음으로써 타자의 몸 안에서 그리고 그 몸을 통해 하느님을 만난다(맥페이그, 2008b: 185-186).

맥페이그는 케노시스(자기 비움), 곧 자기를 제한해 다른 이들이 성장하고 번창할 수 있도록 공간과 장소를 갖게 하는 것은 하느님께서 세계를 향해 일하시는 방식이며 우리가 서로를 향해 그리고 삼라만상을 향해 일하시는 방식이라고 말한다. 이 자기 비움은 역설적으로 참된 충만함의 길이기도 하다(맥페이그, 2008a: 219-220). 자기 비움kenoticism은 삶을 부정하는 것이 아니라 모두를 위한 삶을 완성시키는 방식이다. 개인적이며 영적인 차원에서 자아와 물질적 필요를 스스로 제한시키는 것에서 시작한 것은 지구의 건강을 위한 윤리가 될 수 있으며, 또한 반드시 그렇게 되어야 한다고 강조한다(맥페이그, 2008b: 222).

여기에서 예수는, 하느님이 세상에서 육신이 되었다는, 하느님과 세계는—하느님의 실재와 우리의 실재는—동일하지는 않지만 존재론적으로 연결되어 있다는, 그에 대한 증거이자 그리스도인들이 그 의미를 알기 위해 살펴보는 자리다. 하지만 하느님의 성육신은 예수에게 한정되지 않는다. 각 피조물은 하느님의 성육신의 소우주다. 우리 각각은 하느님의 형상에 따라 창조되었다. 예수는 우리에게 하느님의 계시이면서, 하느님의 성육신이 무엇을 의미하는지, 또한 우리가 하느님이라는 실재 속에서 어떻게 살아야 하는지 알려 주는 분이다(McFague, 2001: 20). 즉 예수는 인간 삶의 중심 원리로 십자가 형태의 현실을 보여 준 데 있다. 자신의 생명을 찾기 위해 자신의 생명을 내어 주는 것, 억압받는 자에게 해방의 사역을 선포하며 자신의 죽음과 부활을 통해(이 세상의 고통과 자신을 전적으로 동일시함으로써, 그리고 이 세계의 고통 안에서, 그 고통을 통해, 그리고 그 고통에도 불구하고 하느님의 영광을 밝히 드러냄으로써) 이 사역을 체현한 분이다(맥페이그, 2008a: 200, 251-252).

맥페이그는 순수한 계시는 단지 나와 내 삶을 위한 것이 아니라 모든 생명, 즉 인간 및 피조물을 위한 핵심적인 통찰로 확장되는데, 그 계시는 창조라 부르는 삶의 그물망living network의 모든 부분의 건강을 위해 함께 일하는 방식이 내가 하느님과 지구 모두를 사랑하는 것이라는 내 삶의 의미가 밝혀지는 바로 그 깨달음이라는 것이다(McFague, 2001: 56). 여기에서 하느님은 수십억에 달하는 서로 다른 구성물과 존재와 사건이 얽혀 만들어내는 무한히 복잡한 상호 관계성과 상호 의존성을 통해서만 하나 됨을 이루는 하느님이다(McFague, 2001: 150).

구원의 의미: 식탁 공동체

구원이 단지 나 또는 인간만을 위한 것이 아니라 모든 창조물을 위한 것이며 만물의 안녕에 대한 희망을 준다는 것을 의미한다.

예수에게 하느님 나라는 모든 이들이 식탁에 초대받는 세계로 요약될 수 있다. 신약성서학자 존 도미닉 크로산John Dominic Crossan은 잔치 비유가 예수의 하느님 나라를 이해하는 데 핵심이 된다고 보았다. 그 비유는 계층, 젠더, 지위, 그리고 민족이라는 사회의 경계들을 무너뜨린다고 보았다. 왜냐하면 모든 사람이 잔치에 초대받기 때문이다(McFague, 2001: 173). 1세기 유대인들에게 핵심이 되는 경계는 정결법이었다. 그들은 가난한 사람들, 여성들, 병자들, 또는 '부정한 자들'과 함께 식사하지 않았다. 그러나 하느님 나라의 식탁에는 그들이 신중하게 구축한 가치 있는 것과 가치 없는 것 사이의 모든 경계가 허물어지고 어떤 사람이든 초대받는다는 것이다(McFague, 2001: 173-174).

> 예수에게 하느님 나라는 그 자신의 인격에 배타적으로 결합된 신성한 독점물이 아니었다. 하느님 나라는 육체의 수준에서 시작해서 치유와 식사를 나누는 공동체로 나타났다. 말하자면, 구분, 차별, 또는 위계 질서 없이 모든 이들이 영적이고 물리적인 자원들을 사용할 수 있는 나눔의 공동체로 나타났다. 한 사람이 하나의 삶의 방식으로서 그 나라에 들어갔고, 그런 삶을 살 수 있는 또 다른 사람은 다른 이들에게 그런 삶을 선사할 수 있었다. 그것은 단지 말로만 되는 것도 또 행위로만 되는 것도 아니었다. 그것은 삶의 방식으로서 그 둘은 함께 가는 것이었다(Crossan, 1994: 113-114; 맥페이그, 2008a: 261 참조).

여기에서 맥페이그는 하느님 나라의 징표라는 사실을 암시하는 '식탁'은 세상의 죄를 대신한 예수의 죽음을 기념하는 성찬에서 성직자에 의해 거룩히 구별된 빵과 포도주가 아니라, 오히려 예수의 사역을 통해 발견한 빵과 물고기로 이루어진 평등주의적 식사가 된다는 것이다(McFague, 2001: 174).

여기에서 해월의 밥의 의미를 생각할 수 있을 것 같다. 해월은 "밥은 하늘이다"라고 선포한다. 밥 한 그릇의 의미를 아는 것은 모든 것을 아는 것萬事知이라고 했다. 그리고 모든 사람이 하늘을 나누듯이 밥도 나누어야 한다고 말한다.

맥페이그는 만일 교회가 모두를 위한 하느님의 열린 식탁을 받아들일 수 없다면 교회는 스스로를 무언가 더 포용적인 존재인 것처럼 여겨서는 안 된다고 강조한다. 유복한 그리스도인들에게 죄는 기본적으로 개인적 혹은 성적인 것이 아니라 모든 사람과 피조물에게 세계의 재화를 공정하고 지속 가능하게 배분하는 데 필요한 조직적인 경제적 변화의 가능성을 거부하는 것이라고 본다(McFague, 2001: 204).

맥페이그는 위계적인 이분법을 뒤집고 아픈 몸을 치유하고 쫓겨난 사람들을 식탁으로 초대하는 그런 예수의 해방적이고 치유적이고 포용적인 역할이 오늘날에는 새로운 가난한 자 즉 자연까지 확대되어야 한다고 본다. 오늘날 많은 그리스도교 신학들은 피조물의 1%에도 못 미치는 인류만이 아니라 죽어가는 자연을 포함해서 모든 피조물이 하느님의 "경제", 하느님의 "집안 식구"에 포함되어야 하고 지구의 자원이 인간과 그 밖의 모든 생명체 사이에 정의롭게 또한 지속 가능하게 분배되어야만 한다고 본다(맥페이그, 2008b: 129). 또한 부족한 자원을 정의롭게 분배하기 위해서는 시장 자본주의에서 벗어나야 하며 지구온난화는 만일 우리가 신속하고 근본적으로 시장 자본주의에서 벗어나 다른 형태의 경제 모델로 옮겨가지 않는다면, 우리를 기다리고 있는 재앙이 무엇인지에 대해 엄중한 증거를 보여 주는 것이라고 지적한다(맥페이그, 2008b: 132).

어머니, 연인, 친구로서 하느님

맥페이그는 모든 이가 초대받는 식탁 공동체 축제를 단지 저 세상에서의 영혼의 축제를 함축하는 비유로—종말론적이고 신화적인 축제로만—

상상하지 않는다면, 우리 시대에 요구되는 구원은 역사 안의 사회 · 정치 · 경제적 실재가 되어야 한다는(억압은 바로 그와 같은 실재적인 것이므로) 것이다. 충분한 빵이 없다면, 어떤 이들은 초대받을 수 없다. 그 비전이 한갓 레토릭에 불과한 것이 되지 않으려면, "우리를 보살피는" 지구를 보살필 줄 아는 생태학적 감수성은 사회 · 정치 · 경제적 정의의 비전을 동반해야 한다는 것이다(맥페이그, 2006: 104-105).

여기에서 맥페이그는 세계와 함께하시는 하느님, 모든 생명의 상호 의존성, 그리고 모든 생물의 사회 · 정치 · 경제적 정의의 비전을 실현하기 위해 함께 일하시는 하느님을 어머니, 연인, 친구라는 은유로 표현한다.

세 가지 사랑—창조적, 구원적, 지속적—은 각기 다른 방법으로 모든 생명의 상호 관계성과 상호 의존성에 관심을 둔다. 생명을 전하고 온갖 생명이 번창하도록 보살피는 보존자이시며 심판자이신 어머니 하느님은 나눔을 거부하는 이기적인 자들에게 유죄를 선고하신다. 그러나 어머니 창조자 상의 목적은 죄인들의 징죄나 구출이 아니라, 우주를 의롭게 치리 경영하여 만물을 이롭게 하는 것이다. 그녀의 관심은 미래의 판결이 아니라, 지금 정의를 세우는 것이다(맥페이그, 2006: 202-203).

연인 하느님의 관심은 세상에서 특별한 개별자를 구출해내는 것이 아니라 소외되고 파편화된, 건강하지 않은 실행들로 아프고 죽음과 멸종의 위협 아래 놓인 사랑하는 우주 전체를 구원하고 온전하게 만드는 것이다. 모든 동물 · 식물종을 소중하고 매력적으로 여기는 연인 하느님은 전체적인, 복잡 미묘한 진화 복합체를 무한히 값지고 경이롭게 여기신다. 연인 하느님은 사랑받는 자들 가운데서 이미 발생한 소외의 많은 부분에 책임이 있는 자들—우리 인간—의 도움이 필요하다고 여기신다. 연인 하느님의 모델은 하느님의 세상 구원을 돕는 우리의 손길을 필요로 한다(맥페이그, 2006: 227-228).

상호성, 헌신, 신뢰, 공동의 비전, 상호 의존성을 강조하는 친구 관계는 소유를 부정하고 절망에 도전한다. 그것은 희망의 모델이다. 하느님은 우리와 함께 계시고, 우리의 친구이자 동료인 세상 안에 내재하시며, 교회라고 불리는 친구들의 공동체, 즉 세상의 치유와 해방의 비전에 헌신하는 사람들의 모임 안에 계신다(맥페이그, 2006: 282).

친구 관계는 기쁨의 관계다. '동무companion'란 말은 '빵을 함께 뗀다'는 문자적 의미를 갖고 있다. 동무들은 음식을 함께 나누고, 음식을 먹으면서 기쁨을 공유한다. 친구 모델의 핵심인 축제, 즉 처음에 나타나는 것처럼 보이는 배타적 의식이 아닌 음식을 함께 나누는 일은 본래적으로 (또한 그리스도교의 기원과 역사에서 명확히) 포괄적이기 때문이다. 그것은 추방당한 자들과 이방인에게 다가가서 그들을 안으로 맞아들인다. 어머니이신 하느님(아가페)은 "네가 존재해도 좋다"고 말씀하시고, 연인이신 하느님(에로스)은 "너는 상상할 수 없을 정도로 고귀하다"고 말씀하시며, 친구이신 하느님(필리아)은 "우리, 우리 모두 사귐과 기쁨 속에서 함께 빵을 떼자"고 말씀하신다(맥페이그, 2006: 284).

신, 인간, 자연의 만남과 소통

맥페이그는 도로시 죌레Dorothee Sölle[1]의 선한 사마리아인의 우화에 대한 설명을 매개로 인간이 초월적이면서 내재적인 하느님을 어떻게 만날 수 있는가를 잘 설명하고 있다.

1 죌레에게는 창조자 하느님은 '절대 타자'가 아니라 상대를 필요로 하는 '관계 본질'이며, 창조는 하느님과 우리 사이에 상호 의존적 관계성을 부여했기 때문이다. 하느님은 관계를 맺는 능력을 지니고 있으며 그 능력이 '사랑'이다. 그러므로 '무로부터의 창조'가 아니라 '사랑으로부터의 창조'라는 것이다. 이런 하느님은 '나를 필요로 하는 하느님'이다(죌레, 1993: 35, 48).

> 신은 길거리에 누워 계십니다. …… 보잘것없는 자 그리고 길거리에 상처 받고 있는 외국인, 파괴된 우림, 어떤 종족의 얼마 남지 않은 개인들, 배고픈 아이들에 대한 혁신적인 사랑을 신적인 초월성과 내재성을 섞어 주는 이미지로서 하느님은 억압받는 사람들이 자유를 갖게 되고 아픈 사람들이 치유되고 쫓겨난 자가 초대받아 안으로 들어오는 그런 때마다 그런 곳마다 존재하신다. 만약 우리가 그것을 그렇게 보는 것을 배울 수 있다면 꽃 하나하나가 벌레 하나하나가 신의 몸인 것처럼. 만약 우리가 그렇게 볼 수만 있다면 도움을 필요로 하는 모든 창조적인 몸이 예수의 몸인 것이다(McFague, 1993: 194).

오늘날에는 억압받고 피해자가 되고 전락하고 배제된 새로운 가난한 자가 바로 자연이다. 그래서 배고픈 아이의 눈에서만 아니라, 고통받는 자연 속에서 초월적이고 내재적인 하느님을 만난다. 인간과 자연과의 진정한 만남과 소통은 어머니, 연인, 친구 하느님의 파트너로서 가장 작은 생명의 고통에 귀 기울이고 그들의 상처를 함께 아파하면서 치유하고 보듬고 가는 것이다. 지금까지 맥페이그의 하느님의 몸으로서 자연, 그리고 어머니, 연인, 친구로서 하느님과 자연, 인간과 자연과의 상호 관계성을 살펴보았다. 그러면 자연을 천지 부모로 공경해야 한다고 가르쳤던 해월 사상을 살펴보도록 하겠다.

3. 해월 사상

해월의 자연 이해

동양의 일원론적 세계관에서는 자연을 죽어 있는 것이 아니라 살아 숨쉬는 하나의 '생명체'로 보았다. 자연을 항상 살아 있는 전체의 생명의 질서, 생명의 흐름으로 파악했다. 따라서 자연을 물리적 대상으로 보지 않고 나의 몸과 같은 유기체로 보았다. 해월은 모든 만물이 지기至氣(天)로부터 나온 것이며 따라서 천지만물이 시천주侍天主 아님이 없다고 본다. 해월은 스승인 수운의 시천주 사상을 확대 해석해 모든 만물에는 인간만이 아니라 모든 생명체와 무기물까지도 하나의 살아 있는 생명체이며 그 각각의 내면에는 생명의 근원인 신령, 즉 내유신령內有神靈의 생명 원리를 지니고 있다고 보았다. 여기에서 해월은 시천주의 의미를 만물 자체에 생성과 더불어 내재되어 있는 생명 그 자체와 동일한 의미로 보고 있다.

모든 만물에는 한울님天이 내재해 있다고 보았던 해월은 자연의 소리에서 한울님의 소리를 들었다. 숲 속의 새소리조차도 시천주의 소리라고 말했던 것이다(海月神師法說, 靈符呪文). 따라서 해월은 자연을 부모처럼 대하라고 한다.

> 天地는 곧 父母요 父母는 곧 天地니, 天地父母는 一體니라. 父母의 胞胎가 곧 天地의 胞胎니, 지금 사람들은 다만 父母 胞胎만 알고 天地 胞胎의 理致와 氣運을 알지 못하느니라(海月神師法說, 天地父母).

같은 맥락에서 해월은 땅을 소중히 하기를 어머님의 살갗같이 하라고 가르치고 있다. 따라서 침을 함부로 뱉거나 걸음걸이 하나도 경솔하게 걷지 말기를 당부하고 있다.

> 내가 한가히 있을 때에 한 어린이가 나막신을 신고 빠르게 앞을 지나니, 그 소리 땅을 울리어 놀라서 일어나 가슴을 어루만지며, "그 어린이의 나막신 소리에 내 가슴이 아프더라"고 말했었노라. 땅을 소중히 여기기를 어머님

의 살같이 하라(余閑居時一小我着屐而趨前 其聲鳴地 驚起撫胸曰「其兒屐聲我胸痛矣」惜地如母之肌膚, 海月神師法說, 誠 · 敬 · 信).

대인접물待人接物

그는 모든 자연만물과 일상 생활에 모두가 '한울님' 조화의 현상으로 이해해 '물물천사사천物物天事事天'을 이야기한다(최문형, 2010: 99). 이러한 해월의 사상은 삼경, 양천주 사상으로 이어진다. 해월은 1871년 박용걸 집에서 각지의 접주들을 소집해 놓고 대인접물에 대한 설명을 했다.

> 道는 먼저 待人接物에서 시작되는 것이니 사람을 待하는 데서 세상을 氣化할 수 있고 物件을 接하는 데서 天地自然의 理를 깨달을 수 있나니 만약 사람이 이 두 가지 길을 버리고 道를 求한다면 이는 虛無에 가깝고 實地를 떠나는 것이니 천만 년 법경을 외운들 무슨 효험이 있으리오(海月神師法說, 待人接物).

대인접물의 내용이 삼경(敬天, 敬人, 敬物) 사상이다. 수운에게서 시侍는 신비 체험에서 얻어지는 수심정기守心正氣 상태의 종교적인 각성에서 이해되나 해월에서의 시侍는 윤리적인 가르침으로 해석된다. 이러한 해월의 범천론汎天論적 시천주 사상은 경인에서 경물에까지 이른다. 경인은 곧 사인여천事人如天으로 연결된다.

> 마음을 떠나 天主를 생각할 수 없고 사람을 떠나 한울을 생각할 수 없나니 그러므로 사람 공경함을 멀리하고 한울을 공경하는 것은 꽃을 따버리고 果實이 생기기를 바람과 같으니라(이돈화, 1969: 제2편, 36-37).

인간을 공경하지 못하면서 한울만 공경하는 것의 불합리성을 이야기하는 해월의 사상은 마치 그리스도교에서 눈에 보이지 않는 한울님을 내가 얼마나 사랑하느냐 하는 것은 바로 내 이웃에 대한 사랑으로 증명된다는 논리와 일맥상통한다. 해월은 여기에서 한 걸음 더 나아가서 눈에 보이는 시천주자侍天主者를 공경치 못하면서 어떻게 눈에 보이지 않는 한울님을 공경할 수 있느냐 하는 것이다.

해월은 사람을 한울처럼 대하라는 사인여천에서 한 걸음 더 나아가서 모든 만물에 이르기까지 한울처럼 대하라고 말하고 있다.

> 한 생물도 무고히 해치지 말라. 이는 천주를 상하는 것이다(海月神師法說, 天地父母).
>
> 接物은 우리 도의 거룩한 교화이니 제군은 풀 한 포기 나무 한 그루라도 무고히 해치지 말라. 도닦는 차제가 天을 敬할 것이요, 人을 敬할 것이요, 物을 敬할 것에 있나니, 사람이 혹 天을 敬할 줄을 알되, 人을 敬할 줄을 모르며, 人을 敬할 줄을 알되 物을 敬할 줄을 모르나니, 物을 敬치 못하는 자 人을 敬한다 함이 아직 道에 닿지 못한 것이니라(海月神師法說, 敬物).

모든 만물이 시천주자 아닌 것이 없으니 동물에서 식물에 이르기까지 무고히 해하지 말고 한울처럼 소중히 여기는 것에서 더 나아가 공경하라고까지 말하고 있다. 해월은 물아일체物我一體적 세계관을 보여 준다. 해월의 사고 속에는 자연은 대상이 아니라 살아 있는 유기체적 생명 공동체로서 이해되고 있다. 해월이 사용하고 있는 물物의 상징은 생명의 근원적인 의미를 내포한다. 또한 해월은 삼경에서 물을 공경할 줄 알아야 참된 공경이 완성된다고 말한다.

해월은 시천주자로서 행해야 하는 윤리적 생활 규범을 '내수도문內修道

文'을 통해 잘 보여 주고 있다.

> 1. 부모님께 효를 극진히 하오며, 남편을 극진히 공경하오며, 내 자식과 며느리를 극진히 사랑하오며, 하인을 내 자식과 같이 여기며, 六畜이라도 다 아끼며 나무라도 생순을 꺾지 말며, 부모님 분노하시거든 성품을 거슬리지 말며 웃고, 어린 자식 치지 말고 울리지 마옵소서. 어린아이도 한울님을 모셨으니 아이 치는 것이 곧 한울님을 치는 것이오니, 천리를 모르고 일행 아이를 치면 그 아이가 곧 죽을 것이니 부디 집안에 큰 소리를 내지 말고 화순하기만 힘쓰옵소서. 이같이 한울님을 공경하고 효성하오면 한울님이 좋아하시고 복을 주시나니, 부디 한울님을 극진히 공경하옵소서.

윗글에서 보여 주듯이 부모님, 남편, 부인, 며느리, 어린아이, 하인까지 시천주자로서 극진히 공경하며 동물도 식물도 생명이 있는 것은 함부로 대하지 말고 아끼며 공경하라고 당부한다.

양천주養天主 사상

해월은 시천주자로서 내면의 성실성과 도덕성을 확보해 시천주侍天主를 지켜 나가기 위해서는 천주를 양養할 줄 알아야 한다고 생각했다. 해월은 무궁한 한울의 생명을 키워 나가는 것이 시천주하는 것이라고 말한다. 그러기 위해 해월은 물욕을 갖는 것도 남을 미워하는 것도 거짓말을 하는 것도 남과 시비하는 마음을 갖는 것도 즉 비도덕적인 모든 행위는 한울을 양하지 못하고 오히려 한울을 상하게 하는 것이라고 보았다.

해월은 마음을 정定하고 한울을 양養하면 즉 한울을 닮아가서 그것이 자꾸 커지면 성인도 될 수 있고 천인합일天人合一에 이를 수 있다고 말한다.

해월은 인간의 선천적인 차별성은 있을 수 없으며 얼마나 시천주하고 양천주할 수 있는가에 있다고 보고 있다. 필자는 양천주를 한울을 닮아가는 것 즉 한울의 품성을 키우고 닮아가는 것이라고 생각했다. 그래서 내 마음에 이기적인 때가 낀 마음이 아닌 본래의 순수한(바로 한울의 씨앗, 마음) 마음으로 돌아와 그것이 가득 커져서 오심즉여심吾心卽汝心 한울님 마음이 내 마음이 되어 천인합일의 경지에 이른다고 이해했다.

이천식천以天食天

해월은 '만사지萬事知는 식일완食一碗'(海月神師法說, 天地父母)이라 하여 밥 한 그릇을 먹게 된 이치만 알게 되면 모든 이치를 다 알게 된다고 가르쳤다.

> 사람은 五行의 빼어난 氣運이요 穀食은 五行의 으뜸가는 氣運이니, 젖이란 것은 사람의 몸에서 나는 穀食이요, 穀食이란 것은 천지의 젖이니라"(人是五行之秀氣也 穀是五行之元氣 乳也者 人身之穀也 穀也者天地之乳也, 海月神師法說, 天地父母).

천지의 젖인 밥은 우주 만물은 지기至氣인 하늘天의 화현化現인 까닭에 '이천식천以天食天 이천화천以天化天' 즉 하늘로써 하늘을 먹고 하늘로써 하늘로 화한다는 것이다. 어찌 밥뿐일까. 우리의 밥상에 올라오는 뭇 생명들이 모두 하늘의 화현인 것을. 따라서 해월은 일상적인 식사 행위는 이천식천하는 즉 밥 한 그릇에 바람, 햇님, 물이 힘을 보탠 한울의 조화와 노동을 통한 한울의 창조 행위가, 생명의 근원인 한울 자체가 담겨져 있으니 소중하고 감사하게 먹으라는 것이다.

> 宇宙는 한 氣運의 所事요 한 神의 하는 일이라, 눈앞에 온갖 물건의 形象이 비록 그 形象이 각각 다르나 그 理致는 하나이니라. 하나는 즉 한울이니 한울이 萬物의 組織에 의하여 표현이 각각 다르니라. 같은 비와 이슬에 복숭아 나무에는 복숭아 열매를 맺고 오얏 나무에는 오얏 열매가 익나니 이는 한울이 다른 것이 아니요 萬物의 종류가 다름이로다. 사람이 공기를 마시고 만물을 먹는 것은 이는 한울로써 한울을 기르는 까닭이니라. 무엇이든지 道 아님이 없으며 한울 아님이 없는지라, 각각 順應이 있고 서로 和合함이 있어 宇宙의 理致가 이에 順히 行하나니, 사람이 이를 따르는 것은 이것이 바른 것이요 이를 거스르는 것은 이것이 惡이니라(海月神師法說, 其他).

여기에서 이천식천은 약육강식의 논리가 아닌 상생의 논리다.

> 내 恒常 말할 때에 物物天이요 事事天이라 하였나니, 萬若 이 理致를 是認한다면 物物이 다 以天食天 아님이 없을지니, 以天食天은 어찌 생각하면 理에 相合치 않음과 같으나, 그러나 이것은 人心의 偏見으로 보는 말이요, 萬一 한울 全體로 본다 하면 한울이 한울 全體를 키우기 爲하여 同質이 된 자는 相互扶助로써 서로 氣化를 이루게 하고, 異質이 된 者는 以天食天으로써 서로 氣化를 通하게 하는 것이니, 그러므로 한울은 一面에서 同質的 氣化로 種屬을 養케 하고 一面에서 異質的 己和로써 種屬의 連帶的 成長發展을 圖謀하는 것이니, 總히 말하면 以天食天은 곧 한울의 氣化作用으로 볼 수 있는데, 大神師(동학을 창도한 崔濟愚를 가리킨다. 號는 水雲)께서 侍字를 解義할 때에 內有神靈이라 함은 한울을 이름이요, 外有氣化라 함은 以天食天을 말한 것이니 至妙한 天地의 妙法이 도무지 氣化에 있느니라(海月神師法說, 以天食天).

필자는 "내유신령內有神靈이라 함은 한울을 이름이요, 외유기화外有氣化라 함은 이천식천以天食天을 말한 것이니 지묘至妙한 천지天地의 묘법妙法이 도무지 기화氣化에 있느니라."라는 해월의 가르침에 깊은 깨달음을 받았다.

수운의 시천주 사상은 동학의 종지宗旨다. 『동경대전』 논학문에 '시侍'의 의미를 수운이 잘 설명하고 있다. 시의 의미인 내유신령 외유기화 일세지인 각지불이자야內有神靈 外有氣化 一世之人 各知不移者也에서 내유신령內有神靈 외유기화外有氣化를 필자는 "안에 한울님을 모시고 밖으로 끊임없이 지기至氣(만물의 본체로서 한울님)와의 소통을 하는 것"으로만 생각했었다. 외유기화에 밥의 의미가 담겨져 있다는 것을 몰랐던 것이다. 시천주자인 모든 만물은 안에 한울님을 모시고 있고 밖으로 지극한 기운과 끊임없이 소통할 뿐만 아니라 기꺼이 생명을 내어주어 나의 생명을 유지시켜 주는 뭇 생명들(시천주자)을 모시는 것이다. 이것이 외유기화다. 이렇게 해서 한울이 한울을 먹고 한울이 한울을 키우는 것이다. 여기에 유기적인 생명의 상호 의존성, 생명의 그물망을 생각해 볼 수 있다.[2]

지금까지 살펴본 해월의 사상 속에는 인간의 존엄성과 아울러 모든 만물에 이르기까지 무궁한 우주의 대생명이 꿈틀거리고 있는 천지만물 모두가 유기체적인 생명 공동체라는 깨달음이 담겨 있다. 해월의 자연에 대한 이해는 가난한 농민으로 화전민으로 흙과 살아온 삶의 체험 속에서 생명의 소중함과 자연의 모든 것들 속에 그것이 있음이 비롯되게 한 한울의 씨앗이, 한울 자체가 깃들어 있다고 보았으리라고 생각한다. 해월의 사상은 맥페이그가 말하는 인간과 자연의 소통을 넘어 인간과 자연의 하나 됨

2 여기에서 장회익의 온 생명과 개체 생명 보생명을 생각해 본다. 온 생명에서 이 개체 생명을 제외한 그 나머지 부분"을 이 개체 생명의 '보생명co-life'이라 부르기로 한다. 한 개체 생명에 대한 '보생명'을 이렇게 정의하고 나면 이는 정의상 지정된 개체 생명에 대한 상대 개념일 수밖에 없다. 즉, '나'의 보생명과 '너'의 보생명이 서로 다를 수밖에 없는데 '나'의 보생명에는 '너'가 포함되고 '너'의 보생명에는 '나'가 포함된다(장회익, 2004: 190-191).

을 추구하고 있다.

4. 나오는 말

생태계의 파괴로 지구의 위험 수위가 임계점에 달했다는 위기감이 자연과 인간의 경계를 허물고 인간과 자연, 혹은 인간과 다른 생명체와의 연속성을, 소통 가능성을 숙고하게 만들었다.

맥페이그는 하느님 몸으로서 자연에게 행하는 인간의 폭력이 바로 하느님에게 하는 폭력이라는 것을 상기하면서 2000년 전의 예수의 십자가의 고통을 오늘 현재화한다. 어머니, 연인, 친구로서 하느님은 인간과 자연이 당하는 고통을 함께 나누며, 그래서 영원히 십자가에 달려 계신다. 자연을 나와 똑같은 몸이요 나아가서 나를 낳고 길러 주는 천지부모天地父母로 인식하는 해월은 자연을 어머니처럼 공경하고 모시라고 한다.

김지하는 "모심의 문화 혁명은 살림을 위한 것이며, 인격-비인격, 생명-무생명을 막론하고 일체 존재를 우주 공동 주체로 거룩하게 드높이는 모심의 문화, 모심의 생활 양식으로 인류의 삶 전체를 철저히 변혁하지 않으면 지금의 생명 위기와 기후 변화 등 대혼돈을 극복할 수 있는 화엄 개벽의 살림의 길은 사실상 없다"고 단언한다. 그리고 그는 "밥 한 그릇을 제대로 먹기 위한 생명 운동이 참다운 평화의 보장 운동이고 진정한 모심의 깨달음이 아니겠는가! 2000년 전 이스라엘 한 무덤에서 부활한 나사렛 예수의 사랑과 섬김과 모심의 선禪적 신비의 현실적 성취임을 고백한다. 해월 선생은 '밥 한 그릇이 만사지萬事知'라고 가르쳤다. 이것이 무슨 뜻일까? 동학 해월법설의 밥 한 그릇 사상이 다름 아닌 예수의 밥 한 그릇, 즉 '빵의 사상'과 똑같은 것이라고 본다"라고 한다.

그리고 그는 호혜의 참 화엄 개벽적 삶은 '자기 자신을 비움'으로서의 철저한 '모심'이고, 바로 이 텅 빈 모심이 곧 동학이고, 그리고 그 모심이 곧 '그리스도교 세계관의 완성인 종말적 창조적 진화론과 불교적 우주관의 총괄인 화엄 개벽을 제 몸으로 실천하되 또한 제 마음 안에서 그 주체인 하느님이자 부처님인 우주 무궁의 그 님을 텅 비워 버리는 것, 즉 '모시고 비우고'의 끝없는 참선이다"라고 말한다(김지하, 2009).

이 '텅 빈 모심', 어떻게 가능할까? 자연에게서 배울 수 있을 것 같다. 흙은 생명의 씨에게 자기를 비워 자리를 내어줌으로써 자기 품에 안긴 생명의 씨가 그 생명의 열매를 맺을 수 있게 한다. 오래된 나무숲의 '보호목'은 썩어가면서 어린 나무에 온기와 양분을 제공한다. 이것은 맥페이그가 이야기하는 십자가의 케노시스를 닮았다. 바로 자기 비움이다.

흙은 자기를 고집하지 않는다. 무는 무 되게, 배추는 배추 되게 한다. 그뿐인가? 죽음에서 생명이 나온다. 삶은 죽음에 기대어 있다고 생각한다. 우리는 생명까지 내주면서 우리를 살게 하는, 우리의 밥상에 오르는 뭇 생명들에 기대어 살고 있다. 우리가 일상적으로 매일 먹는 밥을 자연과 인간이 만나는 우주적인 사건으로 받아들이고 이천식천하는 마음으로 한울을 모시는 마음으로 적게 먹고 나눌 수는 없을까? 자연과 인간의 진정한 소통은 바로 자연에게서 배운 것을 실천하는 것이 아닐까? 조금이라도 나를 비워내어 내 안에 자연의 고통이 이웃의 아픔이 자리잡을 수 있도록 내어주는 것일 것이다.

자크 랑시에르Jacques Rancière는 진리의 자리는 토대나 이상의 자리가 아니고 그것을 입증하려는 실행들을 통해, 실행되는 한에서만 존재하며 보편성의 효과를 얻을 수 있다고 말한다(랑시에르, 2008: 138).

이러한 의미에서 2003년 3월 새만금 갯벌에서 서울까지 삼보일배의 길을 떠나며 문규현 신부가 올린 글을 끝으로 이 글을 맺고자 한다.

부안에서 서울까지 305km라 합니다. 길고 긴 여정이며 결코 쉽지 않을 것입니다. 그러나 그 길 따라 내 온몸을 낮추어 보이지 않는 생명의 소리들, 고통받는 그들의 소리를 듣겠습니다. 개발이라는 이름 하에 파괴되고 있는 자연, 전쟁과 온갖 폭력 속에 고통받는 모든 이들에게 진심으로 사죄하겠습니다. 나의 땀 한 줌, 나의 기도 한 마디가 죽어가는 새만금 갯벌의 생명들과 공감을 이루고 나눠질 수 있도록 간절히 마음 모으겠습니다.

마지막으로 한 가지 짚어볼 것이 있다. 맥페이그의 과감한 논리 전개에도 불구하고, 그리스도교 신학은 역시 인간과 자연의 문제에서 일정한 제약을 가지고 있다는 점이다. 그것은 그리스도교 신학의 이원론적 영향 때문인지 모르겠다. '초월의 내재'라는 말은 바로 그 점을 보여 준다. 맥페이그는 예수 그리스도와 십자가를 자연의 메타포로 사용했지만, 엄밀히 말해서 십자가는 시간의 사건, 즉 카이로스(때)의 사건이다. 그러므로 그리스도교 신학은 역사, 구원 역사를 중심으로 한다. 공간은 시간과 관계되지만 하나 될 수는 없다. 역사를 자연과 상관시킬 수는 있어도 하나로 볼 수는 없다. 적어도 현재까지의 그리스도교 신학은 그렇다. 그러나 해월의 사상에서는 그 둘은 결코 둘이 아니다. 시간은 공간 안에서 진행되고 역사는 자연을 통해 이루어진다.

이 해월의 사상에서 자연과 인간, 신과 피조물의 소통의 새 가능성을 모색해 볼 수는 없을까 하는 조심스러운 생각을 해 본다.

참고 문헌

김곰치, 「새만금 예수님을 죽이지 마라 : 부안에서 보낸 12일」, 박병상, 『참여로 여는 생태공동체 어느 근본주의자의 환경 넋두리』, 아르케, 2004.

김지하, 「화엄개벽의 모심」(제2회 여해포럼 '사이 너머' 호혜와 공존 기조 발제문 중에서), 크리스챤 아카데미, 2009.

랑시에르, 자크, 『정치적인 것의 가장자리에서』, 양창렬 옮김, 도서출판 길, 2008.

맥페이그, 샐리, 『생태학적 핵 시대와 하느님의 세 모델 : 어머니 · 연인 · 친구』, 정애성 옮김, 뜰밖, 2006.

_____, 『풍성한 생명 : 위기의 지구 앞에서 신학과 경제 다시 생각하기』, 장윤재 · 장양미 옮김, 이화여자대학교출판부, 2008a.

_____, 『기후 변화와 신학의 재구성』, 김준우 옮김, 한국기독교연구소, 2008b.

버치, 찰스 · 존 캅, 『생명의 해방 세포에서 공동체까지』, 양재섭 · 구미정 옮김, 나남, 2010.

베리, 토마스, 『위대한 과업』, 이영숙 옮김, 대화문화아카데미, 2009.

이돈화, 『천도교창건사』, 경인문화사, 1969.

장회익, 『삶과 온생명, 새과학 문화의 모색』, 솔, 2004.

죌레, 도로시, 『사랑과 노동』, 박재순 옮김, 한국신학연구소, 1993.

최문형, 「에코페미니즘과 동학사상의 모성론」, 동학학회, 『동학학보』 18, 2010.

최미희, 「생태경제의 눈으로 본 갯벌 가치 새만금 갯벌의 생태, 경제, 사회문화, 심미적 가치」, 박병상, 『참여로 여는 생태공동체 어느 근본주의자의 환경 넋두리』, 아르케, 2004.

최시형, 「海月神師法說」, 천도교 중앙총본부, 『천도교경전』, 1991.

최제우, 「동경대전」, 「용담유사」, 천도교 중앙총본부, 『천도교경전』, 1991.

Crossan, John Dominic, *Jesus: A Revolutionary Biography*, San Francisco, Harper Sanfrancisco, 1994.

McFague, Sallie, *The Body of God*, Augsburg Fortress/ Minneapolis, 1993.

_____, *Super, Natural Christians- How we should love nature*, Augsburg Fortress/ Minneapolis, 1997.

_____, *Life Abundant-Rethinking Theology and Economy for a Planet in Peril*, Augsburg Fortress/ Minneapolis, 2001.

"강물아 흘러 바다로 가거라":
인간과 자연 사이의 지속가능성 경계*

장윤재

1. 들어가는 말

진정한 신학자는 자신이 속한 당대의 가장 고통스러운 문제를 정면으로 바라보는 사람이라고 생각한다. 두 차례의 세계대전이라는 암흑기를 살았던 카를 바르트Karl Barth가 그랬고, 히틀러의 파시즘에 맞서 온몸을 던진 디트리히 본회퍼Dietrich Bonhoeffer 역시 그러했다. 신학이 활자에 갇힌 도그마가 아니라면, 혹은 동어 반복적인 자기 순환의 논리나 예쁜 미학적 완결성을 추구하는 독백이 아니라면, 우리는 우리 시대의 어떤 문제를 응시하며 그 고통에 정면으로 맞서 왔던가.

21세기 초 한국을 사는 사람들은 아무도 강江의 문제를 빗겨갈 수 없게 되었다. 지금 이 나라 이곳저곳에서 '4대강 살리기'라는 이름으로 빠르게

* 이 글은 『신학사상』 2011년 여름호(6월 15일)에 게재될 논문으로, 탈경계 인문학 연구의 관점에서 내용의 일부를 수정했다.

추진되고 있는 '4대강 토건 공사'는 오늘 우리 자신은 물론, 앞으로 오고 있는 세대와 또한 이 땅에 너무도 중요한 문제이기 때문이다. 2011년 1월 20일을 기준으로 4대강 토건 공사의 공정률은 48.8%를 기록하고 있으며, 그 핵심 사업인 보洑와 준설의 진척률은 무려 70%에 이른다고 한다.[1] 정부가 2011년 6월까지 이 보와 준설 공사를 완료하겠다고 하니, 환경 평가도 제대로 받지 않은 이 사업이 결국 이렇게 마무리되는가 싶어 무척 당혹스럽고 염려된다.

이 글은 '단군 이래 최대의 공사'라는 4대강 사업을 신학적으로 성찰한 것이다.[2] 필자는 먼저 '물'의 종교적 의미와 '강'의 생태적 역할을 살펴보고, 좋은 강 혹은 생명의 강이란 항상 일정한 '유량流量'이 확보된 강이 아니라 자연스러운 강의 '유황流況', 즉 강물의 자연적인 높낮이 패턴이 복원된 강임을 주장할 것이다. 그리고 신학적으로 이러한 강에서 강물의 섬세한 높낮이를 통해 복잡한 생명의 과정을 손수 지휘하는 하느님을 부지런하고 알뜰한 생명의 하느님으로 묘사할 것이다. 하지만 20세기에 들어서서 자연의 지배로 군림하면서 지구 생태계에 암적 존재가 되어버린 인간에 의해 이 하느님의 '몸'이 고통받고 있음을 토로할 것이다. 그리고 이러한 상황 속에서 21세기 기독교 신학이 깊이 천착하고 고민해야 할 문제는 '전능하신(?) 인간'의 문제, 즉 자연을 창조한 것도 아니고 또 자연을 완벽히 이해하지도 못하면서 자연에 대한 지배권을 손에 넣은 '인간의 지배권' 문제가 되어야 한다고 제안할 것이다.

1 경향신문, 2011. 1. 27.

2 단군 이래 최대의 공사인 이유는 여기에 들어가는 천문학적 비용 때문이다. 지난 2010년 10월 11일 국회 국토해양위원회 박기춘 의원(민주당)은 국토해양부 국정감사에서 "2009년 한국개발연구원(KDI) 예비타당성 조사 결과 전체 사업의 단 3%만 타당성 조사를 했는데도 예산이 20%가 늘어났다"며 "이에 비춰볼 때 4대강 사업 총사업비가 애초 계획인 22조 2천억 원을 넘어 30조 원 이상이 될 것으로 보인다"고 분석했다(한겨레신문, 2010. 10. 11).

필자는 강과의 평화로운 공존을 위해 강에 '지속 가능한 경계선'을 정하자는 생태학자들의 제안을 적극 수용하면서, 이를 신학적으로는 인간이 자연과의 관계에서 넘지 말아야 할 경계를 의미하는 성서의 선악과善惡果 이야기에 비유할 것이다. 4대강 사업은 인간과 자연의 경계에 대해 다시 성찰하게 한다. 그리고 마지막으로 구약성서 에스겔 47장에 나오는 아름다운 생명의 강 환상vision을 소개하면서, 한국 교회가 이러한 생명의 강의 발원지가 될 수 있기를 촉구할 것이다.

2. 물[水]

> 참 아름다워라 주님의 세계는 저 산에 부는 바람과 잔잔한 시냇물 그 소리 가운데 주 음성 들리니 주 하느님의 큰 뜻을 내 알 듯하도다.

찬송가 78장의 3절 가사다. 잔잔한 시냇물 소리 가운데서 주의 음성을 들었던 작사자(M.D. Babcock)는 과연 어떤 영혼의 소유자였을까? 과연 우리도 그처럼 세미한 자연의 소리 가운데 신의 음성을 들을 수 있을까?

이른바 인류의 4대 고대 문명이 모두 큰 강을 끼고 일어났듯이,[3] 물은 문화를 형성하는 모체이며 생명의 기본이다. 물은 인류에게 언제나 영적으로 중요한 존재였고,[4] 강은 늘 청렴과 부활, 그리고 영원과 치유의 상징

3 그것들은, 잘 알다시피, 티그리스 강과 유프라테스 강의 비옥한 평원에서 일어난 고대 메소포타미아 문명, 나일 강 계곡에서 일어난 고대 이집트 문명, '어머니 강'이라 불린 황허黃河 계곡에서 일어난 고대 중국 문명, 그리고 갠지스 강에서 일어난 고대 인도의 문명이다.

4 프랑스 센 강의 발원지에는 여신 세쿠아나Sequana에게 봉헌된 성스러운 사원이 세워져 있다. 영국에서 템스 강의 옛 이름은 타메사Tamesa 혹은 타메시스Tamesis인데, 이 말은 '강의 신성'을 뜻한다. 미국의 토머스 엘리엇Thomas Stearns Eliot도 미시시피 강을 '갈색의 신'이라 노래한 적이 있다. 물론 기독교는 물을 숭배하는 것을 우상 숭배의 죄라고 비난했지만, 기독교 역시 세례 의식과

으로서 인간의 정신 세계를 풍요롭게 해 주었다.

물은 우리 영혼의 거울이고, 하나님께로 나아가는 길이다. "호수를 들여다보는 이는 그 안에서 자기 본성의 깊이를 가늠한다"고 헨리 데이비드 소로우Henry D. Thoreau가 말했듯이(소로우, 2002: 6), 물은 그 투명성으로 인해 푸른 하늘을 있는 그대로 비추어 주고, 인간의 얼굴과 영혼을 비추어 준다. 히브리어로 기도는 '히트파레르'인데, 그 뜻은 본래 '맑은 물에 자신의 얼굴을 비추어 보다'다. 그러니까 기도란, 절대자라는 맑은 거울 앞에 자신의 모습을 있는 그대로 비추어보는 행위인 것이다. 본래 기도는 이렇게 듣는 것이고, 침묵하는 것이다. 하나님이 말씀하시도록 기다리는 것이다. 아마도 고대 히브리인들은 물을 통해 기도가 무엇인지 배웠는지도 모른다. 그래서 소로우의 말처럼, "순수純粹의 물길이 열릴 때 인간은 즉시 신에게로 이른다"(소로우, 2002: 7). 물은 우리 영혼의 거울이고, 하나님께로 나아가는 길이다.

그런데 물은 우리 자신이기도 하다. 물은 '너'가 아니라 '나'다. 인간 신생아의 4분의 3이 물이다. 비록 나이를 먹어감에 따라 인간의 몸은 점점 고체화되지만 (성인 남자의 몸은 55%가 물, 성인 여자의 몸은 50%가 물이다), 지금도 우리 몸의 신장은 81%, 심장은 79%, 뇌는 76%, 그리고 피부는 70%가 물로 이루어져 있다.[5] 물은 이렇게 우리 몸의 가장 중요한 구성 성분일 뿐만 아니라, 나아가 우리 몸 안에서 이루어지는 모든 생화학적 소통의 매개체이며 그 장이다.[6] 이렇게 우리는 물이고, 물이 우리다.

손 씻는 의식에서 물을 신성한 것으로 다루고 있다(시바, 2003: 226-228).

5 오직 뼈만이 예외인데, 예를 들어 치아를 구성하는 상아질의 1%만이 물이다. 사실 식물도 우리처럼 거의 대부분 물로 이루어져 있다. 예를 들어 상추는 97%, 토마토는 93%가 물이다.

6 물은 세포라는 복잡한 화학 공장을 구성하는 모든 요소를 결집시키고, 또한 각 구성 요소 간의 반응과 결합과 재결합을 용이하게 한다. 물은 세포 밖에서도 간질액이라는 상태를 통해 세포에 영양을 공급하고 노폐물을 실어 나온다.

물이 없으면 우리가 생명이라고 부르는 기제는 움직이지 않는다.

지금까지 보통 물은 모든 것을 품기만 하는 수동적 존재처럼 그려져 왔다. 예를 들어 노자老子는, "아름다움의 으뜸은 물과 같으니 물은 모든 것을 돕되 다투지 아니하며 뭇사람들이 싫어하는 낮은 곳에 머문다上善若水 水善利萬物而不爭 處衆人之所惡"고 했다. 하지만 물은 사실 창조적 파괴를 단행하는 적극적인 행위자이기도 하다. 에릭 오르세나Erik Orsenna가 『물의 미래』라는 책에서 설명하듯이, 물은 '파괴 본능'에 시달리기도 하고, '창조적 야심'에 불타기도 하며, 우리를 중력에서 해방시켜 밀어올리기도 하는, 매우 적극적인 행위자다.[7]

그런데 우리가 사는 지구는 다름 아닌 '물의 행성'이다. 사실 지구의 표면은 육지보다 바다가 더 넓으니 우리는 이 행성을 '지구地球'가 아니라 '수구水球'라고 해야 더 맞을지도 모른다. 존 로버트 맥닐John Robert McNeill에 의하면, 지구상 '수권水圈(hydrosphere)'의 97% 이상은 바다에 속하는 짠 물이며, 태양은 바다로부터 매년 50만 세제곱킬로 리터의 막대한 물을 증발시켰다가 비와 눈의 형태로 지표에 되돌려 준다. 바로 이런 강수降水가 전 세계 모든 민물[淡水, fresh water]의 근원인 것이다(맥닐, 2008: 212).[8] 지구상의 모든 생명 현상은 바로 이러한 물의 순환 때문에

7 물은 단순 물질이 아니라 수소와 산소가 결합해서 생긴 복합 물질('커플')이기 때문에 '파괴 본능'을 가지고 있다. 물을 이루는 수소와 산소의 결합은 그렇게 탄탄하게 이루어져 있지 않기 때문에 물은 다른 커플을 만나면 복잡한 관계의 변화('바람')를 일으킨다. 예를 들어 물이 소금을 만나면, 수소와 산소는 절대로 갈라지지 않으려고 발버둥치는 나트륨과 염소를 영원히 격리시켜 소금을 완전히 해체시킨다 ('새 짝을 찾는다'). 물은 또한 자기 안에서 이 세상을 변모시키려는 끊임없는 욕구를 가진 존재이기도 하다. 기후가 다양하게 나타나는 현상도 사실은 물의 작용 때문이며, 물은 암석 사이의 광물질을 서서히 녹여 버리는 등 지형과 풍경의 모습을 새로 창출한다. 또한 물은 위에서 아래로 내려오면서 사방을 적시는 것만으로 만족하지 않고 아래에서 위로 들어올리기도 한다. 수영을 해 본 사람은 누구나 알지만, 물은 우리를 떠받치며 중력에서 해방시켜 준다. 커다란 배 한 척이 200대의 트럭, 혹은 열차 120대 분의 짐을 실어 나를 수 있는 이유도 여기에 있다. 물은 이렇듯 적극적인 행위자다(오르세나, 2009를 참조함).

8 맥닐에 의하면 이 세계 민물의 오직 0.25% 정도(약 9만 세제곱킬로 리터)만이 하천과 호수에 드러나 있으며, 이것이 인간이 가장 쉽게 사용할 수 있는 수자원이다.

일어난다. 성서의 전도서 기자도 이를 알고 있었다.

> 모든 강물이 바다로 흘러가도, 바다는 넘치지 않는다. 강물은 나온 곳으로 되돌아가, 거기에서 다시 흘러내린다(전도서 1: 7).

물은 흐른다. 그 흐름이 생명을 불러일으킨다. 물은 순환한다. 그 순환이 낱 생명을 불러일으키고 온 생명을 엮는다. 그러므로 순환이 막히면 생명이라는 하나의 실은 끊어진다. 이 세상의 모든 생물은 물을 매개로 서로 연결되어 있고, 물은 순환 과정을 통해 지구에 있는 모든 생명과 땅을 하나로 연결하는 것이다. 참으로 "흐르는 물이 생명을 낳고, 그 잉태가 우리의 근원을 이룬다."[9]

3. 강江

그런데 바다와 대기 그리고 육지 사이의 수문 순환水文循環에서 중심적인 역할을 담당하는 것이 바로 강이다. 강은 지하 대수층과 더불어 강수를 모으고 그것을 바다로 옮겨 준다. 다시 바다는 대기를 통해 수증기를 육지로 되돌려 준다. 강을 중심으로 하는 이런 수문 순환이 바로 지구상 모든 생물의 생명 활동을 부양하는 가장 기본적인 활동인 것이다.

하지만 강은 단순히 물이 지나가는 통로가 아니다. 강은 그 자체로 하나의 신비한 생명 활동을 수행하는 복잡한 생태 시스템이다. 우리가 강이라고 할 때 그것은 단지 물이 흘러가는 수로水路만이 아니라 강바닥, 강

9 MBC 다큐멘터리 〈물의 여행〉 중에서.

둑, 그리고 범람원에 형성된 물웅덩이와 습지, 또한 강물이 운반하는 퇴적물, 하구 가까이에 형성되는 삼각주, 나아가 강물이 흘러들어가는 연안해나 내해에서 이루어지는 먹이사슬과 영양소의 순환까지 모두를 포괄하는 것이다.[10] 강을 단지 수로, 즉 물길로 보는 것은 강에 대한 낮은 인식 수준을 고스란히 드러내 준다. 강은 산에서 흘러온 물이 강바닥과 강 주변의 지형을 흐르면서 수많은 생명을 길러내는 거대한 생명 시스템이다. 하지만 강을 그저 수로로만 보는 사람은 구불구불 흐르는 강을 직선으로 만들고 제방을 쌓고 싶은 욕심이 생긴다. 하지만, 김정욱 교수가 말하듯이, 강의 가장 중요한 본성은 "구불구불 흐르는 것"이다(김정욱, 2010: 62).[11] 강은 뱀처럼 구불구불 흘러야 한다. 그래야 물살이 빠른 데와 느린 데가 나타나고, 침식되는 곳과 퇴적되는 곳이 생겨나며, 그에 따라 수심이 깊은 웅덩이와 얕은 여울이 만들어진다.

최병성 목사는 바로 이렇게 만들어지는 여울이 강의 생명이며 나아가 강의 성소聖所라고 강조한다(최병성, 2010: 199, 201). 그에 의하면, 하나님이 만드신 강의 생명은 수량에 있지 않고 여울과 소가 반복되면서 굽

10 이 중에서도 우리는 특히 '자연의 콩팥'이라고 불리는 습지의 중요성에 주목해야 한다. 마치 우리 몸의 콩팥이 오줌과 함께 빠져나가는 당분과 영양소를 걸러 주듯이, 습지는 땅에서 수자원으로 흘러드는 부유 물질, 영양소, 농약과 같은 온갖 잡동사니들을 걸러 주는 마지막 관문이다. 그리고 습지는 세계의 생태계 중에서 가장 일차 생산량이 높은 곳이기도 하다. 그곳은 높은 곳에서 쓸려온 영양소들이 쌓이는 곳이며, 물가 햇빛이 방해 없이 공급되는 곳이어서 광합성 또한 왕성하게 일어나는 곳이다. 그런데 20세기에 접어들어 인류는 캐나다 국토 면적에 버금가는 엄청난 면적의 습지를 소실하고 말았다. 이는 전체 습지 면적의 약 15%에 해당한다. 우리나라에서는 제5공화국 때 한강 물가에 남아 있던 습지에 시멘트를 부어버렸고, 지금도 그런 일들은 전국 곳곳에서 멈출 줄 모르는 관성으로 진행되고 있다(이도원, 2004: 85-86, 97, 99).

11 우리나라 1세대 환경공학자이며 환경운동가인 김정욱 교수는 물길을 직선으로 만들고, 콘크리트 둑을 쌓아 강과 육지를 단절시키는 4대강 토건 공사는 생태계 재앙을 초래할 것이라고 우려한다. 직선의 강은 범람하고, 고인 물은 썩어가며, 수많은 생물이 살 곳을 찾지 못해 죽어갈 것이기 때문이다. 그래서 그는 4대강 토건 공사를 특정한 생명체를 죽이는 '집단 학살genocide'이라고도 부른다. 왜냐하면 그 공사는 지구상의 고유한 '유전자genes'를 '없애기cide' 때문이다. 2010년 서울대 환경대학원에서 정년 퇴임한 김정욱 교수는 필자가 몸담고 있는 기독교환경운동연대의 이사로 기독교 환경운동에 적극 기여하고 있다.

이굽이 흐르는 환경의 다양성에 있다. 강의 생명은 여울이다. 여울은 강에 산소를 공급하는 천연 정수기와 같다. 여울에는 산소가 많고 물이 맑기 때문에 희귀 물고기들은 모두 여울에 서식한다. 여울은 물고기들이 알을 낳는 곳이다. 천연기념물인 어름치는 여울이 시작되는 지점에 알을 낳고 돌로 산란탑을 쌓는다. 꺽지와 쉬리 그리고 돌고기 등도 여울 주변 잔잔한 자갈에 알을 낳는다. 팔뚝만한 누치와 쏘가리도 여울 근처 자갈과 모래밭에 알을 낳는다. 수심이 깊은 곳에 사는 잉어도 산란철이 되면 물이 얕은 곳으로 나와 수초에 알을 낳는다. 그렇기 때문에 강을 직선화·획일화·균질화하면 여울과 낮은 수심을 터전으로 삼아 살아가는 우리나라의 토종 어류들은 더 이상 강에서 살아갈 수가 없는 것이다. 이렇게 물을 맑게 회복시켜 줄 뿐만 아니라 생명을 끊임없이 태어나게 하는 여울을 최병성 목사가 "하나님의 영광이 이 땅에 지속되게 하는 성소요, 오늘도 생명을 창조하고 보존하시는 하나님 창조 사역의 동역자(최병성, 2010: 206)"로 본 것은 참 아름다운 신학적 성찰이었다고 생각한다.

그런데 '대운하 전도사'를 자처한 어느 정치인은 직접 자전거를 타고 낙동강 하류에서부터 한강 여의도까지 물길따라 장장 536km를 탐방하고 나서 강이 '죽었다'고 말했다. 그리고 강이 '죽은' 이유가 "강마다 하상河床이 높아 비만 오면 홍수가 범람하고, 사계절마다 강물이 차이가 있어서"라고 주장했다. 그래서 그는 강바닥을 파내 강의 하상을 낮추고 계절이 변해도 수위의 차이가 없는 강을 만드는 것이 바로 강을 '살리는' 길이라고 주장했다. 나아가 쓰레기더미가 가득한 강변을 정비해 그곳을 "역사, 문화, 생태가 어우러지는 인간의 강변"으로 만드는 것이 강을 '살리는' 길이라고 단언했다. 참으로 무지無知가 화근이다. 그런데 무지하면 용감하다고 했던가.

필자는 세계적인 물 정책 전문가 샌드라 포스텔Sandra Postel과 브라이언 릭터Brian Richter의 책 『생명의 강*Rivers for Life*』을 읽고 필자 자신도 얼마나 강에 대해 무지했던가를 깨달을 수 있었다. 그리고 그들을 통해 강에서 '유황流況, flow regime'이라는 것이 얼마나 중요한 것인가를 배울 수 있었다(포스텔 · 릭터, 2009 참조).[12] 유황이란 '일 년 혹은 여러 해에 걸친 강물의 고수위와 저수위의 변동 패턴'을 가리킨다. 이 책의 저자들은 강을 살리기 위해서는 단순한 하천 '유량'의 복원이 아니라 하천의 자연적 '유황'의 복원이 가장 핵심적인 것임을 강조한다.

우리는 보통 강에는 늘 일정한 수심 이상의 물이 고정적으로 유지되어야 한다고 생각한다. 그것이 좋은 강, 건강한 강이라고 생각한다. 하지만 포스텔과 릭터는 계절과 기후에 따라 높낮이가 바뀌는 강이 진정으로 좋은 강이고, 그것이 건강한 강이며 바로 생명의 강이라고 말한다. 그들에 의하면, 강에는 홍수기도 필요하고 극단적인 갈수기도 필요하다. 건강한 강이란, 홍수기에는 많은 물이 흐르고, 갈수기에는 모래톱과 얕은 물의 생물 서식지가 드러나는 강이다. 강의 저수위 기간에는 유속이 느리고 조용하다. 그 때문에 각종 수생 동물들은 에너지를 비축할 수 있다. 간혹 극단적인 저수위 기간이 나타나기도 하는데, 이는 낙우송과 같은 특정한 수종의 번식에 필수적이다. 이런 수종들은 일생의 대부분을 뿌리와 밑동이 물에 잠긴 채 살아가는데, 극심한 가뭄이 들어 범람원 토양이 충분히 건조해질 때에만 비로소 씨앗을 퍼뜨린다. 그리고 강에는 고수위도 필요하다. 봄철 고수위는 하천의 생물들에게 생애 주기의 새로운 단계를 시작하라고 알려 주는 환경의 신호, 즉 자명종 소리와 같다. 강에는 심지어 홍수도 필요하다. 홍수기가 있어야 하천의 여러 생물들은 저수위 때 가지 못하던 다양한 서식지로 접근해 생명 활동을 벌일 수 있기 때문이다. 사실

12 이하 유황에 대한 설명은 이 책의 여러 곳에서 인용한 것이다.

홍수기는 강에서 가장 풍성한 생명의 잔치가 벌어지는 시기라 할 수 있다. 이처럼 강에는 저수위도 복원되어야 하고 고수위도 복원되어야 하며, 심지어 홍수도 복원되어야 한다고 포스텔과 릭터는 강조한다.

하지만 불행히도 지금 세계 각지에서는 우리 인간이 만든 약 80만 개의 크고 작은 규모의 댐들이 하천의 자연스러운 흐름을 차단하고 있다. 인간 사회는 특히 지난 50년 간 하루 두 개꼴로 대형 댐을 지구 위에 건설했고, 그 결과 이전까지 수많은 생물종에게 풍성한 생명 활동의 장을 제공하던 역동적이고 다채로운 강들은 균일하고 획일적인 물의 배수로로 바뀌고 말았다.[13] 이로 인해 유수流水에 의해 운반되던 세계적인 퇴적물 총량의 4분의 1 가량이 저수지에 갇혀서 범람원과 삼각주 및 강어귀에 영양분을 공급하는 역할을 수행하지 못하고 있고, 이로 인해 바다가 영양실조에 걸리고, 강에 쌓인 유기물은 강을 썩게 하고 있는 것이다(최병성, 2010: 196).[14]

그러므로 유량의 확보와 수질 개선 노력만으로는 결코 전체 하천 시스템의 생태학적 온전성을 유지할 수 없다. 중요한 것은 하천 '유량'의 복원이 아니라 자연적인 하천 '유황'의 복원인 것이다. 그래야 강이 돈으로도 계산할 수 없는 엄청난 생태계 서비스를 제공할 수 있는 것이다. 우리 눈에는 잘 보이지 않지만, 강 수로와 호수 바닥, 그리고 습지와 범람원의 퇴적물 등에 서식하는 조류藻類, 균류, 그리고 벌레들과 같은 각종 민물 생물들은 엄청나게 중요한 생물학적 · 화학적 · 물리적 과정을 수행한다.

13 심지어 이렇게 지구 북반부 고위도 지역에 집중적으로 건설된 댐에 의해 갇힌 물의 무게 때문에 지축이 약간 기울어 지구의 자전 속도가 높아지고 있다는 충격적인 연구 결과 보고도 있었다(포스텔 · 릭터, 2009: 35).

14 바닷물고기 전체 어획량의 80%가 대륙붕에서 잡힌다. 많은 바닷물고기들이 강어귀에서 나오는 영양 물질에 의존하고 있기 때문이다. 그러므로 강의 물길을 막으면 해양 어업의 생산량도 급격히 떨어진다.

이들은 수질을 유지하고, 유기물을 분해하며, 오염 물질을 흡수 혹은 이동시키고, 또한 먹이사슬의 상위에 존재하는 동물들의 먹을거리를 생산한다. 특히 담수 퇴적물 하단 깊숙이에 묻혀 사는 생물들은 대부분 현미경으로나 볼 수 있을 만큼 아주 작고 또한 인상적인 풍채를 지니고 있지도 않지만—"고운 모양도 없고 풍채도 없은즉 우리가 보기에 흠모할 만한 아름다운 것이 없지만"(이사야 53 : 2)—그들은 생명 활동에 필수적인 생태계 서비스를 묵묵히 수행하고 있다. 하천 바닥에 사는 수많은 수서 곤충과 미생물 역시 하천에 있는 유기물을 분해해 늘 맑은 물이 흐르게 하는, 그래서 우리에게 맑은 물을 제공하는 '살아 있는 수질 정화기'와 같은 존재들이다(최병성, 2010: 103). 이러한 생태계 서비스는 없어서는 안 되는, 그리고 다른 무엇으로도 대체할 수 없는 필수적인 생명 유지 시스템이다. 만약 우리가 댐을 비롯한 각종 수리 시설로 강을 토막토막 끊어놓으면 이러한 생명 시스템은 여지없이 무너지는 것이다. 그 단적인 예를 우리는 가까운 곳, 중국의 황허黃河에서 충분히 보고 있다.[15]

4. 알뜰하신 하나님

그런데 이렇게 하나의 거대한 생명 체계인 하천 내부에서 이루어지는 다양하고도 역동적인 생명의 향연을 신앙의 눈으로 바라보면, 신은 강물

15 중국의 황허는 고대 중국 문명을 탄생시킨 '중국의 축복'이었으나, 역사적으로 하천을 잘못 다스린 결과 지금은 '중국의 슬픔China's Sorrow'으로 불린다. 2천 년 전까지만 해도 절반 이상이 울창한 밀림이었던 황허 유역의 땅은 현재 산림 면적이 5%도 안 되는 사막이 되어 버렸다. 그리고 황무지가 된 이곳의 흙이 매년 16억 톤씩 바다로 흘러간다. 그 어마어마한 양의 흙이 매년 바다 쪽으로 1km씩 땅을 만들어 나가고 있는데, 이대로 200~300년이 지나면, 한국에서 중국까지 걸어갈 수도 있을 것이라고 한다(김정욱, 2010: 90, 92).

의 섬세한 높낮이를 통해 복잡한 생명의 과정을 손수 지휘하시는 부지런하고 알뜰한 생명의 하나님이다.[16] 이 하나님은 인간의 눈에 아무 쓸모없이 보이는 존재들과 그런 장소들을 통해 아주 풍성한 생명의 향연을 열어주시는 알뜰하고 살뜰한 하나님이다. 이 하나님은 샐리 맥페이그Sallie McFague가 그의 저서 『풍성한 생명*Life Abundant*』에서 '기초적인 필요의 하나님God of the basics'이라고 부른 바로 그 하나님이다.[17] 맥페이그에 의하면, 이 하나님은 모든 것들 안에 깃들어 있는 생명의 숨으로서, 높은 하늘이나 세계의 변두리가 아니라 '마을의 중심'에, '삶의 복판'에, 그리고 '생명의 기쁨과 아픔 한가운데' 있다. 이 하나님은, 당신의 "말씀 한마디로 존재하도록 불러낸 존재들이 계속 번영하는지 극진히 보살피는 하나님"이다. 이 하나님은 존재들을 살리고, 건강을 지키고, 생명이 번성하게 하는 일에 언제나 마음을 쓰시는 하나님이다. '오이코스oikos', 즉 지구라는 집안 살림 전체를 염려하면서, 이 땅의 생명 모두가 각자의 정당한 삶의 권리를 누리도록, 또한 지구라는 집이 미래의 거주자들을 위해 최적의 상태로 유지되도록 애쓰시는 하나님이다. 이처럼 모든 피조물의 번성과 또한 공정하고 지속 가능한 지구의 살림에 관심을 쏟는 이 하나님은 우리의 창조자creator, 해방자liberator, 그리고 양육자sustainer가 되신다. 이 하나님은 "항상 그리고 '귀찮을 정도로' 세계 안에 현존하면서 기초적이고 일상적이며 육체적인 안녕에 관심을 쏟는…… 분주한 가구주householder"인 것이다. 필자는 하나님에 대한 맥페이그의 이러한 은유隱喩에서 언제나 부지런하고 지혜로운 필자의 장모 모습이 겹쳐졌다. 그렇

16 포스텔과 릭터은 유황이 "하천 내부에서 이루어지는 모든 패턴과 과정을 조화롭게 편성하는 오케스트라 지휘자"와 같다고 말한다(포스텔 · 릭터, 2009: 83).

17 이하 맥페이그의 주장은 필자가 장양미와 함께 번역한 샐리 맥페이그, 『풍성한 생명 : 지구의 위기 앞에 다시 생각하는 신학과 경제』(이화여대출판부, 2008) 제5장에서 정리했다.

게 말려도, 그분이 다녀가면 어지럽던 집안은 깨끗이 빛나고, 또 며칠간 먹을거리가 풍성해진다. 우리의 분주한 가구주 하나님은 필시 나의 장모님과 같이 부지런한 손을 가진 하나님일 것이다. 정호승 시인의 시 〈빈손은 사람의 생명을 살린다〉에서 '어머니'를 '하나님'으로 바꾸어 읽으면, 강물의 섬세한 높낮이를 통해 부지런히 생명을 가꾸어 가시는 알뜰살뜰한 하나님의 모습이 떠오를 것이다.

> …… 생각해 보면 어머니의 손은 참으로 부지런한 손이다. 잠시도 쉬지 않고 일하는 손이다. 아흔에 돌아가신 외할머니가 돌아가실 때까지 손에 호미를 놓지 않으신 것처럼 어머니 또한 손에 일거리를 놓지 않으신다. 여든이 된 내 어머니의 손은 지금도 바느질을 하고 재봉틀을 돌리고 걸레를 빨고 밥을 짓는다 ……

맥페이그에 의하면, 우리의 하나님은 항상 성육신하고 이 세계 안에 현존하는 분이다. 하나님은 항상 성육신하고 현존하시기에 우리는 건강하고 아름다운 자연 안에서뿐만 아니라 황폐화되고 파괴된 자연 안에서도 하나님을 뵐 수 있다. 전자에서는 창조 세계의 번영을 통한 긍정으로, 후자에서는 창조 세계를 침식시키는 모든 것에 저항하는 부정으로 우리는 하나님을 만날 수 있다. 하나님의 사랑은 세계 안에 철저히 육화肉化되어 있다. 그래서 세계와 우주는 '하나님의 몸'이다. 하나님의 몸으로서 세계는 하나님의 성례전聖禮典이고 성체聖體이며 또한 성육신成肉身이다. 그래서 물리적 실재를 구성하는 모든 물질과 육신, 무수히 많은 모든 존재와 사물과 과정이 모두 하나님 안에 있고 또 하나님으로 인해 있다. 그리고 마치 예술가들이 자신의 작품과 하나 됨을 느끼듯이, 또한 자신이 누구인지를 자신의 작품 안에서 표현하듯이, 하나님의 영광은 진드기로부터 고래,

도토리나무에서부터 산에 이르기까지, 각 피조물 안에서 그리고 각 사람 안에서 빛나고 있다. 그러므로 우리는 다른 모든 존재에게 경외심을 느끼고 그들의 존재를 감사하면서, 또한 그들을 돌봄으로써 하나님을 찬양할 수 있다고 맥페이그는 강조한다. 즉, "하나님의 영광은 모든 피조물이 충만하게 생동하는 것이며, 따라서 우리는 세계와 세계 안에 있는 모든 것을 사랑함으로써 하나님께 영광을 돌릴 수 있다."

그렇다면 창조에 대한 기독교의 가르침은 생명이라는 선물 안에 드러난 하나님의 '완전한 은혜'와 또한 그렇게 창조된 생명에 대한 하나님의 '전적인 헌신'에 관한 이야기라고 말할 수 있다. 하나님은 생명을 선물로 주시는 분일 뿐만 아니라 그 생명에 전적으로 헌신하시는 분이다. 그래서 모든 생명의 어머니이고 아버지가 되시는 그 하나님은 자신의 자녀들을 위해서라면 죽을 수도 있는 전능한 분이다. 그래서인가? 우리가 강줄기를 가로막고, 강바닥을 파헤치고, 강변을 뜯어고칠 때 자녀들을 위해 죽을 수도 있는 하나님은 "고운 모양도 없고 풍채도 없[고] 우리가 보기에 흠모할 만한 아름다운 것" 하나도 없는 강의 무수한 생명들과 함께 십자가에 못 박히셨다.

5. '전능하신' 인간

하나님이 운행하시는 우주의 긴 생명의 역사 가운데 인간이 출현한 것은 얼마 되지 않았지만, 그들은 20세기에 들어서서 자연의 지배자로 군림하게 되었다. 맥닐이 말하는 대로, 지난 20세기의 역사는, "인류가 자신의 편익을 위해 지구 민물의 자연적인 흐름과 리듬을 강제로 변경한 역사"라고 말할 수 있다(맥닐, 2008: 255-256). 처칠, 레닌, 루스벨트, 네

루, 덩샤오핑鄧小平 등과 같은 유명한 정치 지도자들은 하나같이 인류의 가장 오랜 과학이라 할 수 있는 수공학적 기술을 총동원해 중력 법칙에 따른 자연적인 물의 흐름을 강제로 바꾸는 역사役事를 시작했다. 그리고 그 결과 지금 전 세계 각지의 대규모 하천 2백 27개 가운데 약 60%가 인간이 만든 각종 구조물에 의해 "조각조각 잘려 있다"(포스텔 · 릭터, 2009: 16).[18] 미국과 유럽 그리고 일본 등 선진 공업 국가에 있는 대부분의 하천은 이제 자연에 의한 통제보다 인간에 의한 통제를 더 많이 받고 있다. 즉 강물이 자연의 리듬에 따른 수문 순환 과정을 거치는 것이 아니라, 정교하게 제작된 배관 설비와 같은 통로 안에서, 인간이 주무르는 대로 흘렀다 멈췄다를 반복하는 것이다. 정말이지 인류는 지난 20세기에 그 이전 어느 누구도 감히 꿈꾸지 못하던 일, 즉 범지구적인 물순환에 대한 물리적 간섭을 완성하게 되었다.[19] 거대한 후버 댐을 지은 루스벨트 대통령의 수리 분야 보좌관 맥기W. J. McGee는 언젠가 이런 유명한 말을 남겼다. "물의 통제는 인간이 자연의 통제자가 되기 위해 넘어야 할 마지막 단계다"(시바, 2003: 109). 아마도 그의 말이 맞을지도 모른다. 어쩌면 우리 인간은 그의 말대로 이제 자연에 대한 최후의 통제자가 되었는지도 모른다.

미국의 저명한 신학자 고든 카우프먼Gordon Kaufman은 『핵 시대의 신학*Theology for a Nuclear Age*』에서 핵 시대를 살고 있는 오늘의 신학자들

18 또한 맥닐에 의하면, 이런 범지구적인 수로 건설 사업으로 인해 지난 한 세기 동안 무려 4천만 명 이상의 주민이 정든 고향을 떠나야 했는데 이 일의 4분의 3이 인도와 중국에서 벌어졌다. 그렇게 해서 조성된 저수지와 수로는 불행히도 전염병을 매개하는 숙주들의 좋은 서식처가 되어 말라리아, 주혈흡충증, 콜레라, 장티푸스 등 수인성 전염병이 만연하게 되었다. 이렇게 인간의 수자원 개발 사업은 20세기에 수백만 명의 생명을 앗아갔다고 맥닐은 보고한다(맥닐, 2008: 303).

19 인간이 지구의 수문 환경에 가하는 충격은 1950년 이후 9배나 증가했다고 한다. 인간이 하천에 가하는 충격 중에서 관개용수, 공업용수, 혹은 도시 생활용수로 이용하기 위한 직접적인 취수 활동은 얼마 되지 않는다. 대부분의 충격은 댐, 저수지, 제방의 건설과 운영 등 인간이 자연의 유황 패턴을 변경하는 과정에서 비롯된 것이다(포스텔 · 릭터, 2009: 294).

이 천착해야 할 문제는 '하나님의 주권'이라고 했다. 약 2만 메가톤(히로시마廣島에 투하된 핵폭탄의 약 160만 배)가량의 핵 폭발물을 지니고 사는 인간은 이제 '생명과 죽음을 다스리는 힘'을 가진 존재가 되었기에, 과거에 하나님의 힘과 인간의 힘의 관계가 '비대칭적'인 것이었다면, 이제는 '상호 의존적'인 것이 되어야 한다고 카우프먼은 주장했다(Kaufman, 1985 참조). 필자는 카우프먼의 이러한 통찰이 이제 핵무기뿐만 아니라 강으로도 확대되어야 한다고 생각한다. 그리고 인간이 지구의 수문 환경을 포함해 자연을 자기 뜻대로 개조할 수 있는 충분한 능력을 보유하고 있는 지금, 이 시대의 신학자들이 깊이 천착하고 고민해야 할 문제는 '하나님의 주권'의 문제라기보다 '인간의 지배권'의 문제라고 생각한다. '전능하신 하나님'이 아니라 '전능하신(?) 인간'의 문제가 21세기 기독교 신학의 핵심 화두의 하나가 되어야 한다고 제안한다. 오늘날 오만해진 인간은 더 이상 하나님이 일하시는 방식을 신뢰하지 않는다. 그리고 자신이 하나님보다 더 잘할 수 있다고 생각하면서 하나님의 자리를 침범한다. "눈이 밝아지고, 하나님처럼 되어" 보려고(창세기 3 : 5) 금지된 열매를 주저없이 따먹는다. 마구 경계를 넘는다.

한국의 상황도 이러한 문제에서 빗겨나 있지 않다. 한국에서 자연에 대한 인간의 통제는, 이도원 교수가 지적하듯이, 군사 정권과 무관하지 않게 시작되었다.[20] 군사 정권은 가시적인 변화를 만드는 데 익숙한 공사꾼들을 키웠고, 그들의 힘은 중동 건설 붐과 함께 군세게 다져졌다. 하지만 중동 붐이 사그라지면서 더 이상 나라 밖에서 길을 찾지 못하자 남아도는 건설의 힘이 이 땅 곳곳을 파헤치는 불도저 소리로 돌아왔다. 이 힘에 의해 건강한 유역을 만드는 것이 좋은 강을 만드는 지름길이라는 사회적 합

20 이하 이도원, 『흐르는 강물 따라』(사이언스북스, 2004) 여기저기에서 인용함.

의도, 홍수와 더불어 사는 사회가 불가피하고 그러므로 강에게 더 넓은 공간을 내주어야 한다는 생태적 지혜도 모두 뒷방 노인네 취급을 받게 되었다.[21] 그리고, 김용택 시인의 지적처럼, 정말이지 우리는 모든 걸 다 '뜯어고치지' 못해 안달하며 살게 되었다.

> 들판의 논들을 다 뜯어고쳐, 길이란 길은 다 빤듯하게 그어 버렸다. 논두렁은 없고 길뿐이다. 우리들은 세상을 얼마나 더 뜯어고쳐야 평안을 얻을까. 고향 산천을 막무가내로 뜯어고치는 건설의 포크레인 소리, 여기저기 엄청나게 파 뒤집어 쌓아놓은 흙더미, 아, 아, 하루라도 좋다 건설 없는 평화로움 속을 나는 거닐고 싶다. 정말 우린 왜 사는가? 뜯어고쳐야 할 세상을 두고 사람들은 강과 산을 뜯어고친다.[22]

뜯어고쳐야 할 세상은 놔두고 강과 산을 뜯어고친다는 시인의 말에서 우리는 미쳐버린 우리 시대를 직감한다. 사실 오늘 우리가 사는 대한민국은 '토건 국가Construction State'라 불린다. 토건 국가란 "병적으로 비대한 토건업을 유지하기 위해, 불필요한 대규모 토건 사업을 끊임없이 벌여서 막대한 국가 재정을 탕진하고, 또한 소중한 국토를 파괴하며 엄청난 부패를 만연시키는 기형적 개발 국가"를 가리킨다(김정욱, 2010: 75).[23]

21 제8회 한국 강의 날 대회 인천 선언문, "인간의 욕망으로 퇴행하는 생명의 강을 우리가 옹호하자!"(2009년 8월 22일) 중에서.

22 김용택, 〈세한도〉, 시집 『나무』에서 – 이도원, 『흐르는 강물 따라』에서 재인용.

23 우리나라는 지금 세계에서 가장 많은 토건 사업을 벌이는 나라, 즉 세계 최대의 토건 국가가 되었다. 세계적인 토건 국가로 지목되는 일본도 GDP에서 건설업이 차지하는 비중이 13.19%에 지나지 않는다. 한국은 1995~2006년에 19.22%에 이르렀다. 한국의 시멘트 사용량은 일본의 2배에 육박한다. 사실 세계에서 철강 산업 다음으로 이산화탄소를 많이 배출하는 산업이 시멘트 산업이다. 한국의 토건업은 연간 발주액이 200조 원을 넘는 거대한 크기로 성장했고, 이 중에서 공적 부문이 차지하는 비중은 무려 50조 원을 넘는다. 그리고 연간 발주액의 20% 이상이 부당 이득으로서 우리 사회를 병들게 하는 거대한 부패의 원천이 되는 것으로 추정된다(김정욱, 2010: 175–177).

장성익은 이렇게 야만스러운 폭주를 계속하고 있는 '토건주의 권력'의 가장 근원적인 문제가 무엇인지 다음과 같이 지적했다. 4대강 토건 공사의 문제는 민주적 절차를 무시하고 일방적으로 밀어붙이는 것, 생태계의 유린, 지역 공동체와 주민 삶의 파괴, 국가 예산의 왜곡 등 수많은 것이 있지만,

> 무엇보다 섬뜩한 것은 인간의 욕심과 이익을 위해서라면 자연을 맘대로 개조하고 변형하고 착취해도 아무 상관없다는 놀라울 정도의 무감각 혹은 무지다. 생태계의 골간인 강에 인공의 조작을 가해 그 흐름을 바꾸거나 막거나 뒤틀고, 강바닥을 파내고, 온갖 인공의 구조물들을 잔뜩 만들고, 그런 강에 배가 최대한 많이 오가는 것 따위를 더 발전한 것, 더 진보한 것으로 여기는 전도된 가치관이 진실로 근원적인 문제다.[24]

과연 그가 여기서 말하는 '전도된 가치관'의 정체는 무엇일까? 물론 그것의 바탕에는 '돈'에 대한 끝없는 탐욕이 깔려 있지만,[25] 필자는 그것이 오체투지五體投地 순례길을 떠나면서 문규현 신부와 수경 스님이 한 말들과 반대되는 것이라고 생각한다. 문규현 신부는 오체투지 순례를 떠나며 자신이 사제 수품을 받던 그 순간으로 돌아가려 한다고 말했다. "바닥에 온몸을 엎드리고 가장 겸손한 태도로, 모든 세속적 욕심을 버리고 오직 예수님처럼 이웃과 세상을 섬기겠노라 다짐했던 그때"로 돌아가려 한다고 했다. 여기서 '겸손'과 '섬김'이 그의 핵심어다. 수경 스님 역시 세상에서

24 장성익, "내 안의 4대강," 한겨레신문, 2009. 10. 31. 22면.

25 한겨레신문의 김경애 사람팀장은 누리집에서 우연히 발견한 부동산 책 광고 문안 속에 4대강 사업을 왜 그렇게 무리를 해서라도 꼭 하려고 하는지 명쾌하게 나와 있다고 설명한다. 4대강 사업과 경인 운하 프로젝트를 부동산 투자와 접목시켰다는 이 책은 4대강에 "부가 흐른다" 혹은 "돈이 보인다"고 친절하게 일러 주고 있다(한겨레신문, 2009. 10. 16. 30면).

가장 낮은 자세로 이 땅의 품에 안기어 생명의 근원으로 돌아가고자 한다고 말했다. 특별히 그에게 오체투지란 이른바 '인간다움'의 표상인 직립에 반대하는 일이었다.

> 사람이 서서 걷기 시작하면서 문명이 시작되었다. 눈으로는 더 넓게 더 멀리 세상을 볼 수 있게 되었고, 손으로는 원하는 모든 것을 가질 수 있게 되었다. 하지만 나는 그것과 반대로 무릎을 굽히고, 팔꿈치를 꺾고, 머리를 숙여 온몸을 땅에 붙이고 기어서 가고자 한다.

그랬다. 직립은 인간을 다른 동물과 구별짓게 했고, 인간들 스스로 '만물의 영장'이라고 자부하게 했다. 하지만 수경은 그 인간이 생명의 질서를 거스르는 '만물의 폭군'이 되었음을 고발한다. 그래서 수경에게 온몸을 땅에 붙이고 기어서 가는 오체투지는 다름 아닌 참된 '사람의 길'을 찾으려는 노력이었다. 그에게 사람의 길 혹은 '사람다움'이란 만물을 지배하는 데서 찾을 수 있는 것이 아니라, 생명의 실상을 통찰하는 데서, 즉 나와 만물이 서로 다른 것이 아니라 '한 몸'임을 깨닫는 데서 찾을 수 있는 것이었다.

21세기 기독교 신학이 천착하고 깊이 고민해야 할 한 중심 주제는 다른 모든 만물과의 관계성을 부인하고 지구 위에 그리고 생명의 그물망 밖에 군림하려는 '전능하신' 인간의 문제다. 우리는 우리 몸에서 다른 세포와의 관계를 무시하고 저 혼자 무한히 증식하는 이기적인 세포를 암세포라고 부른다. 한자에서도 암癌이란 산山처럼 먹고[口], 먹고[口], 먹어서[口] 드러누운 병病이다. 그런데 지금 하나님이 다스리시는 우주 안에서 우리 인간이 암세포와 같은 존재가 되었다. 다른 동료 피조물이 죽는지 사는지 아무 관심도 없이, 오로지 자신의 탐욕과 편리의 무한한 확대에만 혈안이 된 우리 인간은 어느새 '하나님의 몸'인 이 우주 전체를 열병에 걸려 죽게 하는 '암 덩어리'가 된 것이다. 그래서인가. 시인 최승호는 〈몸〉이라는 시에서 이렇게 비탄하며 하나님의 고통을 노래했다.

> 끙끙 앓는 하나님 / 누구보다도 당신이 불쌍합니다 / 우리가 암덩어리가 아니어야 / 당신 몸이 거뜬할 텐데 // 피둥피둥 회충떼처럼 불어나며 / 이리저리 힘차게 회오리치는 / 온몸이 혓바닥뿐인 벌건 욕망들…… (하략)

6. 오늘의 선악과: 경계 정하기

21세기 인류가 처한 가장 역설적인 상황은, "우리 인간이 자연을 창조한 것도 아니고, 또 자연계를 완벽하게 이해하지도 못하면서, 자연에 대한 지배권을 손에 넣었다는 점"이라는 포스텔과 릭터의 주장에 깊이 동감한다(포스텔 · 릭터, 2009: 301). 지금 우리의 상황은 마치 어린 아이의 손에 실탄이 장전된 권총이 들려 있는 상황과 비슷하다고 할 수 있다. 그 아이가 지금 장난삼아 아무에게나 총구를 겨누어 보고 있다. 그리고 총을 손에 들면 왠지 쏴보고 싶은 마음이 든다. 이런 위험한 철부지 인간 때문에 지구라는 행성 위에서 우리와 함께 생육하고 번성할 축복을 받은 많은 생명이 사라지고 있다.[26] 그리고 큰 권세를 가진 사람이 아니더라도 우리 각자는 우리가 무심코 한 일상적 행위 때문에 지금 다른 많은 생명에게

26 하나님은 인간에게만 '생육하고' '번성하라'는 축복을 주신 게 아니다. 하나님은 "커다란 바다 짐승과 물에서 번성하는 움직이는 온갖 생물을 그 종류대로 창조하시고, 날개 달린 모든 새를 그 종류대로 창조"하신 다음에, "이것들에게 복을 베푸시면서 말씀하시기를 '생육하고 번성하여 여러 바닷물에 충만하여라. 새들도 땅 위에서 번성하여라'"고 하시며 생명의 축복을 내려 주신다(창세기 1: 21-22).

큰 고통을 주고 있다.

우리가 무심코 먹는 고기가 다른 사람들을 굶주리게 하고 땅을 사막화한다는 점은 이미 잘 알려진 사실이다. 앞서 소개한 『물의 미래』의 저자 에릭 오르세나는 '왜 생선초밥이 아프리카의 물을 고갈시키는가'를 알려준다(오르세나, 2009: 38). 생선을 좋아하는 일본인들의 미각을 만족시키기 위해 초현대식 일본 어선들은 전 세계의 바다에서 저인망으로 물고기를 싹쓸이한다. 당연히 아프리카 모리타니 인근 해역에서 고기를 잡는 영세한 아프리카 어부들은 초현대식 일본 어선들과의 경쟁에서 살아남을 수가 없다. 어쩔 수 없이 그들은 직업을 바꾸게 되고, 점차 시장 가판대에서 생선은 자취를 감추게 된다. 하지만 주민들은 부족한 단백질을 보충하지 않으면 안 되고, 그러기 위해 그들은 점점 더 많은 염소나 소 등의 가축을 기르게 된다. 그 가축들은 생선과 달리 많은 담수를 필요로 한다. 우리가 무심코 먹는 생선초밥이 이렇게 아프리카의 지하수층을 고갈시키고 있는 것이다. 우리가 즐겨 먹는 고기 때문에 아마존의 밀림이 사라지고 있는 것이다. 우리가 누리는 풍요로움이 어느 누군가에게 폭력이 될 수 있는 세계에 우리는 살고 있다.

강과 관련해 지금 우리의 문제는 인간이 지구의 하천과 대수층에 너무 큰 충격을 가한다는 점이다. 그런데 우리는 우리의 식사 습관을 바꾸는 것만으로도 그 충격을 크게 줄일 수 있다. 미국인의 전형적인 식사 습관을 따라가면 한 사람은 매년 (증발산량으로 환산해서) 1천 9백 70 세제곱 리터의 물이 필요하지만, 만약 똑같은 양의 영양분을 채식으로 섭취할 경우에는 필요한 물의 양은 그것의 약 절반인 1인당 9백 50 세제곱 리터로 낮출 수 있다(포스텔 · 릭터, 2009: 300).[27] 사실 인간의 소비 생활에

27 필자는 생태운동을 하면서 비건vegan, 즉 철저한 채식주의자가 되었다. 3년째 접어들고 있는데, 몸도 마음도 많이 건강해지는 것을 느꼈다. 계기는 간디의 한 일화를 듣고 받은 감명 때문이었다.

서는 눈에 보이는 물만이 중요한 게 아니라 '가상수假想水, virtual water' 역시 중요하다. 가상수란 소비재를 생산하는 데 필요한 물의 총량이다. 이 개념에 입각해 생각하면 세상을 보는 눈이 달라질 수 있다. 예를 들어 트럭 1대가 토마토 20톤을 싣고 한 나라에서 다른 나라로 수출한다면, 우리는 토마토를 실은 이 1대의 트럭 뒤에 각각 20 세제곱 리터의 물을 실은 1백 대의 물차가 뒤따른다는 사실을 볼 수 있어야 한다. 20톤의 토마토를 기르기 위해서는 2천 세제곱 리터의 물이 필요하기 때문이다.

이제 우리는 우리의 탐욕에 제한을 가하고 우리의 성장과 팽창에 상한선을 두어야 한다. 강변은 인간이 독점할 지역이 아니다. 그곳은 다른 생물들과 공유해야 할 땅이다. 하지만 지금 우리는 강변의 깊숙한 부분까지 둑을 쌓아 막고 그것도 모자라 시멘트를 발라 숨통을 조이고 있다. 이것은 죄다. 맥페이그가 말하듯이 죄와 악은 마치 우리가 관계라고 하는 실재 밖에서 살 수 있는 것처럼 행세하는 것을 말한다. 즉 만물이 서로, 그리고 하나님과 상호 관계를 형성하면서 상호 의존하는 이 실재의 바깥에서 살 수 있는 척하는 것이다(맥페이그, 2008: 200, 274).

하천에는 '지속 가능성의 경계선sustainability boundary'이 있다. 이 경계선은 인간이 하천으로부터 뽑아서 쓸 수 있는 물의 양의 한계이면서, 동시에 하천의 유량의 자연적인 패턴(수문 곡선)의 변경이 허용되는 한계

간디가 사는 동네에 사탕을 많이 먹어 이빨이 썩은 아이가 있었다. 그 아이의 어머니가 그 아이를 이끌고 간디 선생을 찾았다. 간디 선생님의 말이라면 들을 것 같았기 때문이다. '사탕 먹지 말라'는 한 마디만 해달라는 이 어머니의 요청에 간디는 '일 주일 뒤에 다시 데리고 오라'고 말한다. 어머니는 의아했지만 간디 선생의 말을 따랐다. 일 주일 뒤 다시 데려간 아이 앞에서 간디는 이렇게 말한다. '사탕 먹지 마라.' 아이의 어머니는 약간 화가 났다고 한다. 그 이야기를 지난주 했으면 한 주일 또 이빨이 썩지 않았을 텐데 그 간단한 이야기를 왜 일 주일이나 뒤에 해 준다는 말인가. 그 이유를 묻자 간디는 이렇게 답했다. '지난주에는 내가 사탕을 먹고 있었소. 내가 먹지 않으면서 먹지 말라고 해야 하는 것 아니오.' 지구와 생명을 말로만 가르치던 필자는 이 예화에 찔림을 받아 채식주의자가 되었고, 지금은 주위의 많은 사람들에게 최소한 일 주일에 하루 정도는 '고기 먹지 않는 날Meat Free Day'로 정해 채식을 실천해 보라고 권하고 있다.

이기도 하다. 포스텔과 릭터는 이제 우리가 지난 20세기형 물 할당 방법인 '물 파이water pie' 방식에서 벗어나 21세기형 물 할당 방식인 '지속 가능성의 경계선'을 설정하자고 제안한다(포스텔 · 릭터, 2009: 183). 전자는 자연생태계가 사용해야 할 물의 몫이 얼마 남든지 상관없이 농업과 도시와 산업을 확장하기 위해 인간의 무한한 물 이용을 허용하는 방식이다. 이 방식을 따르면 당연히 시간이 지남에 따라 남은 파이 조각은 작게 되고, 그 결과 생태계는 자신의 기능을 지탱할 수 없어 결국 우리는 다른 무엇으로도 대체할 수 없는 생태계의 생명 서비스 기능을 잃게 된다. 하지만 후자의 방식을 따르면 인간의 물 이용은 시간이 지남에 따라 증가할 수 있지만 그것은 어디까지나 지속 가능성의 경계선까지만 늘어날 수 있는 것이다. 상한선이 정해져 있기 때문이다. 이 제안의 요지는 하나의 거대한 생명 시스템인 하천이 자신의 정상적인 기능과 생태적 건강을 유지하게 하기 위해 인간이 '넘지 말아야 할 선'을 넘지 말자는 점이다. 아무리 물 수요가 늘어나더라도 이 상한선을 넘지 말자는 것이다.[28]

강에 '지속 가능성의 경계선'을 정하자는 제안은 신학적으로 하나님이 금지하신 선악과善惡果를 따먹지 말자는 것으로 이해될 수 있다.[29] 에덴동산에 있는 모든 나무의 열매는 먹고 싶은 대로 먹어도 좋으나 동산 한가운데 있는 선악과 나무의 열매만은 먹어서는 안 되다고 하나님은 말씀하셨다. 왜 이런 금지 명령을 내리셨을까? 전지전능한 하나님은 아담이 그것을 따먹을 줄 몰랐을까? 모든 것이 허용되었지만 한 가지 제약이 주어졌다. 마치 '제왕 같은' 인간에게 한 가지 금기가 주어졌다. 그 금기는 아

28 댐을 다시 허물고 하천의 복원 사업을 선도하는 호주의 경우에는 이처럼 하천의 정상적인 기능과 하천 생태계의 건강을 유지하기 위해 넘지 말아야 할 상한선을 '캡cap'이라고 부른다. 캡은 본래 공공경제학 분야에서 '상한'을 의미하는 단어다(포스텔 · 릭터, 2009: 305-306).

29 이하 선악과에 대한 논의는 필자의 졸저 『세계화 시대의 기독교 신학』(이화여대출판부, 2009), 제9장에서 다시 인용한 것이다.

담이 죄를 짓도록 놓은 덫이 아니었다. 그것은 동산의 주인이 누구인지 명확하게 선을 긋는 선언이었다.[30] 뱀의 유혹의 핵심이 무엇이었던가? "너희가 그것을 먹는 날에는 너희 눈이 밝아져 하나님과 같이 되어 선악을 알 줄 하나님이 아심이니라"(창세기 3 : 5)였다. 핵심은 '하나님과 같이 된다'였다. 한 마디로 아담은 신이 되고 싶었던 것이다. 한 가지를 제외하고 모든 것이 허용되었으나 그 마지막 한 가지 제약조차 싫었던 것이다. 동산의 주인이 되어 영원히 그것을 소유하고 맘대로 처분하고 싶었던 것이다.

하지만 이 아담이 하나님의 얼굴을 피해 동산 나무 사이에 숨었다. 금단의 열매를 따먹은 아담은 동산을 거니시는 하나님의 소리를 듣고 하나님의 얼굴을 피해 동산의 나무 사이에 숨었다. 하나님은 아담을 부르시며 그에게 "네가 어디 있느냐"(창세기 3 : 9)고 물으신다. "아담아(사람아), 네가 어디 있느냐?"는 이 질문은 성서 전체를 통틀어 하나님이 인간을 향해 던진 최초의 질문이다. 지정학적 장소나 물리적 위치를 물은 것이 아니다. 인간이 있어야 할 '신학적 자리'를 물은 것이다. 인간이 자신의 한계를 인정하고 겸손히 견지하고 유지했어야 할 '관계적 자리'를 물은 것이다. 당연히 지켜야 할 자신의 본래의 자리에서 벗어나 신이, 즉 소유주가 되고자 했던 탐욕의 인간을 하나님은 다시금 본래의 겸손한 인간의 자리로 부르신다. 그래서 성서의 실낙원의 이야기는 먼 옛날의 이야기가 아니다. 하나님은 오늘도 이 질문을 우리에게 던지신다. '사람아, 네가 어디 있느냐?' 이 세계/자연의 소유주인 줄 착각하고 끝도 없이 오만해져 만물의 폭군으로 군림한 인간을 향해 하나님은 오늘 같은 질문을 다시 던

30 구약학자 이경숙도 선악과 금지 명령은 인간이 자의에 따라 마음대로 자연을 처분할 수 없음을 선언한 자연 파괴 금지 명령으로 이해한다. 이경숙, "생태학적 여성신학의 관점에서 본 구약성서의 자연과 여성," 『구약성서의 하느님 역사 여성』(서울 : 대한기독교서회, 2000)을 참조하라.

지신다.

창조주 하나님 앞에서 인간과 자연은 평등하다. 인간은 결코 자연을 자기 맘대로 파괴할 권리가 없다. 홍수가 끝난 뒤 하나님께서 노아에게 새 언약을 주실 때 이 언약은 하나님과 사람 사이만의 약속이 아니라 이 땅의 모든 생명이 사람과 동등하게 포함된 언약이었다. "이제 내가, 너희와 너희 뒤에 오는 자손에게 직접 언약을 세운다. [또한] 너희와 함께 있는 살아 숨쉬는 모든 생물, 곧 너와 함께 방주에서 나온 새와 집짐승과 모든 들짐승에게도, 내가 언약을 세운다" (창세기 9 : 9-10). 그렇게 창조주 하나님 앞에서 인간과 자연은 동등한 계약의 당사자다. 결국 지금의 문제는 인간이 하천 생태계를 포함한 다른 모든 동료 피조물들이 나와 동일한 생명의 축복을 누릴 권리를 가졌음을 인정하고 그것을 존중할 것이냐 아니냐의 문제로 귀결된다.

다행히 지금 세계 곳곳에서는 인간을 둘러싼 자연과 공존하는 정책을 추진하는 곳이 점차 늘어나고 있다. 미국에서는 이미 1970년대에 20개, 1980년대에 91개, 그리고 1990년대에 177개의 댐이 철거되었다(포스텔 · 릭터, 2009: 65). 댐을 철거하자는 생각은 한때 과격한 생각으로 여겨졌지만, 지금은 오히려 점점 일반화되어 가고 있다. 세계 곳곳에서는 지금 이렇게 사람과 강 사이의 새로운 관계가 만들어지고 있는 것이다. 그런데 우리에게 참으로 희망적인 소식은, 기회만 주어지면 강은 본래의 생명력을 회복한다는 사실이다. 하천에서 하천과 범람원의 연결을 복원하면 어류 및 수변 식물의 군집이 다시 늘어나고, 댐을 없애면 오래전 사라졌던 생물종이 상류 지역으로 다시 돌아오며, 저수지에서 홍수 유량을 방류하면 주요 서식지의 개선이 현실이 된다(포스텔 · 릭터, 2009: 297). 인간은 죽이지만, 하나님은 살리신다. 우리는 강을 망치지만, 하천의 거대한 생명 시스템을 손수 돌보시는 부지런한 하나님은 다시 그 강을 생명이 흐르는 강으로 치유하고 회복시키시는 것이다. 우리에게 희망은 다시 하나님에게 있다. 다시금 우리에게 희망은 알뜰하신 하나님의 살림살이, 즉 살뜰한 하나님의 경륜economy(경영)에 있다. 그 하나님만이 우리의 참 희망이다.

7. 나오는 말: 성서에 흐르는 생명의 강

에스겔서 47장 1-12절에는 '생명의 강'에 대한 이야기가 나온다. 하나님이 계신 성전의 중심에서 흘러나온 물이 사막을 비옥하게 만들고 죽었던 강을 되살리며, 아무것도 살 수 없던 바다마저 물고기가 뛰노는 생명의 바다로 만드는, 너무도 아름다운 이야기다. 예언자預言者 에스겔에게 이스라엘이 회복될 때 가장 중요한 것은 하나님을 중심에 모시는 것이다. 그래서 에스겔이 꿈꾸는 새 이스라엘의 중심에는 하나님의 성전이 있다. 그런데 그 성전의 중심에서 샘물이 흘러나온다. 성전은 동쪽을 향해 있고, 물은 성전의 문턱 아래로부터 나와 동쪽으로 흘러간다. 에스겔과 동반해 온 '하늘의 인물'은 에스겔의 손을 잡고 에스겔과 함께 강으로 걸어 들어간다. 물길은 성전으로부터 1천 척 간격을 두고 점점 깊어진다. 그 물은 발목까지, 무릎까지, 그리고 허리까지 차오르며 헤엄치기에 충분해지더니 급기야 도저히 건널 수 없는 큰 강이 되었다. 물줄기는 동쪽으로 뻗어 사해死海까지 이르러 황량한 사막 땅을 힘차게 달리는 거대한 강물이 되었다. 그때 에스겔을 안내하던 하늘의 인물이 에스겔에게 묻는다. "사람아, 네가 이것을 보느냐?" 무엇을 보라는 말씀일까.

깊은 강물 속에서 허우적거리던 에스겔이 그를 따라 강둑으로 돌아가 보니 그는 거기에서 강둑을 따라 나무들이 울창하게 자라고 그 나무들의

열매가 사람들의 음식이 되며 그 잎사귀들이 병자들의 약이 됨을 본다. 성전에서 나온 물 때문에 나무들이 시들지 않고 이로 인해 가장 황폐하고 불모지였던 이스라엘 땅이 옥토로 변하는 것을 본다. 황량한 사막이 정원이 된 이유는 생명의 강이 하나님의 성소로부터 흘러나왔기 때문이다. 그런데 물줄기는 또한 남쪽으로 뻗어 아라비아 길까지 이르고, 급기야 소금기로 죽어버린 바다, 즉 사해로 들어가서 죽은 물까지도 살려낸다. 그리고 이렇게 소생된 물 속에 물고기들이 뛰논다. 놀랍게도 그 물고기들의 종류는 지중해의 물고기 종류만큼이나 많다. 죽었던 바다에서 생명의 대향연이 벌어지는 것이다. 놀랍게도 에스겔이 본 이 생명의 강 환상vision은 성서의 맨 마지막 책 요한계시록에서 다시 나타난다(요한계시록 21-22장). 거기서도 '수정같이 맑은 생명의 강'이 하나님과 어린 양의 보좌로부터 흘러나오고, 강 좌우편 언덕에는 생명 나무 열매가 맺히고 잎이 무성해 만국이 소생케 된다.

> 천사는 또, 수정과 같이 빛나는 생명수의 강을 내게 보여 주었습니다. 그 강은 하나님의 보좌와 어린 양의 보좌로부터 흘러나와서, 도시의 넓은 거리 한가운데를 흘렀습니다. 강 양쪽에는 열두 종류의 열매를 맺는 생명 나무가 있어서, 달마다 열매를 내고, 그 나뭇잎은 민족들을 치료하는 데 쓰입니다. 다시 저주를 받을 일이라고는 아무것도 그 도시에 없을 것입니다…… (요한계시록 22 : 1-3a).

필자는 묻고 싶다. 과연 오늘의 한국 교회에서는 이런 생명의 물이 한 줌이라도 흘러나오는가. "태백의 검룡소와 오대산의 우통수에서 발원한 물이 흘러나와 남한강을 이루고, 내금강의 단발령에서부터 흘러내린 물이 북한강을 이루듯,"[31] 이 땅의 그리스도의 교회에서 생명의 물이 흘러나오는가. 아니 오히려 성장주의와 배타주의와 탐욕의 주먹질로 인해 악취가 진동하는 썩은 물만 흘러나오고 있지는 않은가. 만약 이 땅의 그리스도의 교회에서 생명의 물이 한 줌이라고 흘러나올 수 있다면, 그래서 그 물이 '4대강 살리기'로 죽어가는 이 땅의 강물로 흘러들어갈 수 있다면, 온 세상에는 하나님의 생명의 강이 유장하게 흐를 것이다.

참고 문헌

김정욱, 『나는 반대한다: 4대강 토건공사에 대한 진실 보고서』, 느린걸음, 2010.

맥닐, J. R., 『20세기 환경의 역사』, 홍욱희 옮김, 에코리브르, 2008.

맥페이그, 샐리, 『풍성한 생명: 지구의 위기 앞에 다시 생각하는 신학과 경제』, 장윤재 · 장양미 옮김, 이화여대출판부, 2008.

소로우, 헨리 데이비드, 『흐르는 강물처럼: 소로우의 자연일기』, 박윤정 옮김, 양문, 2002.

시바, 반다나, 『물전쟁』, 이상훈 옮김, 생각의 나무, 2003.

오르세나, 에릭, 『물의 미래』, 양영란 옮김, 김영사, 2009.

이경숙, 『구약성서의 하나님 역사 여성』, 대한기독교서회, 2000.

이도원, 『흐르는 강물 따라』, 사이언스북스, 2004.

장윤재, 『세계화 시대의 기독교 신학』, 이화여대출판부, 2009.

최병성, 『강은 살아 있다: 4대강 사업의 진실과 거짓』, 황소걸음, 2010.

31 이 구절은 이 글의 기초가 된 필자의 2009년 11월 6일 〈생태신앙 세미나〉 발표문, "강, 물, 그리고 생명의 하느님"에 대한 청파교회 김기석 목사의 논평문에서 인용했다.

포스텔, 샌드라 · 브라이언 릭터, 『생명의 강 : 인간과 자연을 위한 21세기 강 살리기의 새로운 패러다임』, 최동진 옮김, 뿌리와 이파리, 2009.

Kaufman, Gordon, *Theology for a Nuclear Age*, Philadelphia: Westminster Press, 1985.

제8회 한국 강의 날 대회 인천 선언문. "인간의 욕망으로 퇴행하는 생명의 강을 우리가 옹호하자!" (2009년 8월 22일).

MBC 다큐멘터리 〈물의 여행〉.

경향신문, 2011년 1월 27일자.

한겨레신문, 2009년 10월 16일자 ; 2009년 10월 31일자 ; 2010년 10월 11일자.

| 찾아보기 |

| 저자 소개 |

진은영 : 이화여자대학교와 대학원에서 서양철학을 전공하고 「니체와 차이의 철학」으로 박사학위를 받았다. 저서로 『순수이성비판, 이성을 법정에 세우다』, 『니체의 영원회귀와 차이의 철학』 등이 있다. 현재 이화여대 이화인문과학원 HK연구교수로 지구지역성 관련 연구를 하고 있다.

송태현 : 프랑스 그르노블대학교에서 「질베르 뒤랑의 문예비평 연구」로 문학박사학위를 받았다. 저서로 『판타지』, 『이미지와 상징』, 『상상력의 위대한 모험가들』 등이 있다. 현재 이화여대 이화인문과학원 HK교수로 재직 중이다.

김수자 : 이화여자대학교와 대학원에서 한국현대사를 전공하고 「대한민국 정부 수립 초 이승만의 권력기반 강화과정 연구」로 박사학위를 받았다. 저서와 역서로는 『이승만의 집권 초기 권력기반 연구』, 『한국 근현대 대외관계사의 재조명』(공저), 『현대 정치사상의 파노라마』(공역) 등이 있다. 대표적인 논문으로는 「이승만의 일민주의의 제창과 논리」, 「1948-1953년 이승만의 권력 강화와 국민회 활용」, 「대한민국 정부 수립 직후 민족주의와 반공주의의 형성 과정」 등이 있다. 현재 이화여대 한국문화연구원의 HK교수로 지구지역성 관련 연구를 하고 있다.

김연수 : 이화여자대학교와 대학원에서 독문학을 전공하고, 독일 쾰른에서 우베 욘존의 역사소설 연구로 박사학위를 받았다. 저서로 『*Modalität als Kategorie des modernen Erzählens. Uwe Johnsons Jahrestage im Diskursfeld zwischen Fiktion und Historie*』가 있고, 역서로는 엘프리데 옐리네크의 『내쫓긴 아이들』, 하인리히 뵐의 『카타리나 블룸의 잃어버린 명예』가 있다. 현재 이화여대 이화인문과학원 HK교수로 재직 중이다.

백소영 : 이화여자대학교와 대학원에서 기독교학을 전공하고 미국 보스턴대학교 신학대학원에서 기독교사회윤리학을 전공했다. 한국 무(無)교회운동에 대한 박사학위 논문 이래 주된 관심 영역은 공동체운동으로서 현대 교회의 특성 연구다. 주요 저서로 『우리의 사랑이 의롭기 위하여 : 한국 교회가 무교회로부터 배워야 할 것들』, 『씨알 생명 평화』(공저) 등이 있다. 현재 이화여대 이화인문과학원 HK연구교수로, 지구화 시대 한국 현대교회의 지역적 반응 양상 분석과 대안 모색을 고민 중이다.

이선주 : 이화여자대학교와 대학원에서 영문학을 전공하고 「디킨즈의 소설에 나타난 근대성」으로 박사학위를 받았다. 저서로는 『디킨즈와 신분과 자본』(2007 문화관광부 우수학술도서)이 있고, 역서로는 I. A. 리처즈의 『문학비평의 원리』(2007 학술원 우수학술도서)와 노라 옥자 켈러의 『여우소녀』가 있다. 현재 이화여대 이화인문과학원에서 HK연구교수로 지구지역성 관련 연구를 하고 있다.

차옥숭 : 독일 프랑크푸르트대학에서 종교학으로 철학박사학위를 받았다. 저서로 『한국인의 종교 경험－巫教』, 『한국인의 종교 경험－천도교, 대종교』, 『한국인의 종교 경험－증산교, 원불교』, 『한국 생명사상의 뿌리』(공저)가 있고, 역서로 위르겐 몰트만의 『오늘날의 신학이란 무엇인가?』 등이 있다. 한일장신대 교수를 역임했으며, 현재 이화여대 HK연구교수로 이주, 생태, 종교 관련 연구를 하고 있다.

장윤재 : 연세대학교 사학과를 졸업하고 미국 뉴욕 유니온신학대학원에서 목회학 석사와 철학박사학위를 받았다. 저서로는 『세계화시대의 기독교 신학』 등이 있고, 역서로는 샐리 맥페이그의 『풍성한 생명』 등이 있다. 현재 이화여대 인문과학대학 기독교학부 교수로 재직하면서 신학과 경제, 과학, 생태학을 아우르는 연구를 하고 있다.